高职高专"十四五"规划学前教育专业新标准实践型示范教材

总主编　蔡迎旗

幼儿游戏与指导

主　编◎杨　洋　董艳娇

副主编◎阮　娟　徐有为　李　欣　邓素云　常景仪

编　者◎（按姓氏拼音排序）

　　　　杨　洋（三峡旅游职业技术学院）
　　　　徐有为（郑州升达经贸管理学院）
　　　　阮　娟（黄冈职业技术学院）
　　　　李　欣（三峡旅游职业技术学院）
　　　　董艳娇（安阳师范学院）
　　　　邓素云（深圳信息职业技术学院）
　　　　常景仪（深圳信息职业技术学院）

华中科技大学出版社
http://press.hust.edu.cn
中国·武汉

图书在版编目（CIP）数据

幼儿游戏与指导/杨洋，董艳娇主编 . — 武汉：华中科技大学出版社，2023.7（2024.8 重印）
ISBN 978-7-5680-9314-9

Ⅰ.①幼… Ⅱ.①杨… ②董… Ⅲ.①学前教育—游戏课—高等职业教育—教材
Ⅳ.① G613.7

中国国家版本馆 CIP 数据核字（2023）第 126337 号

幼儿游戏与指导
You'er Youxi yu Zhidao

杨　洋　董艳娇　主编

丛书策划：周晓方　周清涛
策划编辑：李承诚　袁文娣
责任编辑：林珍珍
封面设计：廖亚萍
责任校对：张汇娟
责任监印：周治超

出版发行：华中科技大学出版社（中国·武汉）　　电话：(027) 81321913
　　　　　武汉市东湖新技术开发区华工科技园　　邮编：430223
录　　排：华中科技大学出版社美编室
印　　刷：武汉科源印刷设计有限公司
开　　本：889mm×1194mm　1/16
印　　张：18.5
字　　数：445 千字
版　　次：2024 年 8 月第 1 版第 2 次印刷
定　　价：49.90 元

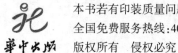

本书若有印装质量问题，请向出版社营销中心调换
全国免费服务热线：400-6679-118　　竭诚为您服务
版权所有　侵权必究

高职高专"十四五"规划学前教育专业新标准实践型示范教材

编写委员会

总主编

蔡迎旗　华中师范大学早期教育学院院长，教授，博士生导师
　　　　教育部高等学校幼儿园教师培养教学指导委员会委员
　　　　中国教育学会学前教育分会副会长
　　　　学前教育"国培计划"首批专家和学前教育师范类专业认证专家

副总主编

（按照姓氏拼音排序）

邓艳华	衡阳幼儿师范高等专科学校	徐丽蓉	江汉艺术职业学院
刘丽伟	华中师范大学	杨　龙	郑州幼儿师范高等专科学校
罗春慧	湖北幼儿师范高等专科学校	杨素苹	武汉城市职业学院
李　娜	湖北幼儿师范高等专科学校	杨冬伟	湖北工程职业学院
唐翊宣	广西幼儿师范高等专科学校	叶圣军	福建幼儿师范高等专科学校
王任梅	华中师范大学	尹国强	华中师范大学
王先达	福建幼儿师范高等专科学校		

编委

（按照姓氏拼音排序）

陈启新	三峡旅游职业技术学院	苏　洁	湖北幼儿师范高等专科学校
董艳娇	安阳师范学院	孙丹阳	铜仁幼儿师范高等专科学校
段　为	湖北艺术职业学院	谭学娟	江汉艺术职业学院
俸　雨	武汉商贸职业学院	田海杰	烟台幼儿师范高等专科学校
郝一双	湖北商贸学院	王　梨	常州幼儿师范高等专科学校
焦　静	福建幼儿师范高等专科学校	王任梅	华中师范大学
焦名海	深圳信息职业技术学院	王　雯	华中师范大学
李　卉	华中师范大学	王先达	福建幼儿师范高等专科学校
李志英	三峡旅游职业技术学院	王　淼	湖北商贸学院
廖　凤	湘南幼儿师范高等专科学校	闫振刚	郑州升达经贸管理学院
刘翠霞	湖北工程学院	杨　洋	三峡旅游职业技术学院
刘凤英	湘南幼儿师范高等专科学校	尹国强	华中师范大学
刘丽伟	华中师范大学	张　娜	华中师范大学
刘　艳	三峡旅游职业技术学院	郑艳清	湖北省幼儿师范高等专科学校
欧　平	衡阳幼儿师范高等专科学校	赵倩倩	湖北三峡职业技术学院

网络增值服务

使用说明

欢迎使用华中科技大学出版社医学资源网

1 教师使用流程

（1）登录网址：http://rwsk.hustp.com （注册时请选择教师用户）

注册 > 登录 > 完善个人信息 > 等待审核

（2）审核通过后，您可以在网站使用以下功能：

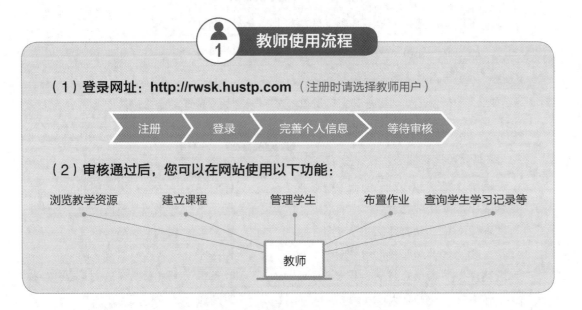

浏览教学资源　建立课程　管理学生　布置作业　查询学生学习记录等

2 学员使用流程

（建议学员在PC端完成注册、登录、完善个人信息的操作）

（1）PC端学员操作步骤

① 登录网址：http://rwsk.hustp.com （注册时请选择普通用户）

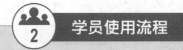

注册 > 完善个人信息 > 登录

② 查看课程资源：（如有学习码，请在个人中心-学习码验证中先验证，再进行操作）

首页课程 > 课程详情页 > 查看课程资源

（2）手机端扫码操作步骤

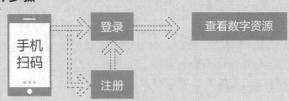

手机扫码 → 登录 / 注册 → 查看数字资源

Abstract 内容提要

本书聚焦"德技双修"型学前教育专业人才培养目标,以培养应用型人才为导向,遵循"基础—实践—拓展"的内在逻辑,体现教材的针对性和实用性,注重提高学生对理论的运用能力,让学生真正做到"学以致用"。

本书共十个项目,项目一为基础部分,内容为幼儿游戏概述,为后面的学习奠定幼儿游戏相关的理论基础;项目二到项目九分别指向幼儿游戏前的环境创设,游戏中的组织与指导和游戏中/后的观察与分析;项目十为拓展部分,厘清了幼儿游戏与教学的关系,阐述了如何指导幼儿游戏课程的开展以更好地促进幼儿的学习与发展。本书从幼儿教育岗位实际出发,结合大量鲜活的案例,配套生动的数字资源,既可作为高职院校学前教育专业的教材,也可作为在职教师的培训和参考资料。

Foreword
总　序

人生百年，立于幼学。学前教育是我国学校教育制度的奠基、国民教育体系的重要组成部分和重要的社会公益事业，其关系到我国千万儿童的健康快乐成长和家庭的和谐幸福，故我国各级政府高度重视，社会各界高度关注。推动学前教育普及、普惠和高质量发展已成为我国学前教育事业改革与发展的未来路向。

幼儿园教师是决定幼儿园保育与教育质量的关键因素，是我国构建现代化、高质量的学前教育体系的根本保障。当前，我国学前教育事业发展的薄弱环节是幼儿园教师队伍的建设，当务之急是补足配齐幼儿园教师。而高质量的幼教师资来源于高水平的学前教师教育。为顺应我国学前教育事业发展的迫切需求，我国颁布了《教师教育课程标准（试行）》《幼儿园教师专业标准（试行）》《新时代幼儿园教师职业行为十项准则》《学前教育专业师范生教师职业能力标准（试行）》等多部法规，对我国幼儿园教师教育课程、幼儿园教师专业素养、职业道德与行为、职业能力与岗位适应等进行规范与引导，以努力提升我国学前教师教育的整体质量与水平。

当前，我国幼儿园教师起点学历已由中专提升为专科层次。在职幼儿园专任教师中专科及以上学历比例超过了90%，其中近八成是专科学历。高职高专在我国幼儿园教师人才培养中具有举足轻重的地位，是我国学前教师教育的主力军。

职业教育是我国国民教育体系和人力资源开发的重要组成部分，是培养多样化人才、传承技术技能、促进就业创业的重要途径。我国各级各类职业教育院校守正创新、锐意改革，大力提升职业教育办学质量和适应性，而职业教育课程与教材是提高职业教育办学质量和适应性的关键所在。华中科技大学出版社计划出版的"高职高专'十四五'规划学前教育专业新标准实践型示范教材"，正好回应了我国学前教育事业发展之所急和职业教育事业发展之所需。本人受邀作为本套教材的总主编，深感荣幸且责任重大。经过跟出版社深度沟通、市场调研和全国学前教育专业相关院校教师专家的研讨，本套教材试图实现如下六个方面的创新与突破。

第一，坚持立德树人，创新教材理念。本套教材将以培养高素质专业化幼儿园教师为目标，坚持教材的思想性和先进性，把社会主义核心价值体系有机融入教材，精选对培养优秀幼儿园教师有重要价值的课程内容，将学前教育领域的前沿知识、教育改革和教育研究最新成果充实到教学内容中，加强中华优秀文化的渗透与融入，实现课程思政一体化，立德树人，德技并修。本套教材注重引导学习者树立正确的儿童观、教师观、教育观和长期从教、终身从教理念，塑造未来教师的人格魅力；加强职业道德教育和职业态度与行为的养成；着力培养学习者的社会责任感、创新精神和实践能力。

第二，分层分类设计，优化教材体系。本套教材从"教育信念与责任、教育知识与能力、教育实践与体验"三个维度，按照《教师教育课程标准（试行）》对幼儿园教师教育课程的要求，设计了"人文素养与思政类、保教理论与实践类、教师技能与艺术类"共三个层次40多本教材，分别着重培养学习者的人文科学素养与师德理念、幼儿园保育与教育职业能力以及幼儿园教师教育素养与艺术素养；强化教育实践环节，加强职业技能训练内容，编写教育见习、实习和研习手册，提供名师优秀教学案例；坚持育人为本，促使学习者"德、才、能、艺"全面发展，人才培养目标从促进就业、创业转变为促进人的全面发展和专业职业的可持续发展。

第三，"课、岗、证、赛"并重，精选教材内容。本套教材的大纲与内容、拓展练习与教学资源库，均依据我国幼儿园教师职前和职后教育、幼儿园教师职业与岗位准则、幼儿园教师资格制度、幼儿园教师职业技能大奖赛等方面的相关法规，实现"课、岗、证、赛"一体化。本套教材坚持职前教育和职后培训贯通设计，在全面夯实学习者专业知识与能力的基础上，注重学习者职业道德与能力的培养和从业态度与行为的养成教育。另外，本套教材注重课前、课中与课后的整体设计，课前预习相关学习资源，课中精讲关键知识点，课后链接"课、岗、证、赛"相关练习，以利于学习者巩固所学内容并学以致用，提升学习者的专业与职业综合素质以及职业与岗位适应能力，实现终身学习和毕生发展。

第四，以生为本引导学习，完善教材体例。本套教材从"教"与"学"两个角度设置教材体例，使其符合学习者的学习、内化直至实践应用的规律，具有启发引导性，也充分考虑了教材面向的主体——高职高专学生的学习特点，内容编排由浅入深，理论与实践并重，努力做到"教师好教，学生好学"；注重培养学习者对学前教育学科知识的理解和感悟，设计模拟课堂、情境教学、案例分析、技能训练、教学竞赛等多样化的教学方式，增强学习者的学习兴趣，提高学习效率，使其实现学习能力、实践能力和创新能力的三重提升。

第五，数字技术强力支撑，丰富教材形式。本套教材注重将信息技术作为基础条件与支撑，构建丰富多彩、高质量的电子资源库，努力实现课程与教学资源的共建共享；实现"互联网+教育"和教材形态的多样化与电子化，将纸质媒介和电子媒介相结合，创设数字化的教育教学情境。教材中穿插大量数字资源，引导学习者在课前和课后拓展学习海量专业知识，培养学习者的数字化教育能力和数字化学习能力，做新时代高素质的数字化教育者和学习者。针对幼儿园管理与保教的特点，本套教材尤其注重提升学习者的信息素养和利用信息技术进行保育与教育、安全风险防控和质量管理的能力。

第六，"校、社、产、教"多元合作，确保教材质量。为确保教材质量，我们特聘请全国开设学前教育专业的高职高专院校、本科高校推荐遴选教学经验丰富、有影响力的专家和一线骨干教师担任每本教材的主编和副主编，拟定编写体例，给出编写样章，同时参与审定大纲、样章，总体把控书稿的编写进度与品质。参与的作者来自高校、行业领域和实践一线，来源广泛而多元，实现"校、社、产、教"不同领域人员的协同创新与深度合作。

当然，以上六个方面只是本人作为总主编对这套教材的美好期待与设想，这些想法能否真正得以实现和彰显，有赖于所有参编人员和编辑的共同努力，也有待广大读者的审读与评判。在本套教材编写的过程中，我们参阅、借鉴和引用了国内外大量学术成果和教研教改案例。科研成果为教材提供了学术滋养，而实践经验与案例展示了当前我国学前教育改革与发展的生动样态，在此一并表示感谢。书中如有疏漏和不妥之处，敬请各位读者批评指正。

最后，我谨代表本套教材的所有编委和作者，衷心感谢本套教材的策划者——华中科技大学出版社人文分社社长周晓方，周社长对学前教育充满热情和信心，对教材的编写、出版和发行倾注了大量心血，还要感谢策划编辑袁文娣和其他各位编辑及相关工作人员。我们基于教材的首次合作渐趋默契和融洽。让我们携手共进，继续为我国学前儿童的福祉和学前教育事业的健康可持续发展贡献智慧与力量！

2023年5月
武汉桂子山·华中师范大学教育学院

Preface 前　言

党的二十大报告指出："在幼有所育、学有所教、劳有所得、病有所医、老有所养、住有所居、弱有所扶上持续用力，人民生活全方位改善。"作为教育体系中最基础的环节，学前教育在高质量体系建设中不能缺席、不能掉队，要充分发挥奠基性和持续性的作用和影响。《中共中央 国务院关于学前教育深化改革规范发展的若干意见》要求，到2035年，全面普及学前三年教育，建成覆盖城乡、布局合理的学前教育公共服务体系，形成完善的学前教育管理体制、办园体制和政策保障体系，为幼儿提供更加充裕、更加普惠、更加优质的学前教育。《国民经济和社会发展第十四个五年规划和2035年远景目标纲要》明确提出，完善普惠性学前教育和特殊教育、专门教育保障机制，学前教育毛入园率提高到90%以上。学前教育经过多年的快速发展，虽然基本实现了普及普惠目标，但仍然存在科学保教水平有待提高等突出问题。2021年12月，教育部、国家发展改革委、财政部等九部门印发了《"十四五"学前教育发展提升行动计划》，提出以下主要目标：进一步提高学前教育普及普惠水平，到2025年，全国学前三年毛入园率达到90%以上，普惠性幼儿园覆盖率达到85%以上，公办园在园幼儿占比达到50%以上；覆盖城乡、布局合理、公益普惠的学前教育公共服务体系进一步健全，普惠性学前教育保障机制进一步完善，幼儿园保教质量全面提高，幼儿园与小学科学衔接机制基本形成。由此可见，我国致力于在健全普惠性学前教育保障机制的基础上，全面提升幼儿园保教质量。

学前教育高质量发展最核心的标志是幼儿的全面和谐发展。游戏作为幼儿园的基本活动形式之一，对促进幼儿全面和谐发展有着重要的意义。

为积极响应党和国家的号召，把高职学前教育专业办得更好，本教材立足于学前教育专业人才培养目标，以培养应用型学前教育专业人才为导向，体现教材的针对性和实用性，注重提高学生对理论的运用能力，让学生真正做到学以致用。

1.围绕目标，体现应用

贯彻落实党的二十大报告提出的"加强师德师风建设，培养高素质教师队伍"要求，聚焦"德技双修"型学前教育专业人才培养目标，以培养应用型人才为导向，遵循"基础—实践—拓展"的内在逻辑，体现教材的针对性和实用性，着力提高学生对理论的运用能力。

2.学生为本，自主学习

本教材共十个项目，每个项目都从学习目标入手，以情境导入引导学生进入学习情境，之后在正文部分穿插大量案例，最后通过项目小结、思考与练习帮助学生总结和巩固学习经验，引领学生积极主动学习和成长。

3.立足实践，夯实基础

本教材以培养学生实践能力为主线，教材内容符合幼儿园工作需要。项目三到项目八涉及建构、角色、表演、智力、音乐、体育等幼儿园六大游戏的组织与指导，重点突出对学生幼儿游戏组织与指导能力的培养，为学生专业发展夯实基础。

4.融入思政，协同育人

本教材以党的二十大精神为价值引领，充分发掘学前教育专业的育人元素，在学习目标、情境导入、案例展示中融入课程思政元素，如师德师风、职业道德、优秀传统文化等，与专业知识教育形成协同育人的合力，帮助学生树立科学的教育观、儿童观、教师观，引发学生对学前教育事业的热爱之情。

5.对接赛证，对点突破

将全国职业院校学前教育专业学生技能竞赛、幼儿园教师资格证考试等相关规程和标准融入教材，体现"岗课赛证"融合理念，突出专业知识重点，突破专业能力难点。

本教材编写分工如下：杨洋编写项目一和项目十，徐有为编写项目二，邓素云编写项目三，董艳娇编写项目四和项目五，常景仪编写项目六，李欣编写项目七，阮娟编写项目八和项目九。杨洋、董艳娇负责全书的统稿和审核修订工作。在编写过程中，本教材参考并借鉴了许多国内外专家、学者及同行的研究成果、观点和资料，由于篇幅所限，未能一一列出，在此表示衷心的感谢。

2023年1月

项目一 幼儿游戏概述 001
  任务一 理解幼儿游戏的含义与特点 001
  任务二 掌握幼儿游戏的分类 006
  任务三 领会幼儿游戏对幼儿发展的作用 013
  任务四 掌握幼儿游戏的理论 021

项目二 幼儿游戏环境创设 031
  任务一 认识幼儿游戏环境 032
  任务二 掌握物质环境的创设技巧 038
  任务三 掌握心理环境的创设技巧 057

项目三 建构游戏的组织与指导 063
  任务一 认识建构游戏 063
  任务二 学会建构游戏的整体组织与指导 068
  任务三 掌握不同年龄段幼儿建构游戏的特点与指导要点 080

项目四 角色游戏的组织与指导 088
  任务一 认识角色游戏 089
  任务二 学会角色游戏的整体组织与指导 092
  任务三 掌握不同年龄段幼儿角色游戏的特点与指导要点 101

项目五　表演游戏的组织与指导　　114
任务一　认识表演游戏　　114
任务二　学会表演游戏的整体组织与指导　　121
任务三　掌握不同年龄段幼儿表演游戏的特点与指导要点　　128

项目六　智力游戏的组织与指导　　141
任务一　认识智力游戏　　142
任务二　学会智力游戏的整体组织与指导　　149
任务三　掌握不同年龄段幼儿智力游戏的特点和指导要点　　154

项目七　音乐游戏的组织与指导　　163
任务一　认识音乐游戏　　163
任务二　学会音乐游戏的整体组织与指导　　171
任务三　掌握不同年龄段幼儿音乐游戏的特点与指导要点　　173

项目八　体育游戏的组织与指导　　184
任务一　认识幼儿体育游戏　　184
任务二　学会幼儿体育游戏的整体组织与指导　　190
任务三　掌握不同年龄段幼儿体育游戏的特点与指导要点　　202

项目九　幼儿游戏的观察　　215
任务一　认识幼儿游戏观察　　216
任务二　理解幼儿游戏观察的内容和实施　　218
任务三　把握幼儿游戏观察的方法和记录　　225
任务四　学会幼儿游戏活动观察结果的运用　　238

项目十　幼儿游戏与教学　　246
任务一　厘清幼儿游戏与教学的关系　　247
任务二　掌握幼儿游戏与教学的整合　　252
任务三　指导幼儿游戏课程的开展　　261

参考文献　　274

数字资源目录

项目一 幼儿游戏概述

拓展阅读	20世纪70年代儿童十大游戏	002
拓展阅读	"以游戏为基本活动"的幼儿教育实践探讨	003
拓展阅读	大型建构游戏中的教师指导	008
拓展阅读	对儿童独自游戏的再思考	009
拓展阅读	明代青花瓷片上的儿童体育游戏活动	013
拓展阅读	对儿童游戏与儿童发展关系的再认识	021

项目二 幼儿游戏环境创设

政策法规	幼儿园工作规程	033
政策法规	3—6岁儿童学习与发展指南	036
政策法规	幼儿园教育指导纲要(试行)	038
拓展阅读	全球最有特色的10所幼儿园游戏环境创设全貌	044
拓展阅读	"安吉游戏"户外环境的创设	049
视频资料	慧乐幼儿园游戏环境创设	059

项目三 建构游戏的组织与指导

案例展示	建构游戏："积"与"数"的碰撞之百变长廊	064
拓展阅读	建构游戏中大班幼儿意志品质发展现状调查	065
拓展阅读	幼儿园建构游戏的独特价值	065
视频资料	"建"有乐趣，"构"有深度	068
拓展阅读	STEM理念下开展幼儿园建构游戏的实践探索	071
拓展阅读	如何了解孩子的建构游戏发展水平——观察记录获奖案例	072
拓展阅读	建构游戏中幼儿美育的现实困境与实施路径	075
拓展阅读	让建构游戏有计可施——谈建构游戏计划环节中教师的跟进策略	076
拓展阅读	三步九法：主题建构游戏中幼儿深度学习的支持策略——以小班主题建构游戏"桥"为例	078

拓展阅读	谈小班幼儿建构区游戏活动的有效指导策略	082
拓展阅读	单独、合作建构游戏中幼儿专注力表现的观察研究	082
拓展阅读	幼儿园中班教师指导幼儿建构游戏的现状及策略	083
拓展阅读	在游戏中促进幼儿深度学习的支持策略——以大班主题建构游戏"我心目中的小学"为例	084

项目四　角色游戏的组织与指导

视频资料	Maron全美凯瑞航空港幼儿园《小医院》角色游戏	089
视频资料	角色游戏的概述	091
拓展阅读	幼儿园角色游戏中的指导误区及要点探讨	096
拓展阅读	角色游戏——浸润式培养幼儿的社会行为	100
视频资料	角色游戏的设计与指导	101
拓展阅读	中班幼儿角色游戏中教师的指导策略研究	106
视频资料	Maron全美凯瑞航空港幼儿园《汽车美容》角色游戏视频资料	109

项目五　表演游戏的组织与指导

拓展阅读	幼儿园表演游戏的特点、指导原则与教学潜能	117
视频资料	木偶游戏	118
视频资料	桌面游戏	118
视频资料	歌唱式表演游戏"红星闪闪"	120
拓展阅读	幼儿园表演游戏开展的瓶颈与出路	124
政策法规	幼儿园教师专业标准(试行)	127
视频资料	小班表演游戏"拔萝卜"	129
拓展阅读	大班表演游戏中教师指导行为的研究	135

项目六　智力游戏的组织与指导

拓展阅读	不同类型的智力游戏对幼儿多元素质提高的促进	144
拓展阅读	幼儿园区域活动中智力游戏的开发策略	150
拓展阅读	学前教育专业数学智力游戏区域活动教学分析	153
拓展阅读	幼小衔接下大班幼儿规则性游戏指导研究	154

项目七　音乐游戏的组织与指导

| 拓展阅读 | 奥尔夫音乐教育体系及教法 | 167 |
| 拓展阅读 | 奥尔夫音乐教学法简介 | 167 |

| 视频资料 | 3—6岁音乐节奏游戏"A ram sam sam" | 169 |
| 视频资料 | 幼儿园优质课"会跳舞的跳跳糖" | 171 |

项目八 体育游戏的组织与指导

拓展阅读	基于动作发展视角下幼儿体育游戏分类方法比较研究	188
拓展阅读	自制体育器材在幼儿体育游戏创新中的应用	189
拓展阅读	幼儿体育游戏的设计思路的研究	196
案例展示	幼儿体育游戏推荐之"好玩的报纸"	196
拓展阅读	趣味游戏，快乐体育——幼儿体育游戏教学创编与运用	199
拓展阅读	幼儿体育教学中传统体育游戏的融入研究	202
案例展示	好玩的体育游戏（附详细玩法）	208

项目九 幼儿游戏的观察

拓展阅读	观察＋分析——促进幼儿游戏水平提升	216
拓展阅读	活动区游戏中幼儿行为观察与分析研究的实施策略	219
拓展阅读	大班幼儿根据设计图进行建构的观察分析——以大班"快乐的花园"建构游戏为例	220
拓展阅读	浅谈小班幼儿建构区中游戏观察与分析的技巧——游戏中对幼儿的观察评价分析	221
拓展阅读	解读儿童，从观察开始	223
拓展阅读	指向深度学习游戏样太研究——游戏中对幼儿的观察评价分析	225
拓展阅读	频次记录法	227
拓展阅读	追踪图法	228
拓展阅读	从"看见"到"看懂"，如何对游戏中幼儿行为进行观察与分析？	235
拓展阅读	"破坏"的背后——幼儿游戏行为的观察与分析	238

项目十 幼儿游戏与教学

拓展阅读	源起与发展：一场深刻的儿童游戏革命	247
案例展示	游戏案例"你好，纸飞机"	256
拓展阅读	"游戏课程化"：实现游戏手段与目的的统一	260
拓展阅读	以游戏为中心的幼儿园课程："课程游戏化"与"游戏课程化"的和合共生与实践探索	261
视频资料	安吉游戏宣传片	261

拓展阅读　"安吉游戏"与发现儿童　　　　　　　　　　　　　　　　　　　　　　　263
拓展阅读　从自主游戏到深度学习——游戏课程化价值刍议　　　　　　　　　　　267
拓展阅读　源于幼儿兴趣的户外自主游戏深度学习支持策略——基于"迷宫三重奏"的
　　　　　游戏案例　　　　　　　　　　　　　　　　　　　　　　　　　　　　270

项目一 幼儿游戏概述

◇ **学习目标**

1.理解幼儿游戏的含义和特点，掌握幼儿游戏从不同维度划分的类别，能够根据幼儿游戏行为判断游戏种类；

2.领会幼儿游戏对于幼儿体能、认知、社会性等各方面发展的作用，在教育实践中重视游戏的价值；

3.掌握早期和现代的游戏理论，梳理不同时代游戏观的发展脉络。

◇ **情境导入**

小时候，我们都玩过很多游戏，比如跳房子、扔沙包、踢毽子等。玩游戏的时候，我们往往感到放松、愉悦，我们会全身心地投入游戏，感受游戏带来的快乐。

有人提出过这样一个问题——"小朋友玩的 iPad 游戏是不是幼儿游戏呢？"对此，你怎么看？幼儿游戏究竟指的是什么？它有哪些特点？在不同维度下，幼儿游戏如何分类？对于幼儿发展，幼儿游戏又有哪些作用？早期和现代的游戏理论分别有哪些？通过本项目的学习，你将找到这些问题的答案。

任务一 理解幼儿游戏的含义与特点

游戏具有独特的魅力。幼儿的生活中充满了游戏，它在给幼儿带来无穷快乐的同时促进着幼儿的身心发展。然而在现实生活中，有人认为游戏是幼儿的基本活动，其作用不容小觑；也有人认为游戏只是幼儿消磨时间的一种方式。因此，理解幼儿游戏的含义与特点，对于认识幼儿游戏的重要价值和正确组织与指导幼儿开展游戏活动有着重要意义。

一 幼儿游戏的含义

在我国,"游戏"一词最早源于战国时期的历史文献。在《韩非子·难三》中有这样的记载:"管仲之所谓言室满室、言堂满堂者,非特谓游戏饮食之言也,必谓大物也。"这里的"游戏"已有"嬉戏、玩耍"之意。宋代司马光在《投壶新格》中有言:"夫投壶细事,游戏之类,而圣人取之以为礼,用诸乡党,用诸邦国。"这里的"游戏"指的是一种娱乐活动。

《现代汉语词典》(第7版)对"游戏"有以下两种解释:①娱乐活动,如捉迷藏、猜灯谜等。某些非正式比赛项目的体育活动如康乐球等也叫游戏;②玩耍。

拓展阅读:
扫一扫,走进我国"20世纪70年代儿童十大游戏"。

"游戏"一词的英文有两种译法,一个是"play",另一个是"game"。"game"主要指有规则性的游戏,因此,幼儿游戏更接近"play"的含义。

综上所述,我们可以将幼儿游戏定义为幼儿追求快乐的一种行为,是幼儿自愿参加的,以娱乐为主要目的,通过模仿和假想反映社会现实生活,并伴有快乐情绪体验的活动。我们可以从以下几个方面进一步理解幼儿游戏。

(一)游戏是幼儿的基本活动

游戏占据了幼儿一日生活的大部分时间,一些生活活动往往也是通过游戏的方式展开的。对于幼儿来说,游戏即生活。我们可以通过"餐前创意秀"①这个案例,来感受游戏是幼儿基本活动的这一概念。

> 午餐时间到了,值日生将饭后擦嘴用的小毛巾用盘子装好分发到各组,小朋友们需要将自己的小毛巾叠好。这个时候,利用饭前的空隙,小朋友们开始了"创意大赛",有的小朋友将小毛巾叠成"小被子",有的叠成"三明治",有的叠成"火腿肠"……小朋友们玩得不亦乐乎,各种创意层出不穷。

(二)游戏是幼儿的主体性活动

游戏是幼儿的主体性活动体现在幼儿的主动性、独立性和创造性等方面。幼儿基于内在最直接的驱动力主动参与游戏活动,在游戏中充分发挥自己的主观能动性,自主决定玩什么、怎么玩、

---

① 牟映雪.幼儿园游戏[M].北京:教育科学出版社,2016:2.

和谁玩,并且可以凭借自己的生活经验和对世界的认识,借助想象去创造性地反映现实生活。比如在下面"一碗'面条'"[1]这个案例中,幼儿将泡沫纸当作"面条"给"客人"享用,充分体现了游戏是幼儿主体性活动的含义。

> 到了区域活动时间,在小餐厅活动区中,小朋友城城担当大厨。这时,餐厅里来了一位客人,客人问:"有什么好吃的吗?"服务员梓梓答道:"我们餐厅的东西都好吃,您想吃什么呢?"客人看了看菜单,说:"吃面条吧!"梓梓赶紧进厨房告诉城城做面条。只见城城拿起五颜六色的泡沫纸,撕成条状,然后用筷子搅拌,最后装进碗里,喊道:"梓梓,面条好了,快端给客人!"梓梓就进厨房把"面条"端给客人"享用"。

拓展阅读:
扫一扫,阅读《"以游戏为基本活动"的幼儿教育实践探讨》。

(三)游戏是幼儿的社会性活动

游戏充分满足了幼儿人际交往的需要。在游戏中,幼儿依托具体的社会性情境主动与周围世界的人和物产生联系。游戏也是幼儿社会性生活的一种反映,比如,随着幼儿社会性的发展,游戏情节会越来越丰富,逐渐出现"妈妈带宝宝逛商场""妈妈带宝宝去医院看病"等社会性游戏情节。下面我们来看一个"我是小导游"的游戏案例[2]。

> 孩子们扮演导游的角色,向一名外地来的小朋友介绍本地的南湖公园。教师提前准备了一些公园中的景点模型,供孩子们表演使用。然后孩子们通过自荐和推荐的方式,确定谁来扮演导游、谁来扮演游客,并对表演的过程进行了设计。在表演的过程中,大部分小朋友表现出热情好客、主动分享等亲社会行为。

二 幼儿游戏的特点

(一)无目的性

游戏与工作、学习不同,没有外部强制性的目的。尽管有时候成人在设计和指导游戏时会基于一定的目的导向,但这个目的并不需要幼儿去了解,幼儿没有为完成任务而产生的紧张感。对于幼儿来说,游戏就是玩耍,他们基于对游戏本身的兴趣进行,而非外在目的的加持和强迫。在

---

[1] 牟映雪.幼儿园游戏[M].北京:教育科学出版社,2016:3.
[2] 苑海燕,梅继开,苏一波.幼儿园课程论[M].北京:首都师范大学出版社,2020:158.

下面的"拍皮球"案例中,两个幼儿拍皮球,一个没有目的性,另一个有目的性,显然,没有目的性的才是游戏行为。

> 两个幼儿都在户外活动中选择了拍皮球。明明拍着皮球,球跑掉时,他哈哈大笑,好一会儿才把球捡回来继续拍;莉莉认真地拍着皮球,嘴里数着数,她对老师说:"我妈妈说我能拍10个就带我去吃肯德基。"

(二)自发性

幼儿游戏是由内部动机引发的,是自发、自愿的活动,幼儿具有自由选择和控制游戏的权利和能力。如果幼儿被迫参加游戏,那这种游戏则不能称为真正的游戏。一方面,游戏是适应幼儿内部需要而产生的。幼儿正处于身心迅速发展时期,游戏能够满足幼儿发展的诸多需要,幼儿在游戏中能够全身心投入,表现出较强的主动性。另一方面,游戏也要适应幼儿的身心发展特点。游戏形式具体形象,游戏内容丰富多彩,幼儿才能喜欢,并在游戏中有较大的自由,在游戏中表现出较强的主动性。我们来看一个案例"做操",判断AB两组幼儿行为哪个属于游戏。

> A:清晨,大(一)班的小朋友们在副班老师的带领下做早操。
> B:区域活动时间,大(一)班3名女生先是来到装扮区,挑选了几件漂亮的裙子穿在身上,然后来到多媒体电视前,模仿多媒体电视的哥哥姐姐跳起了操。

(三)过程性

从功利角度看,幼儿游戏是非生产性的。游戏过程对于幼儿而言,是获得愉快体验的手段,而不是为了实现某种特别的目的。幼儿游戏的目标是由他们自己决定的,而不是他人强加给他们的,不受外部世界的约束,所以幼儿进行游戏的目标可以根据游戏者意愿的变化而变化,而不需要考虑游戏以外的结果。我们可以通过下面这个对比案例,看看AB两组幼儿中,哪组是在做游戏。

> A:甜甜在帮奶奶剥豆子,奶奶说:"甜甜,快点儿剥,中午炒豆子给你吃。"
> B:思思在玩积木,开始的时候想搭一座高楼,后来在搭建过程中,她的想法发生了变化,转而去搭建高速公路了。

(四)愉悦性

在游戏中,幼儿处于身心完全放松的积极主动的状态,游戏能够满足幼儿的内在需要,使幼儿感到愉快。在游戏中,幼儿没有任何心理负担,也不受游戏以外奖惩的约束,可以做很多在日常生活中无法做的事,幼儿表现出轻松、自由、愉快的状态。有的时候,幼儿看起来不一定是快乐的表情，但幼儿能神情专注地进行游戏活动，并做出积极的评价，这也体现了游戏的愉悦性。我们来看下面这个案例。

> 筱筱正在美工区做一幅树叶拼贴画，不同于其他幼儿的是，她的脸上并没有展露出兴奋的表情，而是专心致志地做着，连我站在一旁观察了许久，她都没有察觉。我并没有打扰她，因为我知道她正在体验游戏带来的愉悦感。做完拼贴画，筱筱高兴地拿着画给我看，她说："李老师，你知道我拼的是什么吗？这是我妈妈！"

（五）规则性

无论什么游戏，都会受到游戏规则的约束。虽然前面讲到，幼儿在游戏中是自由、放松的，但这种自由依然建立在一定的规则之上。假设幼儿不能够遵守游戏规则，那么游戏将无法正常推进。游戏的规则性要求参与其中的每一名幼儿都自觉遵守游戏规则，使游戏有序进行。我们通过下面"小剧场"这个案例感受一下游戏无声的规则。

> 今天下午，向日葵幼儿园大班小朋友开展了"小剧场"的联合游戏。有的小朋友在大（一）班的"小银行"取了钱，来到大（二）班的"奶茶店"买了杯奶茶，又来到大（三）班的"售票厅"买了剧场门票，有序地进入"小剧场"对号入座，等待精彩的剧目演出开始。游戏前，老师并没有强调太多游戏规则，而小朋友们却能够自觉遵守这种无声的规则。银行柜员、奶茶店主、售票员等各司其职，完全投入扮演的角色，一下午，小朋友们并没有出现任何差错或争执，游戏有序地推进着。

（六）虚构性

游戏往往依托一种假想的情境进行。幼儿在游戏中运用已有的知识经验，充分发挥自己的想象力来反映周围的现实生活。幼儿对游戏角色、游戏材料、游戏情节等进行假想，会根据游戏需要以物代物、以人代人、以物代人、以人代物等。如扮演医生给病人打针、把棍子当马骑并想象在大草原上驰骋等。所以，游戏具有虚构性。我们来看下面这个"娃娃家"案例。

> "娃娃家"时间到了，妮子手里抱着一个洋娃娃，轻轻摇晃着说："宝宝乖，妈妈抱！"不一会儿，小明骑在小椅子上，说着"嘀嘀——麻烦让让，美团外卖来咯"，来到"娃娃家"停了下来。小明拎着一个塑料袋，起身假装敲门："咚咚咚！有人吗？是您点的外卖吗？"妮子轻轻放下手中的洋娃娃，起身做开门动作，说道："是的，是的！谢谢你！"

任务二 掌握幼儿游戏的分类

掌握幼儿游戏的分类可以帮助我们更好地了解幼儿游戏，认识不同年龄段幼儿游戏的发展特点。按照幼儿认知发展水平、幼儿游戏的社会性水平和幼儿游戏的教育作用，可以将幼儿游戏分为不同的类别。

一 按照幼儿认知发展水平划分

按照幼儿认知发展水平进行的游戏分类以儿童心理学、发生认识论的开创者皮亚杰的理论为代表。皮亚杰认为，幼儿的游戏水平受认知发展水平的影响，不同的认知发展水平决定了他们不同的游戏方式。

（一）练习性游戏

练习性游戏又称感觉运动游戏、机能性游戏、练习游戏，是幼儿最早出现的一种游戏形式。这种游戏在幼儿2岁前出现最多，之后比例逐步下降，到6岁时，只占全部游戏的14%左右。这类游戏主要由简单的重复动作和运动组成，它可以徒手进行，也可以借助实物进行。比如婴儿不断摇晃手中的铃铛，洗澡时不断拍打水面；学步儿将盒子里的东西倒出来又装进去，反复开关抽屉等。这种游戏的动因在于幼儿的感觉运动器官在运用过程中获得快感，因此幼儿乐此不疲。我们来看一个案例。

> 一天，2岁的乐乐看到滚筒洗衣机的门虚掩着，于是他好奇地把门打开，发现里面装满了衣服。他突然想起妈妈平时从洗衣机里取衣服的样子，于是，他也像妈妈一样将衣服一件一件地拿出来，又一件一件地放回滚筒洗衣机里。他觉得很有趣，就这样反反复复玩儿了一下午。

（二）象征性游戏

象征性游戏也叫表征游戏、符号游戏，是幼儿游戏中最典型的形式。这种游戏一般在幼儿2岁时出现，到小学阶段依然存在，高峰期在5岁左右，占据全部游戏的71%。在整个学前期，象征性游戏占据时间最长。这类游戏最显著的特征是模仿和想象。游戏中出现了象征物或替代物，幼儿逐渐能够用一种物体代替不在眼前的另一种物体，即以物代物；或者以自身或他人代替不在眼前的另一个人，即以人代人。象征性游戏可以满足幼儿在现实生活中不能实现的愿望和要求，对人们了解幼儿内心状态还具有诊疗上的意义。我们来看下面这个"手机"案例。

老师：妈妈呢？

扮演爸爸的幼儿：我也不知道妈妈去哪里了。

老师：我们打个电话，找找妈妈吧！

扮演爸爸的幼儿：可是我没有手机。

老师：想个办法吧！（老师将幼儿带到了百宝箱前）找找看，有没有你要的手机？

扮演爸爸的幼儿：（从百宝箱里找出一块方形积木）手机找到了，还要写上一些数字（幼儿拿起笔在积木上写下了数字）。

老师：快拨电话找找妈妈！

扮演爸爸的幼儿：（在手机上按了几下，假装打电话）喂，妈妈，你在哪里呀？我到处找你呢！

扮演妈妈的幼儿：我在带娃娃拍照呢！

扮演爸爸的幼儿：要吃饭了，你快带娃娃回家吧！

扮演妈妈的幼儿：好的，我知道了，马上回来！

（三）结构游戏

结构游戏又称建构游戏，是我国幼儿园、托儿所最常见的一种游戏形式。研究表明，结构游戏占3—5岁幼儿全部活动的40%，占4—6岁幼儿全部活动的51%。这类游戏中，幼儿通过使用具体材料制造有代表性的物体来进行创造和建构活动。它是练习性游戏向更为复杂的象征性游戏过渡的桥梁，也是游戏活动向非游戏活动的过渡，前期带有象征性，后期逐渐演变成一种智力活动。结构游戏有很多，如搭积木、插积塑、泥工、折纸、手工、堆雪人、玩沙、玩泥等。以下是关于"梦想城堡"①的一个结构游戏案例。

孩子们对建构游戏兴趣浓厚，为了让孩子们的"梦想城堡"能够顺利建成，我决定带他们到园所楼下的建构区。那里有足够宽敞的空地和颜色、形状丰富齐全的塑化积木、碳化积木和PVC管。鉴于孩子们"城堡"的生活经验不足、搭建手法较为单一，在孩子们的"梦想城堡"开工前，我们班开展了"我的梦想城堡"谈话活动，活动中我鼓励孩子们大胆表达自己对于城堡的理解和描绘，同时带他们欣赏了世界各地较为著名的城堡图片，他们对这些伟大的建筑叹为观止，自己亲自搭建"城堡"的愿望愈发强烈，最后，我们利用"彩虹城堡"中的材料对其中一个城堡进行模仿，搭建时运用了一些孩子们之前从未接触过的技法，孩子们的"梦想城堡"初见雏形，这下孩子们更是炸开了锅，迫不及待地想要大展身手。

---

① 中班建构游戏案例：孩子们的梦想城堡[EB/OL].（2018-06-06）[2023-04-01]. https://jyxy.jxstnu.edu.cn/news-show-468.html.

拓展阅读：

扫一扫，阅读《大型建构游戏中的教师指导》。

（四）规则游戏

规则游戏是两个或两个以上的幼儿在一起，遵守该群体共同制定或其他群体制定的规则进行的活动。[①] 它往往具有竞赛性质，如下棋、拔河、跳房子等。随着幼儿认知能力的发展以及社会化程度的提高，规则游戏一般4—6岁开始萌芽，7—12岁比较普遍和成熟。我们来看看有不同游戏动作的规则游戏示例。

> ① 瞄准游戏：游戏者拿东西瞄准目标后击打或投掷，如保龄球、套环。
> ② 赛跑游戏：以奔跑为主，如两人三足跑、踹球跑。
> ③ 追逐游戏：角色互补的游戏，游戏中有追者和跑者，如丢手帕、猫捉老鼠。
> ④ 躲藏游戏：包括藏人的游戏和藏东西的游戏，如捉迷藏。
> ⑤ 猜测游戏：以触觉、听觉、视觉、言语为线索去猜测是什么东西或谁的游戏，如"请你猜猜我是谁""谁丢了"。
> ⑥ 口令游戏：跟着口令做适当动作，可以是要求游戏者跟着口令做正确的动作，也可以是要求游戏者做出与口令相反的动作。

二 按幼儿游戏的社会性水平划分

幼儿游戏发展过程往往能够表现出幼儿社会性发展的规律。美国心理学家帕顿根据幼儿在游戏中的社会交往水平，将幼儿游戏归纳为六种类型。不同类型游戏的特点及社会化程度如表1-1所示。

表1-1 不同类型游戏的特点及社会化程度

游戏类型	特点	社会化程度
无所事事或偶然的行为	未真正参与游戏	社会化程度最低
旁观游戏	观看别人游戏或在一旁喝彩	自己不参加
单独游戏	独自游戏	社会化程度较低
平行游戏	几个幼儿同时玩类似或同样的游戏	无共同目的和合作意图
联合游戏	几个幼儿共同参与一项游戏	无共同目的或明确分工，突出个人兴趣
合作游戏	有明确目的、分工、合作和角色任务	社会化程度最高

---

① 年映雪.幼儿园游戏[M].北京：教育科学出版社，2016：12.

（一）无所事事或偶然的行为

无所事事或偶然的行为往往发生在年龄较小的婴幼儿身上，有学者认为，这类行为尚不属于游戏行为，其主要表现为行为无目的、无意识，带有较大的随意性，如幼儿在椅子上爬上爬下，玩玩自己的肢体，走来走去、目光飘移，偶尔会注意看看自己感兴趣的事物。

（二）旁观游戏

旁观游戏指幼儿在近处观察同伴的活动，站在一旁观看他人游戏、为他人喝彩或听他人说话，但是没有主动加入游戏。

（三）单独游戏

单独游戏表现为幼儿独自摆弄自己的玩具，专注于自己的游戏。这类游戏一般发生在婴幼儿时期，是一种社会性发展不成熟的形式。随着年龄的增长，这种游戏形式会逐渐减少。

拓展阅读：
扫一扫，阅读华中师范大学吴航老师的《对儿童独自游戏的再思考》。

（四）平行游戏

平行游戏是幼儿玩着和附近幼儿相同或类似的玩具，幼儿之间会出现相互模仿的现象，但彼此之间没有交流。这类游戏在刚刚进入小班的幼儿中比较常见，比如两名幼儿都在玩小汽车，各玩各的，彼此会模仿，但没有交流。

（五）联合游戏

联合游戏是几个幼儿共同参与一项游戏，但没有明确的分工与合作，没有建立共同的目标，仅仅是突出个人兴趣，有"玩到哪儿是哪儿"的倾向。比如两名幼儿在一起搭积木，一名幼儿想搭一座城堡，于是给"房子"加了一个半圆形"屋顶"；另一名幼儿想搭立交桥，于是把玩具汽车一个一个地放在"桥"上。

（六）合作游戏

合作游戏是两个或两个以上的幼儿围绕共同的目标，有明确的分工、合作和角色任务以及相对固定的游戏成员，游戏过程中相互配合并努力达到共同的目的的游戏。这类游戏是社会化程度最高的游戏。我们通过下面这个"搭出目标图形"案例来感受一下合作游戏的魅力。

在游戏"搭出目标图形"中，幼儿被分为6人一个小组，其中3人留在一楼，另外3人留在二楼。二楼的幼儿接到"目标图形"的任务卡后，第一时间将看到的图形转化成需要的积木形状和数量记录在表格上,如"三角形积木(图符表示)2块"。按照游戏规则,幼儿不能离开所在的楼层,因此,二楼幼儿会将记录表通过"吊篮"运输给一楼的幼儿。一楼幼儿拿到记录表后,需要到幼儿园不同的区域寻找所需的积木,找到后将积木通过"吊篮"传递给二楼的幼儿。二楼幼儿拿到需要的积木后,便按照任务卡上的图形进行合作搭建。哪组幼儿搭得又快又准即为胜出。

三 按幼儿游戏的教育作用划分

我国幼儿园最常见的一种游戏分类方式是按照幼儿游戏的教育作用,将其划分为创造性游戏和规则性游戏。其中,创造性游戏包括建构游戏、角色游戏和表演游戏;规则性游戏包括智力游戏、音乐游戏和体育游戏,如图1-1所示。在项目三到项目八中,我们将分别阐述六类游戏的组织与指导。

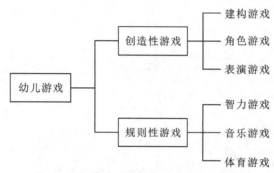

图1-1 我国幼儿园常见的幼儿游戏分类

(一) 创造性游戏

创造性游戏的规则是内隐的,即规则对游戏活动的制约是内隐式的,幼儿在游戏中自由度较大,自由创造的余地也很大。①创造性游戏强调幼儿游戏的自主性和创造性,鼓励幼儿自发的游戏行为。

1.建构游戏

建构游戏是幼儿操作各种建构材料或玩具,构造物体形象,反映现实生活的一种游戏(见图1-2)。建构游戏和角色游戏都是幼儿通过想象,创造性地展现周围生活,不同的是,建构游戏是通过构造各种建筑物或物品反映现实生活,角色游戏则是通过扮演生活中的角色反映现实生活。一般来说,小班幼儿能用平铺、延长、围合、堆高、加宽、盖顶等基本技能建构造型简单的物体形象;中、大班幼儿能综合运用排列、组合、接插、镶嵌、编织、黏合、旋转、桥式、塔式以及各式联结、穿过等技能建构较复杂、精细、匀称的物体形象。②幼儿园里常见的建构游戏材料包括

---

① 姜晓燕.学前儿童游戏教程[M].3版.北京:教育科学出版社,2020:7.
② 杨洋,王春燕.大型建构游戏中的教师指导[J].幼儿教育,2015(11):6-8.

积木、积塑、雪花片等专门的建构材料，沙、石、土、雪、水等自然的建构材料，以及易拉罐、纸盒、线、布、金属部件等废旧物品或半成品的建构材料。

2.角色游戏

角色游戏也是象征性游戏的一种（见图1-3）。它是幼儿期最典型、最有特色的游戏，在幼儿2—3岁时产生，在学前晚期达到高峰。角色游戏反映了幼儿的生活经验，同时给幼儿带来愉快的体验，它能培养幼儿的主动性和创造性，发展幼儿的语言能力和认知能力，促进幼儿社会交往能力的提高。在角色游戏中，幼儿往往运用语言、动作、表情等创造性地再现周围的社会生活。在幼儿园，常见的角色游戏有小医院、超市、餐厅等。

图1-2　建构游戏

图1-3　角色游戏

3.表演游戏[①]

表演游戏是幼儿扮演故事或童话里的某一角色，运用对话、动作、表情再现文学作品内容的一种游戏（见图1-4）。表演游戏与角色游戏相同的是，都有角色扮演，不同的是，表演游戏的角色来源于文艺作品，反映的是文艺作品中的情节，内容是在文艺作品的基础上自行想象和创造的。在幼儿园，常见的表演游戏包括桌面表演、玩偶表演、影子表演、手指表演、扮演角色表演等，一般在中、大班开展。

（二）规则性游戏

规则性游戏的规则是外显的，规则对游戏活动的制约是公开的，幼儿必须严格遵守游戏规则开展游戏活动，自由度较小，自由创造的余地也较小。但这并不排除创造性的存在，只是创造性的表现方式发生了变化。[②]规则性游戏强调教师在游戏过程中的指导作用，主张在教师的组织指导下，有目的、有步骤地开展游戏活动。

---

① 杨洋，王春燕.大型建构游戏中的教师指导[J].幼儿教育，2015（11）：6-8.
② 姜晓燕.学前儿童游戏教程[M].3版.北京：教育科学出版社，2020：7.

1. 智力游戏

智力游戏是以发展幼儿智力以及智力品质为主要目标的一种有规则的游戏（见图1-5）。它以生动有趣的游戏形式，促进幼儿在轻松愉快的氛围中增长知识、发展智力。在幼儿园中，智力游戏通常为拼图、走迷宫、下棋等。

图1-4　表演游戏

图1-5　智力游戏

图1-6　音乐游戏

2. 音乐游戏

音乐游戏是幼儿在音乐伴奏或歌曲伴唱下进行的有规则的游戏（见图1-6）。音乐游戏以发展幼儿音乐感受力和表现力为主，是幼儿艺术启蒙教育的重要途径。音乐游戏中，音乐和游戏是相互促进、相辅相成的。如奥尔夫音乐游戏"七式进阶"能让幼儿在不知不觉中增强对音乐的感受力与表现力。

3. 体育游戏

体育游戏是以发展幼儿身体素质和基本动作为主要目标的有规则游戏，也是幼儿体育活动的一种主要形式（见图1-7）。它由各种基本动作与技能组成，有着严格的规则和明确的结构，如大家耳熟能详的"老狼老狼几点钟""木头人"等均属于体育游戏的范畴。体育游戏还包括放风筝、扔沙包、滚铁环、打弹珠、丢手绢等。

图1-7 体育游戏

拓展阅读：

扫一扫，阅读《明代青花瓷片上的儿童体育游戏活动》。

任务三　领会幼儿游戏对幼儿发展的作用

游戏作为幼儿的基本活动方式，是幼儿成长和精神生发的动力与源泉，它赋予幼儿和谐美好的童年生活。[1]游戏对于幼儿的生活和发展有着重要的影响，在幼儿身体、认知、语言、情感、社会性等方面发挥着关键的教育作用。

一、游戏与幼儿身体发展

（一）游戏促进幼儿身体的生长发育

游戏，尤其是专门的体育游戏，能够有效促进幼儿的生长发育，为幼儿提供必要的运动机会，锻炼幼儿的身体肌肉，增强幼儿的体质体能。我国学者黄世勋曾做过一个关于体育游戏促进幼儿生长发育的实验，他在实验班中用体育游戏的形式加强幼儿的体育锻炼，而对照班幼儿则按常规方法进行锻炼。结果显示，实验班幼儿身体各项指标得分均高于对照班，甚至有的项目如单脚站立的得分高出对照班5倍。可见，游戏对促进幼儿身体的生长发育具有重要作用。[2]

---

[1] 丁海东.幼儿园游戏组织与指导[M].3版.长沙：湖南大学出版社，2019：7.
[2] 姜晓燕.学前儿童游戏教程[M].3版.北京：教育科学出版社，2020：9.

（二）游戏促进幼儿基本动作的发展

大部分户外体育游戏都包含走、跑、跳、钻爬、平衡、攀登、投掷等基本动作。比如，幼儿玩"走平衡木"游戏，可以训练平衡的动作和四肢协调能力；再如，幼儿玩"老鹰捉小鸡"的游戏时，为了避免被"老鹰"捉到，"小鸡"必须在"母鸡"的带领下灵活躲闪，在不断跑跳和躲闪的过程中，幼儿"跑"的动作和四肢肌肉的灵活性得到发展。我们来看下面这个"玩滑梯"[1]案例。

> 在一次体育活动课上，教师组织幼儿滑滑梯。教师先教幼儿滑滑梯的小儿歌："一二一，滑滑梯。小宝贝，别着急，你先我后在一起！"然后安排幼儿排队滑滑梯，幼儿都乐于参与。有的小朋友第一次玩，产生害怕、紧张等情绪，但在教师和其他小朋友的及时鼓励和示范下，他们也都勇敢地滑下来。这次活动很好地促进了幼儿的大肌肉动作发展。

除了粗大动作以外，游戏还能促进幼儿小肌肉动作的发展。比如"拼拼贴贴""扭扭转转"等游戏能够训练幼儿的手部精细动作。幼儿玩"搭积木"的游戏时，必须用手耐心地去操作物体，这样他们手部的小肌肉动作就会得到发展，手指灵活性不断增强。

（三）游戏促进幼儿运动能力的发展

运动能力是指人体活动时，在中枢神经系统指导和支配下的肌肉活动中所表现出来的能力。它是人体各器官、各系统的功能在肌肉活动中的综合反映，是人体进行体育活动的基础。人的运动能力包括平衡能力、协调性、灵敏性、力量、速度、耐力和柔韧性。[2]

不同游戏对幼儿运动能力的促进作用有所不同，比如：攀登、追逐、跳绳、滑滑梯、走平衡木等可以促进幼儿大肌肉群的发育，使动作趋于协调；折纸、捏泥、插塑、穿珠等则能锻炼幼儿手部小肌肉群的能力，使动作趋于精细。同时，各类游戏都能发展幼儿的速度、力量、耐力和协调能力。我们来看看下面的"小小呼啦圈"[3]案例。

> 一次户外活动，教师拿来了许多呼啦圈，并教小朋友如何玩。小朋友们都非常热衷于这项运动，边玩边笑，虽然最后学会的小朋友不多，但是大家都在活动中感受到了快乐，锻炼了身体的协调能力。

---

[1] 苑海燕，梅继开，苏一波.幼儿园课程论[M].北京：首都师范大学出版社，2020：156.
[2] 姜晓燕.学前儿童游戏教程[M].3版.北京：教育科学出版社，2020：9.
[3] 苑海燕，梅继开，苏一波.幼儿园课程论[M].北京：首都师范大学出版社，2020：156.

二 游戏与幼儿认知发展

（一）游戏促进幼儿感知觉的发展

感知觉包含感觉和知觉两个部分。感觉主要指人脑对直接作用于感官的刺激物的个别属性的反应，而知觉则是人脑对直接作用于感官的刺激进行加工后产生的对客观事物的整体认识。幼儿感知觉的发展离不开外界事物对感官的直接作用，而游戏是连接幼儿感官与外部世界的桥梁。一方面，幼儿在游戏中通过视觉、听觉、味觉、嗅觉等直接作用于各种事物，了解事物的外部属性和局部特征；另一方面，幼儿通过游戏对时间、空间、形状等进行观察，感知各种事物的整体属性，发展了感知觉。在游戏活动中，幼儿有较高的积极性和主动性，在一系列感知觉活动中不断认识事物。我们来看看下面这个"认识水果"的案例。

> 让幼儿认识水果，可以让他们先看一看、摸一摸，再尝一尝。看一看，可以感觉水果的颜色和形状；摸一摸，可以感觉水果的触感；尝一尝，可以感觉水果的味道。幼儿进一步将这些信息通过人脑进行综合与解释，就形成了对水果各种属性的整体感知觉。

（二）游戏促进幼儿思维能力的发展

思维是人脑对客观事物间接性、概括性的反映，它是一种高级认知能力，与言语的发育紧密相关。幼儿思维具有间接性和概括性，一方面，思维是通过已有知识经验来感知未被感知过的事物及其关系，另一方面，思维反映的是一类事物的共性特点。例如，幼儿看到了圆圆的苹果，这是感知觉；幼儿知道苹果是圆的，这是思维。在游戏活动中，为保持游戏的顺利开展，参与游戏的幼儿需要积极思考、分工合作，以解决一个个实际问题。如在角色游戏中，幼儿需要确定游戏的主题、分配游戏的角色、选择替代品等；在建构游戏中，幼儿需要考虑搭建物的名称、形状、所需材料，如何搭建得更美观牢固等。这些都需要幼儿思维活动的参与。"以物代物"的思维活动标志着幼儿抽象思维的萌芽，说明游戏能够促进幼儿思维能力的发展。这里我们通过"打针"的游戏，看看"以物代物"的思维活动具体经历了哪些过程。

> 幼儿在玩"医生给病人打针"的游戏，可是发现没有针管，于是选择用铅笔代替。在这一过程中，首先，幼儿需要对针管进行感知，概括其基本的外形特征，如圆柱形、一头尖尖的；其次，幼儿需要从记忆中搜寻与针管类似的物体进行比较、分析，找到其共同点，如铅笔也是圆柱形、一头尖尖的；最后，幼儿以其共同点为支撑，用铅笔代替针管，给"病人"打针。

（三）游戏促进幼儿想象力的发展

想象是人脑对已储存的表象进行加工改造形成新形象的过程。想象活动具有形象性和新颖性的特点，包含无意想象和有意想象两种类别。无意想象是没有预设的目的，在某种刺激作用下，不由自主产生的想象。比如，做梦就属于无意想象。有意想象是指有预设的目的，自觉进行的想象。想象活动是幼儿象征性游戏的支柱。例如，幼儿在游戏中把椅子当马骑、当火车开；在角色扮演游戏中，幼儿扮演司机、警察等。我们通过下面这个案例来看看关于"圆圈"可以有哪些想象。

> 幼儿手持圆圈玩具，边做向上移动的动作边说："老师，你看！太阳升起来了！"
> 幼儿将圆圈套在手腕上，说："这是妈妈的手镯。"
> 幼儿将圆圈取下，拿到鼻子边闻一闻，说："哇！好大好香的披萨。"
> 幼儿双手握住圆圈转动，说："嘀嘀嘀！开汽车咯！"
> ……

三 游戏与幼儿语言发展

（一）游戏促进幼儿语音的发展

游戏能够增加幼儿口语表达训练的机会，使幼儿发音逐渐清晰、准确。研究表明，幼儿园里的幼儿，语言中游戏语言的成分占13％，而这些游戏语言中有93％是语音，其余是语法结构。在游戏情境中，幼儿不断练习发音，促进语音的发展，使发音能力不断提升。

（二）游戏促进幼儿词汇的发展

在游戏中，幼儿通过交往词汇量不断增加，词类范围不断扩大。由于游戏情境的需要，幼儿的词汇除了熟悉的名词、动词外，还会出现形容词、代词，甚至副词。尤其是一些语言类游戏，能够使幼儿对词语的理解日益加深，对语言的理解水平迅速提高。比如，各种拍手歌既能够丰富幼儿的词汇量，又有助于幼儿对语法的掌握。

> 幼儿园里，两个小朋友边拍手边唱儿歌："你拍一，我拍一，一个小孩坐飞机；你拍二，我拍二，两个小孩丢手绢；你拍三，我拍三，三个小孩来搬砖……你拍十，我拍十，十个小孩在学习。"

（三）游戏促进幼儿语言表达能力的发展

游戏为幼儿提供了语言表达和交流的机会，不仅使幼儿产生了交往需要，还使他们产生了迫切的交流需要，想要表达自己的思想和倾听他人的谈话。这些需要的产生都为幼儿语言的发展奠定了基础。在游戏中，幼儿之间需要合作，需要用语言来交流思想，他们商量游戏玩法，确定游戏规则，并用语言协调彼此之间的玩伴关系，解决游戏中的纷争，这一切都能有效地促进幼儿语言表达能力的发展。①

在游戏过程中，幼儿的语言表达主要包括两种：一种是幼儿的真实语言，往往在同伴交流、协商时出现，如"我们一起玩过家家吧"，"你当爸爸，我当妈妈"，"我当医生，你当病人"等；另一种是幼儿的虚拟语言，是游戏情境中幼儿扮演的角色之间的语言，如"好孩子，饿了吗？看妈妈给你做什么好吃的了"，"哎呀，宝宝发烧了，快去医院吧"等。

四 游戏与幼儿情感发展

（一）游戏促进幼儿的情绪体验

幼儿在轻松愉快的游戏氛围中，体验着通过自我努力带来的成就感和满足感；在游戏中，没有强制性的目标，幼儿体验着自由自在的轻松感，不用为实现目标、完成任务而感到紧张；游戏满足了幼儿的需要和愿望，如根据意愿选择游戏角色，这使其产生快乐、自信、满足等积极情绪；在游戏中，幼儿把成人世界复杂的事物压缩至他们自己可以控制的范围，降低了周围世界与其已有经验的不协调和不一致程度；幼儿在游戏中探索，体验环境中的新异事物带来的趣味，不断积累丰富的情绪体验。我们来看看下面这个"今天我是小老师"②案例。

> 李老师发现近日好多幼儿在玩扮演老师给小朋友上课的游戏，于是设计了"今天我是小老师"的游戏。李老师先是让幼儿轮流扮演教师的角色，准备教师的头饰，给每个幼儿5分钟扮演教师的机会，满足幼儿想要当小老师的愿望，然后让大家轮流讲讲自己的感受。孩子们都表示自己喜欢当小老师，但是如果其他小朋友不愿意听自己讲话会伤心。如此一来，就丰富了幼儿当小老师的情绪体验，引导幼儿体会老师的不易。

辛格在1990年对3—4岁幼儿进行了为期一年的研究，结果发现，经常玩假装游戏或者有假想伙伴的幼儿在游戏中有较多的快乐，坚持性和合作性都较好，较少出现攻击性行为，也较少出现愤怒和悲伤情绪。其对年龄稍大的幼儿进行的研究也发现，富于想象的幼儿较少莫名其妙地发火或攻击他人，较少出现冒失、冲动行为，更容易分清想象与现实的区别。③

---

① 苑海燕，梅继开，苏一波.幼儿园课程论[M].北京：首都师范大学出版社，2020：114.
② 苑海燕，梅继开，苏一波.幼儿园课程论[M].北京：首都师范大学出版社，2020：157.
③ 姜晓燕.学前儿童游戏教程[M].3版.北京：教育科学出版社，2020：14.

（二）游戏促进幼儿的情感表达

游戏能满足幼儿情感表达的需要，幼儿喜怒哀乐等各种情绪都可以在游戏中得到表达。例如，幼儿戴"微笑"的头饰来表达自己愉快的心情，戴"哭泣"的头饰来表达自己悲伤的情绪。游戏甚至可以起到缓解幼儿紧张情绪的作用。在扮演角色的游戏中，幼儿可以消除紧张、减少恐惧。例如，幼儿害怕打针，却喜欢玩"打针"的游戏，在游戏中一方面幼儿通过再现痛苦的经历，减轻害怕的程度，体验战胜恐惧的快乐；另一方面幼儿通过转换角色，扮成医生给别的小朋友"打针"，可以减轻自己对医生和打针的恐惧。游戏也是幼儿宣泄负面情绪最有效的方式，有助于幼儿的心理健康。比如：有的幼儿在玩积木时，可能会将搭好的积木一下推倒；有的幼儿在玩娃娃家时会打布娃娃的屁股等。这是因为在游戏中，幼儿是自由和自主的，他们可以通过游戏发泄自己的负面情绪，使情绪变得平静、缓和，从而抑制和降低消极情绪带来的负面影响。我们来看看下面这个"沙盘游戏治疗"①案例。

> 沙盘游戏治疗是目前国际上流行的一种心理治疗方法，被广泛应用于幼儿的心理教育与心理治疗。沙盘游戏治疗以荣格心理学原理为基础，由多拉·卡尔夫发展创立，运用意象（积极想象）达到心理疗愈的目的。其特点是在沙盘的自由与保护空间中，让幼儿运用沙子、水和沙具进行意象的创建。沙盘游戏中所表现的系列沙盘意象，营造出沙盘游戏者心灵深处意识和无意识之间的持续性对话，由此激发治愈过程和人格（灵性与自性化）的发展（见图1-8和图1-9）。

图1-8 沙盘游戏图示一

图1-9 沙盘游戏图示二

---

① 苑海燕，梅继开，苏一波.幼儿园课程论[M].北京：首都师范大学出版社，2020：157.

五 游戏与幼儿社会性发展

（一）游戏促进幼儿自我意识的发展

自我意识是个体对自己的各种身心状态的认识、体验和愿望，它对个体人格的形成、发展起着调节、监控和矫正的作用。在游戏情境中，幼儿逐渐积累自尊、自爱和自信的情绪体验。游戏还能够帮助幼儿克服"自我中心"的观念，比如，在角色扮演游戏中，幼儿按角色需要的身份及其情感体验来行动，把自己当作别人来发展意识，他既是在扮演别人，也是在表现自己。在自我和角色的同一与守恒中，幼儿把自己摆在别人的位置，从以自己为中心转变到从他人的角度来看待问题，发现了自己与别人的不同，学会发现自我，使自我意识得到发展。幼儿只有知道了自己与别人的不同，才能够去理解别人，逐渐学会换位思考。美国心理学家罗森通过社会性表演游戏的训练，揭示了游戏在帮助幼儿克服"自我中心"观念中的作用。具体的训练过程如下。

> 将被试分成两组，实验组进行40天社会性游戏训练，即为被试提供进行社会性表演游戏的机会、条件、玩具等，并指导他们进行游戏。控制组则不进行社会性游戏训练，仅仅为其提供一些游戏材料。40天以后对两组进行测试，测试方法是以商店游戏的形式，先给孩子看一大堆东西，有妇女穿的袜子、男人的领带、玩具汽车、娃娃和成人看的书。确信被试认识这些东西并知道它们的用途后，要求被试假装自己是一个父亲，正在为自己的生日挑选礼物，让他思考父亲会为自己挑选什么东西，然后要求被试依次假装自己是母亲、教师、哥哥、姐姐和他自己来选择符合角色身份的物品。实验结果表明，实验组比控制组更能做出符合人物身份的选择。这就证明社会性表演游戏中的角色扮演有助于幼儿从他人角度看问题，克服"自我中心"的观念。[①]

（二）游戏促进幼儿社会交往能力的发展

游戏为幼儿提供了参与社会交往的平台，扩大了幼儿的社交范围，增加了幼儿的社交频率。在游戏中，幼儿逐渐明白"我"和"你"的区别，学会如何与他人交往，使自身社会交往能力得到提高。比如幼儿在玩表演游戏时，他们既是现实中的伙伴，又是游戏中的同伴，会按照游戏中的角色分工进行交往，逐渐学会与人相处的技巧，学会尊重他人。在游戏过程中，幼儿有时也会因玩具或角色分工而引起争执，比如两个小朋友争抢同一个玩具或同一个角色，这也为幼儿提供了学习分享、谦让、合作、轮流等人际交往技能的机会。我们通过下面这个案例[②]来看看幼儿是怎样通过游戏学会"轮流"和"协商"的。

[①] 姜晓燕. 学前儿童游戏教程[M]. 3版. 北京：教育科学出版社，2020：16.
[②] 姜晓燕. 学前儿童游戏教程[M]. 3版. 北京：教育科学出版社，2020：15.

> 一诺在游戏中与另一个孩子闹了起来。她对妈妈说:"安娜不让我玩跳绳。"妈妈要她去和安娜商量。第一次,她对安娜说:"安娜,妈妈说让我玩一下。"协商没有成功。妈妈又鼓励她。一诺走近安娜,她同安娜商量:"可以轮流玩一下吗?让我玩儿一小会儿,你再接着玩儿。"安娜看了看,说:"你可以玩一分钟。"一诺愉快地接过绳子,说:"我先玩一分钟,然后轮到你。"就这样,一诺的协商成功了。

(三)游戏促进幼儿规则意识的发展

要让幼儿发展规则意识,仅靠成人的语言说教是难以奏效的。幼儿在参加集体游戏时,可以在潜移默化中了解是非、善恶、美丑和真假的区别,懂得什么是该做的、什么是不该做的,从而提高规则意识,掌握一定的行为规范,形成良好的品德。比如,学会宽容和谦让,尝试与他人合作,自觉遵守游戏的规则以保证游戏的顺利开展等。可见,参与游戏能培养幼儿的合群行为、遵守规则的意识和能力。我们来看一个"青蛙跳荷叶"[①]的案例。

> 丹丹老师设计了一个"青蛙跳荷叶"的游戏。她用呼啦圈摆成相连的"荷叶",每一片"荷叶"里面有一张纸,纸上按顺序写着数字。她让幼儿扮演小青蛙,从第一片"荷叶"跳到第十片"荷叶",边跳边说出"荷叶"里纸上的数字。每一只"小青蛙"必须排队跳"荷叶",如果没有跳到下一片荷叶上,就必须从头开始。游戏中,幼儿自觉遵守游戏规则,既发展了"跳"的动作,也掌握了1—10的数字。

(四)游戏促进幼儿自制能力的发展

当被赋予游戏的情境和角色时,幼儿往往能够克服困难,坚持把事情做完,表现出比平时多的毅力、耐心和坚持性品质。可见,游戏能够促进幼儿自制行为的养成。成人可以通过游戏情境的设计引导幼儿学会控制冲动、控制自我和延迟满足。比如,设计"公交车"的小游戏,告诉幼儿"乘客"在车没到站时是不能"下车"的;设计"菜市场"的小游戏,引导幼儿"买菜"时排队等。幼儿在游戏中往往会将游戏人物的行为代入自己身上,只做角色范围内的事情,自觉遵守游戏规则,从而使游戏顺利开展。这对幼儿自制力和坚持性的培养起到了重要作用。苏联教育家马努依连柯通过"哨兵站岗"实验探讨了幼儿在不同条件下保持同一姿势的时间。实验过程如下。

> "哨兵站岗"实验以3—7岁的幼儿为被试,要求他们在空手的情况下保持哨兵站岗的姿势。实验设置了两种情境:游戏情境和非游戏情境。游戏情境中要求实验者以游戏的方式向被试提出要求:"工人在工厂包装糖果,你来当哨兵,站在旁边为工人站岗。"

[①] 苑海燕,梅继开,苏一波.幼儿园课程论[M].北京:首都师范大学出版社,2020:159.

非游戏情境是其他小朋友在旁边玩,只让被试保持站岗的姿势。①实验结果如表1-2所示,4—5岁幼儿在非游戏情境下只能坚持41秒,而在游戏情境下可以坚持4分17秒;其他年龄段的孩子也都是在游戏情境下坚持的时间比在非游戏情境下坚持的时间要长。

表1-2　幼儿在不同条件下保持姿势的时间

年龄	非游戏情境下	游戏情境下
4—5岁	41秒	4分17秒
5—6岁	2分55秒	9分15秒
6—7岁	11分	12分

拓展阅读:

扫一扫,阅读《对儿童游戏与儿童发展关系的再认识》。

任务四　掌握幼儿游戏的理论

游戏的历史源远流长,它伴随着人类社会的持续进步而不断发展。19世纪下半叶到20世纪30年代左右,是幼儿游戏研究的初兴阶段。在达尔文生物进化论的影响下,人们开始关注幼儿的游戏行为,许多心理学家和教育学家从不同角度研究游戏,形成了各种不同的游戏理论。

一　早期游戏理论

(一) 剩余精力说

剩余精力说的代表人物为德国思想家、诗人席勒和英国社会学家、心理学家斯宾塞。

剩余精力说的主要观点为:游戏是人的机体内部的剩余力量产生的。他们提出,高级动物在维持生存消耗必要精力之后,还有剩余的精力,这种剩余的精力要找出路来消耗、发散,否则就会像不透气的蒸汽锅要发生爆炸。高级动物用自然的无目的的活动形式,即游戏获得快乐,游戏也就是高级动物用剩余精力所进行的活动。这一观点反映到日常生活中,就是我们在工作或学习之余,通过积极的娱乐活动打发多余的时间和精力。

(二) 松弛说

松弛说的代表人物为德国的拉察鲁斯及裴茄克。

松弛说的主要观点为:游戏不是发泄精力,而是在劳动或学习疲劳后,恢复精力的一种方式。

---

① 姜晓燕.学前儿童游戏教程[M].3版.北京:教育科学出版社,2020:17.

他们认为游戏产生于人们的劳动，并可以减轻人们劳动和学习的疲劳。幼儿在紧张的学习后为娱乐而游戏。日常生活中，休闲活动有助于人们长时间工作后的精力恢复。当人们因工作和学习感到疲劳的时候，常常会通过娱乐放松一下，以使身心得到调整。

（三）生活预备说

生活预备说的代表人物有德国生物学家、心理学家卡尔·格罗斯。

生活预备说的主要观点为：游戏是为未来生活做预备。游戏是人和动物都有的本能活动，每个动物都有一个准备生活的阶段，以锻炼自己生存竞争的能力。高级动物（包括人）在幼小时经过游戏训练能适应复杂的生活环境，因此游戏是准备生存的最好形式。比如，小狗咬着玩是为了练习猎捕的能力，小猫玩球是为了练习捕鼠，而女孩玩娃娃是为了将来做母亲和妻子。游戏中常见到幼儿对成人生活的模仿，这些模仿中的稚拙行为，确实是一种成人活动的不成熟的形式。它先以不成熟的方式在非正式的生存活动中进行实践。

（四）复演说

复演说的代表人物为美国心理学家、教育家斯坦利·霍尔。

复演说的主要观点为：游戏是复演祖先的活动史，是重复祖先的进化过程。霍尔认为，游戏就是个体再现祖先的动作和活动，是重复人类发展的历史，也是种族行为的复演。如孩子玩打猎游戏，就是重复原始人的生活；捉迷藏游戏就是反映原始人躲避野兽、保护自己；爬树游戏就是重复人猿攀爬的乐趣；玩水游戏就是重复祖先在水中寻找食物的行为。霍尔把人类发展分成五个阶段（从原始人至现代人）：①动物阶段，是指类人猿阶段，这一阶段幼儿表现是本能的反应，如吸吮、哭泣、抓爬、站立；②未开化阶段，是指靠猎取动物为生的阶段，这一阶段幼儿表现通常是玩追逐游戏、丢手绢游戏和捉迷藏游戏等；③游牧阶段，是指靠游牧为生的阶段，这一阶段幼儿表现出爱玩模仿小猫、小狗、小鸡、小鸭的游戏，以及爱护小动物的游戏等；④农业、耕种阶段，这一阶段幼儿表现为玩洋娃娃、挖地、挖河等游戏；⑤城市阶段，也称部落阶段，这一阶段幼儿表现出小组游戏，由单人玩发展成为一群人一起玩。

他指出，类似于用石块切割、用人力搬运这样的原始人早期行为，也会出现在今天的幼儿游戏中，这是因为在某些特定的阶段，幼儿的动作表象思维与原始人接近，其游戏行为也就具有了原始稚拙的形态。

（五）生长说

生长说的代表人物有：美国的心理学家阿普利登和奇尔摩。

生长说的主要观点如下：阿普利登认为，游戏是幼儿能力发展的一种模式，游戏是生长的结果，是机体练习技能的一种手段；奇尔摩认为，幼儿通过游戏可以生长，游戏是练习生长的内驱力。

（六）成熟说

成熟说的代表人物为荷兰生物学家、心理学家博伊千介克。

成熟说的主要观点为：游戏是幼儿操作某些物品进行的活动，这不是单纯的机能表现，而是带着幼稚动力的一般特点的表现，如运动的目标不明确，冲动、好动，对周围环境有直接的激情。游戏不是本能，而是一般欲望的表现。引起游戏的有以下三种欲望：排除环境障碍获得自由，发展个体主动性的欲望；适应环境与环境一致的欲望；重复练习的欲望。游戏的特点与童年的情绪性、模仿性、易变性、幼稚性相近。有童年才会有游戏。

二 现代游戏理论

早期游戏理论在某种意义上解释说明了游戏这种令人困惑又令人着迷的现象，对后人的游戏研究产生了巨大影响，推动了幼儿游戏研究的进程。但由于早期游戏理论是在达尔文生物进化论的影响下产生的，所以带有浓厚的生物学色彩，有着明显的以先天、本能、生物学的标准看待幼儿游戏的特点。20世纪20年代后，现代游戏理论逐渐出现，它们更加关注作为个体的"人"的行为，尝试揭示游戏的本质。这一阶段，心理学逐渐在游戏理论研究中占据重要地位。

（一）精神分析学派的游戏理论

精神分析学派的游戏理论又称为发泄论或补偿论。这一学派幼儿游戏研究的主要代表人物是奥地利的弗洛伊德和美国的埃里克森，他们从精神分析的角度来解释游戏，重视游戏对幼儿情感和社会性发展的价值。

1.弗洛伊德的游戏思想

弗洛伊德的游戏理论是基于他的人格结构理论来说的，他认为人格由"本我""自我"和"超我"构成。"本我"是个体与生俱来的原始本能；"超我"反映了个体在社会生活中的道德要求和行为标准；而"自我"是个体现实化了的本能，是"本我"和"超我"之间的平衡机制。显然，"本我"和"超我"是对立的、矛盾的，个体的社会化过程就是不断来控制和把握"本我"，完善"自我"。在弗洛伊德看来，"自我"在某种程度上是通过游戏实现的，游戏为幼儿那些在现实中不被允许的冲动提供安全的环境，满足幼儿长大的需求和主动承担角色责任的需求。现实生活中，幼儿总是处于被动地位，常常是被要求、被指令、被支配，他们非常向往改变被动地位，而游戏恰恰满足了他们这样的愿望。

游戏能够降低现实生活中的创伤性事件的影响。幼儿在生活中常常出现各种情绪，比如生病打针的恐惧、被同伴孤立的忧伤、被冒犯时的愤怒、愿望得不到满足时的失落等。为了控制和排解这些负面情绪，幼儿以游戏的方式将它们转移到同伴、娃娃或者假想的替身身上，变为主动的执行者，使痛苦的体验转化为娱乐。弗洛伊德称之为强迫性重复。由于幼儿的心理防御机制还不够完善，因此强迫性重复在童年期更为普遍。我们一起来看这个"我要当医生"①的案例。

> 小班的丽丽和甜甜平时最害怕看病打针。自主活动时间，这两个小朋友跑到"小医院"的角色游戏区，争着要穿白色褂子当医生。丽丽说："我来当医生给你看病吧！"甜甜说："不行，我要当医生。"说着就拿起一根长管，学着医生的模样要给丽丽打针。丽丽突然看见旁边有一个熊宝宝，她跑过去把熊宝宝拿过来，对甜甜说："我们给小熊看病吧！"两个人相互笑笑，开始忙起来，一遍遍地给熊宝宝吃药、打针。

上述案例中，幼儿主动扮演医生给病人打针看病，这是因为幼儿在现实生活中看病时，紧张、焦虑、愤怒的情绪体验无处发泄，通过在游戏中扮演医生给病人扎针，可以把不愉快的体验转移到替身（伙伴或玩具）身上。幼儿"自我"结构还不完善，心理的防御机制还没有得到充分发展，还不能有效地控制、抵御受伤害的局面，于是他们采用游戏的方式重现事件、重新体验。幼儿的这种报复或发泄行为是其追求快乐的另一种体验形式，以获得"自我"的快乐和平衡。

2.埃里克森的游戏思想

埃里克森在弗洛伊德的游戏思想基础上，进一步突出了游戏在"自我"发展中的作用。弗洛伊德认为"自我"消极地受制于"本我"和"超我"，而埃里克森认为"自我"是人格构成中积极主动的因素，它成功地协调和整合了内部需要和外部社会文化要求。

埃里克森把人格的发展划分为八个阶段，每一个阶段都有特定的发展任务，发展任务表现为正、负两种发展方向。如果任务发展得好，就形成理想人格；如果任务发展得不好，就形成与理想人格相反的另一种人格。并且，前一阶段的发展情况会影响后一阶段的人格发展情况。

弗洛伊德和埃里克森的人格发展阶段比较如表1-3所示。

表1-3　弗洛伊德和埃里克森的人格发展阶段比较②

年龄	弗洛伊德	埃里克森	游戏形式
0—1.5岁	口唇期	信任对怀疑	亲子游戏
1.5—3岁	肛门期	自主对羞怯	练习性游戏
3—6岁	性器期	主动对内疚	角色扮演游戏
6—11岁	潜伏期	勤奋对自卑	—
青春期	生殖期	同一性对角色混乱	—
青年期	—	亲密对孤独	—
成年期	—	繁殖对停滞	—
老年期	—	自我整合对失望	—

① 牟映雪.幼儿园游戏[M].北京：教育科学出版社，2016：26.
② 牟映雪.幼儿园游戏[M].北京：教育科学出版社，2016：27.

游戏有助于幼儿形成积极的人格特征，能够帮助幼儿从一个阶段向另一个更高的阶段发展。0—6岁幼儿主要会经历前三个发展阶段。

第一阶段，亲子游戏时期。这一阶段游戏对于亲子关系的形成和信任感的产生具有重要的作用。如果幼儿的生理需要得到满足，体验到身体的康宁和环境的安全，则对周围环境产生一种基本信任感；反之，如果父母的信心不足或育儿方式有缺陷，幼儿则会对周围环境产生怀疑。这种基本的信任或怀疑将直接影响幼儿性格的形成和发展。因此，这一阶段家长（尤其是母亲）应该经常带着亲善、关爱的表情注视幼儿，这种注视的眼神不仅传递着爱的信息，也带有游戏性的鼓励。

第二阶段，练习性游戏时期。在这一阶段，幼儿必须掌握对排泄器官的肌肉控制，并在此基础上产生自信，认识到自己的意志，产生一种自主感。这个阶段的幼儿通过游戏表现内心冲突和焦虑，也通过游戏缓和、平衡内心矛盾。在游戏中，幼儿可以认识到自己的力量和意志，从而产生自信，发展自主性。游戏开始在幼儿生活中占据主要地位，为幼儿提供安全空间，帮助幼儿在自己制定的内心法则范围内发展自主性，克服羞怯与疑虑。

第三阶段，角色扮演游戏时期。这一阶段幼儿面临的发展危机是恋母或恋父情结。幼儿通过游戏中的角色扮演，逐步发展起新的自我约束的形式，在人格上打上"小男子汉"或"小公主"的烙印，实现性别角色的最初社会化，获得主动性发展。游戏可以帮助幼儿辨认想象与可能性之间的最初界限，明白在文化环境中什么是最有效的、什么是被允许的。幼儿通过角色扮演，表现内心的冲突和焦虑，使危机得到缓和，也可以使前一阶段发展所遗留的问题得到解决。[1]我们来看下面这个案例"消防员都是男的"[2]。

> 大班"消防"区角内，两个男孩蹲着摆弄消防器材，还有一个男孩站在旁边，手里拿着水管对着墙壁来回摇晃，嘴里发出"吱吱"的声音。正在"餐馆"区角玩的一个女孩跑过来也想加入，但被蹲着的两个男孩拒绝，其中一个男孩说："消防员都是男的，你是女的，你不能玩。"女孩想从站立的那个男孩手里抢过水管，但失败了。站着的男孩说："你要想玩的话，假装你家失火了，你喊'救命'，我去扑火救你吧！"女孩迟疑了一下说："不行，我家没失火。"之后，她就扭头走了。

上述案例说明，幼儿通过角色扮演了解到一定文化环境中什么角色和行为是被允许的，缓解内心的冲突，从而在人格上打上"小男子汉"和"小公主"的烙印。幼儿对消防员的性别认知较符合传统的角色期待，但是具有明显的性别刻板印象，教师要注意对此进行适当引导。

---

[1] 牟映雪.幼儿园游戏[M].北京：教育科学出版社，2016：28.
[2] 盖秀灵.角色游戏中幼儿性别角色认同和教师介入的研究——基于性别双向化理论的视角[D].开封：河南大学，2012.

(二)认知发展学派的游戏理论

认知发展学派游戏理论的代表人物是瑞士心理学家皮亚杰。皮亚杰认为认知发展水平影响了幼儿的游戏行为,同时游戏行为也是了解幼儿认知发展水平的重要指标。皮亚杰根据幼儿认知发展的不同水平将游戏分为不同阶段。

第一阶段,感知运动阶段。这一阶段幼儿的游戏表现为不断重复习得某个动作或活动,因此这一阶段也被称为练习性游戏阶段。

第二阶段,前运算阶段。这一阶段幼儿的游戏超过了当前范围,突破了时空限制,表现为一种象征性游戏,即利用替代物进行象征性游戏,幼儿通过象征性的物品改变现实、满足自我情感方面的需要。

皮亚杰认为,幼儿认知发展是在"同化"和"顺应"的过程中实现的。"同化"是主体将外部事物合并或整合到自己已有的动作图式或认知结构中,不断丰富自己的图式。"顺应"是主体改变原有图式以适应新环境的变化。通过游戏,幼儿可以练习日常生活中学到的技巧,必要时甚至通过想象去改变外部世界,使它更符合自己现有的认知结构。因此在游戏中,认知上的"同化"作用大于"顺应"作用。比如,幼儿把"竹竿"当成"木马",把"积木"当成"电话"等都是改变现实中的外部事物以使其符合自己的认知结构。皮亚杰的女儿曾经看到一只猫爬到树顶上,猫在树上腾挪跳跃的情景给她留下了深刻的印象。于是,她想再现这一有趣的情景以满足自己的兴趣愿望。我们来看看"猫在墙上"[①]这个案例。

> 皮亚杰的女儿把一个贝壳放在一个大盒子的边缘,让它滑下来,说"猫在墙上",然后说"树"(但没有做任何动作),接着把贝壳放在自己的头上,说"到(树)顶上去了"。

上述案例中,小女孩把贝壳当作猫,按照自己的兴趣与愿望来对待物体而不考虑客体的特征,对现实进行转变或改造,而不考虑猫与贝壳之间有什么关系,贝壳在这里只起到了激活表象的作用。活动中幼儿的"同化"超过了"顺应",是用自己原有的经验去"同化"现实。

(三)社会文化历史学派的游戏理论

社会文化历史学派把社会文化历史发展的心理学理论运用于幼儿游戏的研究,代表人物有维果茨基、列昂节夫、鲁宾斯坦、艾里康宁等。他们认为幼儿游戏与动物游戏有着极大的区别,幼儿游戏不是先天就有的,而是在后天实践中形成的。社会文化历史学派的游戏理论包括以下几个基本观点。

1.强调游戏是幼儿的主导活动

社会文化历史学派认为,在不同的发展阶段,主导活动的类型不同。这里所说的主导活动,

---

① 刘焱.儿童游戏通论[M].北京:北京师范大学出版社,2004:111.

是指制约本阶段幼儿心理过程和个性心理特点最主要的变化的活动，它有助于促进幼儿的心理机能不断由低级向高级发展。在学前期，游戏尤其是有主题的角色游戏是幼儿的主导活动。

2.强调游戏的社会性本质

社会文化历史学派反对生物本能论，认为不论是游戏的社会起源还是游戏的个体发生，均由社会存在决定，即强调游戏的社会性本质。幼儿游戏发展的动力是他们与周围环境的相互作用，所以游戏是一种受到社会存在制约的活动。在游戏中，幼儿凭借语言，以角色为中介，了解、学习和掌握基本的人与人之间的社会关系。我们通过"长颈鹿一家的城堡"这个案例①来感受一下游戏的社会性本质。

> 小班幼儿在搭积木活动中开展"为长颈鹿一家搭建城堡"的游戏。起初，活动区的幼儿各自搭建自己为长颈鹿一家设计的城堡。因为城堡是给长颈鹿住的，所以龙龙想把城堡搭得高一些，好让它们住得更舒适。积木越搭越高，城堡突然就塌了。看着自己精心设计的成果毁于一旦，龙龙一下子就大哭了起来。教师急忙走过来，了解龙龙的情况后，教师让幼儿再玩一次"为长颈鹿一家搭建城堡"的游戏，但是，这次是让大家一起搭建城堡。幼儿你一块、我一块，城堡越来越高，但就在放最后几块积木的时候，摇摇欲坠的城堡终究还是倒塌了。幼儿虽然很失望，但大家没有放弃，有几个幼儿提出"下面的积木摆得太散了""应该先放长方形的积木"等建议。在这几名幼儿的带领下，大家再次建城堡，龙龙这回也没有像上次一样大哭大闹，而是学着伙伴们的样子搭了起来。

上述案例中，龙龙在独立游戏中表现得比较急躁，遇到挫折后马上放弃，并且大哭大闹。但在接下来的群体游戏中，龙龙失败后并没有哭闹，反而在他人的带领下鼓起勇气再次"工作"，性格变得平静、温和了不少。

3.强调游戏中成人的教育影响

社会文化历史学派强调游戏中成人的教育影响，认为幼儿与成人的交往在游戏的发生、发展过程中起决定性作用。在成人的教育和要求下，或在与成人之间的关系发生改变的情况下，幼儿产生游戏的需要。游戏不是与生俱来的，如果没有教育的作用，游戏就不会产生，即使产生了也会停滞不前。因此，为了使幼儿掌握游戏的方法，成人进行干预是必要的，成人必须在幼儿处于一定的年龄阶段时教其学习怎样游戏。游戏的教育价值和游戏本身的发展，取决于成人对游戏的指导。

---

① [英]尼尔·本内特，利兹·伍德，休·罗格斯.通过游戏来教——教师观念与课堂实践[M].刘焱，刘峰峰，译.北京：北京师范大学出版社，2010：122.

项目小结

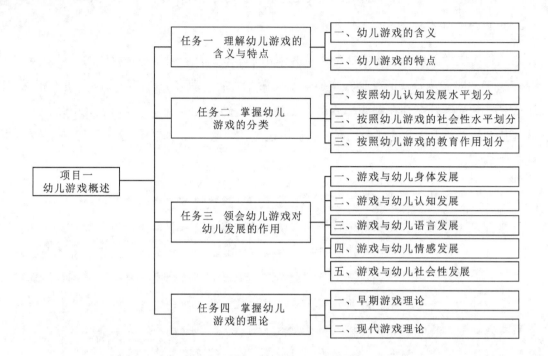

幼儿游戏是幼儿追求快乐的一种行为,是幼儿自愿参加、以娱乐为主要目的、通过模仿和假想反映社会现实生活,并伴有快乐情绪体验的活动。游戏既是幼儿的基本活动,也是幼儿的主体性活动和社会性活动。幼儿游戏具有无目的性、自发性、过程性、愉悦性、规则性和虚构性等特点。

按照不同维度,可以将幼儿游戏分为不同的类别。按幼儿认知发展水平划分,可将幼儿游戏分为练习性游戏、象征性游戏、结构游戏和规则游戏;按幼儿游戏的社会性水平划分,可将幼儿游戏分为无所事事或偶然的行为、旁观游戏、单独游戏、平行游戏、联合游戏和合作游戏;按幼儿游戏的教育作用划分,可将幼儿游戏分为创造性游戏(建构游戏、角色游戏、表演游戏)和规则性游戏(智力游戏、音乐游戏、体育游戏)。

幼儿游戏对幼儿身体发展、认知发展、语言发展、情感发展、社会性发展等均起到积极的教育作用。

游戏的历史源远流长,它伴随着人类社会的持续进步而不断发展。早期游戏理论包括剩余精力说、松弛说、生活预备说、复演说、生长说和成熟说等。现代游戏理论自20世纪20年代开始出现,它更加关注作为个体的"人"的行为,以精神分析学派、认知发展学派和社会文化历史学派的游戏理论为代表。

思考与练习

1. 单项选择题

（1）幼儿游戏以（　　）为目的。

A.活动任务

B.活动目标

C.活动结果

D.活动本身

（2）下列哪项不属于幼儿游戏的特点（　　）。

A.游戏是幼儿的自主活动

B.游戏是幼儿的基本活动

C.游戏是有趣味性的活动

D.游戏是虚构的活动

（3）幼儿相互模仿，操作相同或相近的玩具，但是幼儿相互间没有交流，这种游戏形式属于（　　）。

A.单独游戏

B.联合游戏

C.旁观游戏

D.平行游戏

（4）智力游戏、体育游戏和音乐游戏属于（　　）。

A.创造性游戏

B.规则性游戏

C.表演游戏

D.个人游戏

（5）幼儿通过塑造角色表现文艺作品内容的游戏是（　　）。

A.角色游戏

B.结构游戏

C.智力游戏

D.表演游戏

（6）关于自发性游戏的正确观点是（　　）。

A.幼儿园游戏不包括自发性游戏

B.自发性游戏不需要教师指导

C.教师组织的游戏比自发性游戏有价值

D.自发性游戏具有多种教育价值

（7）"游戏是为未来生活做准备"，这一观点的代表人物是（　　）。

A.格罗斯

B.帕特瑞克

C.霍尔

D.斯宾塞

2. 简答题

（1）简述幼儿游戏的特点。

（2）简述游戏对幼儿发展的作用。

3. 材料分析题

在某幼儿园大班的家长座谈会上，家长们纷纷提出：孩子快上小学了，幼儿园应减少游戏时间，增加算术、识字等教学内容，以便于孩子适应小学的学习生活。

（1）请根据上述说法，分析家长观念中存在的问题。

（2）请针对该问题，提出解决方法。

实践与实训

【实训一】

上网收集一个幼儿游戏案例，并结合游戏的特点对该游戏进行分析。

目的：理解幼儿游戏的特点。

要求：能够以小组为单位，围绕游戏的无目的性、自发性、过程性、愉悦性、规则性、虚构性等六大特点中的一两个，对游戏案例加以分析。

形式：小组合作。

【实训二】

观察一个幼儿游戏，试分析该游戏在幼儿社会性发展方面的作用。

目的：掌握游戏与幼儿社会性发展的关系，认识游戏对幼儿的重要意义。

要求：实地收集视频资料，做好观察记录；能从幼儿自我意识、社会交往能力、规则意识、自制能力中的一两个方面加以分析。

形式：实地观察与记录。

项目二　幼儿游戏环境创设

◇ **学习目标**

1. 认识幼儿游戏环境的含义、特点及分类，知道幼儿游戏环境创设对幼儿发展的价值和意义。

2. 掌握幼儿游戏物质环境创设的内容，学会室内物质环境、室外物质环境创设技巧，知道游戏材料的投放及管理方式。

3. 领会幼儿游戏心理环境创设的意义及必要性，学会心理氛围、人际关系等方面心理环境创设的技巧。

◇ **情境导入**

朱莉·布拉德在一个关于儿童学习环境的研究中，曾让数百位学生做过这样一个练习："闭上你的眼睛，想象孩提时能引起你积极情绪的环境。记住你在那个环境中的感觉。想象那里的声音、气味和经历。现在请用一首小诗概述这个特别的地方，或者写下一串能体现这个环境的本质的描述性词语。"结果发现，在学生对最喜爱的地方的描述中，有一个共同的特点：这个特别的地方，通常包括探索大自然和自由选择活动中的丰富的感官体验，从某种意义上说，这是一个被学生们个性化了的庇护所。①那么什么样的环境能够满足幼儿的多种感官体验呢？

游戏是幼儿学习和生活的基本方式。创设良好的环境，可以为幼儿提供参与深度游戏的机会，并为幼儿提供通过第一手经验建构他们的知识多样性的机会；良好的环境有助于幼儿游戏，并且对他们的社会性、情感、身体和认知等方面的发展大有裨益。那么幼儿游戏环境应该具备什么样的特点？如何创设符合幼儿发展需要的游戏环境呢？学完本项目，这些问题就能够迎刃而解了。

---

① [美]朱莉·布拉德.0—8岁儿童学习环境创设[M].陈妃燕，彭楚芸，译.南京：南京师范大学出版社，2014：1—3.

任务一　认识幼儿游戏环境

我国2016年开始实施的《幼儿园工作规程》强调，合理利用室内外环境，创设开放的、多样的区域活动空间，提供适合幼儿年龄特点的丰富的玩具、操作材料和幼儿读物，支持幼儿自主选择和主动学习，激发幼儿学习的兴趣与探究的愿望。

环境是幼儿游戏的物质前提和基本条件，不同的游戏场地对幼儿游戏种类及其在游戏场上的行为具有显著的影响。因此，幼儿园应该创设符合幼儿发展需要的室内外物质环境，并营造和谐的心理环境，为幼儿提供多样的玩具材料。

一　幼儿游戏环境的含义

（一）环境

环境是指个体生活的所有外部条件的总和，它包括自然环境和社会环境。我们所处的环境影响着我们的情绪、建立关系的能力以及工作和生活的质量——甚至影响我们的健康。美国心理学家布朗芬布伦纳的生态系统理论主张：个体在不受他人激励和指导的情况下主动发起、主动维持活动，对幼儿的发展来说非常重要；环境既能提供机会，也能产生某些潜在的危机，如果幼儿在环境中被剥夺了经验，就会产生压力感和紧张感，从而影响其发展；如果环境提供机会，幼儿就会朝着社会文化目标的方向发展。①环境要能够为幼儿的学习提供支持，支持幼儿成为积极的建构者。蒙台梭利的"有准备的环境"理论主张教师为幼儿创设的环境应该是与他们的发展水平相适应并且温馨、自由的环境；幼儿在适宜的环境中从事愉快的活动，通过有趣的"工作"来塑造自己的精神，这样才能使幼儿发展实现正常化。

（二）幼儿园环境

幼儿园是幼儿一日生活的重要空间，是家庭环境之外最主要的生活学习场所，幼儿园环境在潜移默化中对幼儿发展产生影响。广义的幼儿园环境是与幼儿园教育相关的环境的总和，它既包括幼儿园内部的小环境，也包括与幼儿园教育相关的家庭、社区等外部大环境。狭义的幼儿园环境是指除幼儿本身之外，影响幼儿身心各方面发展的因素的总和，包括物质环境和精神环境。我们在谈幼儿园环境时，主要指的是狭义的幼儿园环境。

（三）幼儿游戏环境

这里的幼儿游戏环境主要是指幼儿园游戏环境。幼儿园游戏环境是幼儿园环境的重要组成

---

① 邱学青.学前儿童游戏[M].南京：江苏教育出版社，2008：184.

部分，是指在幼儿园影响幼儿游戏的一切外部条件，包括物质环境和心理环境。物质环境包括游戏空间、游戏材料、游戏时间等；心理环境包括游戏氛围、师幼关系、同伴关系等。物质环境是幼儿游戏的物质基础，没有充足的游戏空间、游戏材料和游戏时间，幼儿将无从开展游戏；心理环境是幼儿游戏不可或缺的精神支持，甚至会决定幼儿游戏的内容、方向及游戏的质量。

政策法规：

扫一扫，阅读《幼儿园工作规程》全文。

二 幼儿游戏环境的特点与分类

（一）幼儿游戏环境的特点

1. 安全性

安全是幼儿游戏环境的首要特点，但是安全并不等于控制。我们对游戏环境的认知存在一种误区，似乎幼儿的安全是通过教师管控幼儿的行为来实现的，教师一旦放手，幼儿的安全就无法保障了。没有绝对安全的游戏环境，真正的安全保障应当来自幼儿自身控制风险的意识和自我保护的能力，而幼儿的这种意识和能力的真正形成需要教师适当放手。

安全性是指幼儿游戏环境能够保证幼儿在游戏过程中身体的安全和心理的安全。物质环境是保障幼儿身体安全的重要基础，幼儿园的选址、园舍建筑（如建筑楼高、楼梯踏步规格等）、活动场地面积、相应的设施设备（如玩教具的种类、数量和规格）等，都应按照国家相关规定进行规范布局和合理配置。[①]心理安全是指幼儿获得充分游戏活动的机会，能自主选择游戏，能充分表达个性，并在游戏活动中受到同伴的尊重和欢迎等。相对于物质环境，心理环境对幼儿心理安全的影响是潜移默化的，心理环境营造的关键在于教师。

2. 适宜性

美国幼儿教育协会（NAEYC）在"发展适宜性教育"（DAP）的立场声明所阐述的一些原则与环境问题相关，环境具有支持或阻碍发展适宜性教育实践的作用。游戏环境的适宜性包含两个层面的意思：一是游戏环境要能够激发幼儿游戏的兴趣；二是游戏环境要符合幼儿身心发展的特点，为幼儿发展提供支撑作用。游戏环境既要满足幼儿当下身心发展的需要，又要能够促进幼儿更高水平的发展；游戏环境还要考虑不同幼儿在同一领域发展的个体差异性，以及同一幼儿在不同发展方面的不均衡性。比如在角色游戏材料的提供上，由于小班幼儿模仿能力强，处于具体形象思

---

① 张娜. 幼儿游戏与指导[M]. 2版. 武汉：武汉大学出版社，2022：135.

维阶段，所以给他们的游戏材料要更加逼真形象；由于大班幼儿认知经验更丰富，所以给他们的游戏材料要具有一定的开放性和创造性。

美国著名游戏场地专家乔·L.弗罗斯特博士提出，好的游戏场地要能够满足幼儿发展需要的十条标准，具体见表2-1[①]。

表2-1　游戏场地满足幼儿发展需要的十条标准

标准	说明
鼓励幼儿游戏	吸引人的，容易接近 开放的空间和令人放松的环境 从户外到室内畅通无阻 适合不同年龄阶段幼儿的设备设施
刺激幼儿感官	在比例、亮度、质地和色彩上的变化和对比 多功能的设备 给幼儿多种经验
激发幼儿好奇心	可以让幼儿自己加以变化的设备 可以让幼儿进行试验和建构的材料 植物和动物
促进幼儿与环境之间的互动	能为幼儿的行为提供一定规范的、摆放整齐的储藏室 可供幼儿阅读、拼图或独处的半封闭空间
满足幼儿基本的社会和身体方面的需要	给予幼儿舒适感 设备和设施的尺寸适合幼儿的身体 具有体能上的挑战
支持幼儿之间的交往	各种不同的空间 足够大的空间以避免冲突的发生 促进幼儿社会性交往的设备和设施
支持幼儿与成人的交往	易于保养、维护的设施设备 足够大的、方便的储藏室 便于教师观察、监督的空间 可供幼儿和教师休息的空间
丰富幼儿认知类型的游戏	功能性的、体能性的、大肌肉运动的和活动性的 建构性的和创造性的 扮演角色、假装的和象征性的 有组织的、规则的游戏
丰富幼儿社会性类型的游戏	独自的、独处的、沉思性的 平行的 合作性的

① 丁海东.幼儿园游戏组织与指导[M].3版.长沙：湖南大学出版社，2019：28.

续表

标准	说明
促进幼儿的社会性和认知发展	提供渐进的挑战性 整合户内、户外的活动 成人参与幼儿的游戏 定期的成人与幼儿共同参与的对话活动的安排 游戏环境具有动态性并处于不断的变化中

3. 多样性

丰富的环境能够激发幼儿游戏的愿望，鼓励幼儿在游戏中探索，促进幼儿身体、运动、社会性、认知、情感等各方面能力的发展。幼儿游戏环境的多样性涵盖游戏空间多样性、游戏种类多样性和游戏材料多样性。

首先，游戏环境不是单一的空间，不论室内游戏空间还是室外游戏空间都要尽可能丰富多样、富有变化，既要有开放的游戏空间，又要有半开放和相对封闭的游戏空间。其次，游戏环境要能够满足幼儿不同类型游戏的需要，幼儿不仅需要体育游戏，还需要角色游戏、表演游戏、建构游戏等。另外，游戏材料是重要的物质环境之一，是幼儿学习的重要媒介。针对幼儿不同年龄特点，游戏材料的投放不一样；针对不同的空间，游戏材料的投放也存在差异。幼儿掌控游戏环境和游戏材料的过程也是探索自我发展的方式与路径的过程。丰富多样的游戏材料能够为幼儿创造更多探索的机会；当游戏材料足够丰富且不受空间限制时，幼儿可以跨区域使用多种材料，他们的游戏内容也会更加丰富，他们与游戏环境的互动也会更加积极。

游戏环境的多样性为幼儿的游戏带来了更多的挑战，也为幼儿在游戏中进行深度学习提供了无限可能。[①]

4. 参与性

幼儿作为游戏的主体，作为游戏环境的受益者和体验者，也是游戏环境创设和管理的重要参与者。幼儿参与游戏环境的创设和管理可以促使其更加积极主动地参与游戏。

参与性是幼儿在教师的帮助和指导下进行游戏环境布置的过程。传统的游戏环境创设和游戏环境管理更多体现为教师高控制、幼儿低参与。比如室内游戏区创设，教师投放了大量教师自制材料，各种材料可谓琳琅满目，但是幼儿参与游戏的意愿却不尽如人意。游戏环境是服务于幼儿游戏的，如果幼儿没有参与感，那么幼儿的游戏体验也会大打折扣。幼儿在游戏环境中的参与有多种方式，他们可以参与游戏区域的划分，也可以参与游戏材料的收纳，在收纳的过程中学习分类，养成收纳的习惯，甚至发明新的收纳方法解决实际问题。幼儿还可以参与游戏场地的清洁或整理，在游戏结束之后整理游戏材料，自觉进行清理，让幼儿在操作体验中学会自我管理。

---

① 盛奕."安吉游戏"户外环境的创设[J].幼儿教育（教育教学），2021（3）：14-17.

5. 教育性

幼儿园是教育机构，幼儿园的游戏环境创设要体现教育性，并符合幼儿身心全面发展的需要，与幼儿园教育目标一致，把教育意图渗透在游戏环境中。

环境是幼儿的第三位教师，游戏环境本身蕴藏着大量的教育契机，这种隐性的课程是其他教育活动所不能替代的。游戏环境的丰富性和创造性，能够促进幼儿发展的全面性。《3—6岁儿童学习与发展指南》对各领域儿童学习与发展的典型行为表现都有具体的表述，是幼儿游戏环境创设的重要依据。游戏环境的创设不能只关注形式上的华丽，不能仅从成人的视角出发，要考虑游戏环境创设的目的——是为了迎合成人的审美，还是为了幼儿的发展、为了实现其教育价值？比如为了实现对安吉县"竹"资源的利用，安吉县某幼儿园的教师用尽全力打造了"竹乡一条街""竹乡熊猫之家""竹乡旅行社""竹乡警察局"等，但是教师并没有看到幼儿在游戏中的投入、喜悦和自信。

政策法规：
扫一扫，阅读《3—6岁儿童学习与发展指南》全文。

（二）幼儿游戏环境的分类

游戏环境的分类是研究者依据某种理论或者标准，对游戏环境所做出的不同视角的解释。根据不同的分类标准，幼儿游戏环境有着不同的分类。我们了解幼儿游戏环境的类别是为了更加全面地认识幼儿游戏环境。

1. 按照游戏环境的组成性质划分

按照游戏环境的组成性质划分，幼儿游戏环境可分为物质环境和心理环境。物质环境主要是指幼儿园各种人工或非人工的游戏空间、游戏材料、游戏时间等。物质环境又可分为自然物质环境和社会物质环境，其中，自然物质环境指幼儿园中各种自然条件的总和，比如花草、树木、石头等，它们也是幼儿游戏重要的物质条件；社会物质环境主要包括活动室、专门的游戏区、户外游戏场地、各种游戏材料和设备等。心理环境也称为"精神环境"，主要是指幼儿园环境中的人际关系和心理氛围，包括师幼关系、同伴关系、同事关系，以及宽松自由的游戏氛围等。

人们容易关注物质环境的创设，而忽略心理环境的营造。幼儿园物质环境和心理环境缺一不可，它们共同为幼儿游戏提供环境支持。宽松的心理环境能够让幼儿在游戏前不必考虑"听话才能玩游戏"；幼儿在游戏时不必考虑"要玩完老师交代的游戏才能玩自己想玩的游戏"；幼儿在游戏后不必考虑"下次还能不能玩游戏"。

2. 按照游戏环境的物理空间划分

按照游戏环境的物理空间划分，游戏环境可分为室内游戏环境和户外游戏环境。室内游戏环境主要指幼儿园内相对封闭的空间及其设备和材料；户外游戏环境主要指幼儿园内相对开放的空间及其设备和材料，比如集体活动区、大型组合运动器械区、车道、玩沙玩水区、种植养殖区、绿地等。

室内游戏环境是幼儿游戏的主要场所，能够满足不同年龄阶段幼儿对游戏空间、游戏材料多样性的需要；幼儿在幼儿园除了在室内活动，每日还需要不少于两个小时的户外活动时间，游戏活动作为幼儿户外活动的主要方式，需要借助适宜的户外游戏环境，因此户外游戏环境是幼儿游戏必不可少的物理空间。

三 幼儿游戏环境创设的意义

（一）满足幼儿游戏的需要，促进幼儿与游戏环境的积极互动

无游戏不童年。游戏是幼儿的天性，是幼儿生活和学习的基本方式；游戏环境是幼儿游戏重要的物质基础，幼儿游戏环境创设为幼儿游戏提供丰富的游戏环境。《幼儿园工作规程》第二十九条指出："幼儿园应当将游戏作为对幼儿进行全面发展教育的重要形式。幼儿园应当因地制宜创设游戏条件，提供丰富、适宜的游戏材料，保证充足的游戏时间，开展多种游戏。幼儿园应当根据幼儿的年龄特点指导游戏，鼓励和支持幼儿根据自身兴趣、需要和经验水平，自主选择游戏内容、游戏材料和伙伴，使幼儿在游戏过程中获得积极的情绪情感，促进幼儿能力和个性的全面发展。"因此，创设丰富的游戏环境是幼儿园教师的重要职责之一，也是促进幼儿在游戏中获得全面发展的基本条件，对幼儿成长具有重要意义。

（二）满足教师指导的需要，保障幼儿游戏的自主性和无限可能性

2001年教育部印发的《幼儿园教育指导纲要（试行）》指出，"环境是重要的教育资源，应通过环境的创设和利用，有效地促进幼儿的发展"，"幼儿园的空间、设施、活动材料和常规要求等应有利于引发、支持幼儿的游戏和各种探索活动，有利于引发、支持幼儿与周围环境之间积极的相互作用"。在教育观念上，教师都不会否认游戏对幼儿发展的价值；但是在教育实践上，教师往往会因为各种主客观因素忽略对幼儿游戏的指导，甚至剥夺幼儿游戏的权利。

传统的游戏环境的创设主要是站在成人的立场，所创设的游戏环境要么花里胡哨，要么具有高度的安全控制性。真正能够激发幼儿全面发展的游戏环境应该是开放的，具有无限可能性的，也就是说，教师要创设的游戏环境应该是"有准备的环境"。游戏具有很大的不确定性，因此，游戏环境的创设要为幼儿多方面发展和不同水平的发展提供可能性。

任务二　掌握物质环境的创设技巧

心理学家伯宁认为，物质环境的刺激对幼儿的探索性行为的产生具有重要影响。幼儿游戏需要游戏空间、游戏材料等基本物质环境的支持，《幼儿园教育指导纲要（试行）》指出："幼儿园的空间、设施、活动材料和常规要求等应有利于引发、支持幼儿的游戏和各种探索活动，有利于引发、支持幼儿与周围环境之间积极的相互作用。"因此，为幼儿创设高质量的有利于幼儿与之积极互动的游戏环境是幼儿教师的重要工作，也是幼儿教师需要具备的专业能力。幼儿游戏所借助的物质环境可以分为室内物质环境和户外物质环境两部分。

政策法规：
扫一扫，阅读《幼儿园教育指导纲要（试行）》全文。

一　室内物质环境的创设

幼儿一日生活的大部分时间是在室内度过的。室内环境和户外环境对幼儿来讲都是重要的生活、学习和游戏的场所，室内环境与户外环境在空间的设置和利用上有显著的差异，因此，室内和户外环境创设的要求和方法也各不相同。

（一）室内物质环境创设需要考虑的因素

环境的安排和组织会影响幼儿的游戏行为。环境的空间密度、空间结构（也称空间安排）、游戏材料和设备等会影响幼儿游戏的方式、内容等，是室内物质环境创设应该考虑的重要因素。

1.空间密度

空间密度是指游戏环境中可供幼儿使用的空间大小，是衡量室内环境拥挤程度的指标。相对于可供幼儿使用空间，不可供幼儿使用的空间包括家具所占的面积、狭窄的过道等。空间密度=幼儿人数/（房间面积-不可供幼儿使用的空间面积）。空间密度的数值低，表示环境拥挤；空间密度的数值高，表示环境不太拥挤。诸多研究表明，空间密度过低，幼儿活动的积极性会降低、社会性交往活动会减少、团体游戏行为会减少、攻击性行为等不适宜行为会增加。

2.空间结构

不同的空间结构可能会对幼儿的游戏行为产生影响。有研究表明，把一个大型空间分割成多个小型活动区域，较之于大型的不做任何分割的空间，更有利于幼儿产生社会性和认知层次较高的游戏行为，减少粗暴行为的发生。小型空间更有利于引发幼儿的角色游戏和建构游戏，而大型空间有利于引发奔跑、追赶等大动作、吵闹的活动。[①]

因此，室内空间结构的设置、游戏区域的划分是幼儿园室内物质环境创设需要考虑的重要因素。

3.游戏材料和设备

游戏材料和设备是室内物质环境创设的重要组成部分。游戏材料和设备的数量、种类等都会影响幼儿的游戏行为。

首先，游戏材料和设备的数量会影响幼儿的游戏行为。有研究表明，当游戏材料增多时，幼儿之间争抢玩具的行为就会减少；当游戏材料减少时，幼儿独自游戏行为减少，平行游戏增多，攻击性行为也会相应增多。

其次，游戏材料和设备的种类也会影响幼儿游戏行为。特定的材料会引发特定的游戏行为，比如，积木等游戏材料会引发更多的建构游戏；娃娃等游戏材料会引发更多的角色游戏。

最后，游戏材料和设备的数量、种类跟幼儿的年龄特点也存在相互关系。低龄幼儿需要数量多、种类少的游戏材料，且游戏材料比较形象逼真；而高年龄阶段幼儿更适合象征性程度较高的游戏材料，游戏材料的结构化程度较低。

（二）室内物质环境创设的基本要求

室内物质环境一般包括幼儿游戏室、班级活动室、班级附近的走廊、楼道和其他公共区域。室内物质环境创设，首先要考虑整体的空间布局，保证合理的空间密度；其次要考虑各区域之间的关系，为幼儿开展多样化的游戏活动提供充足的空间环境；最后要考虑各区域游戏材料的投放具有年龄适宜性，满足不同幼儿的不同游戏需求。

1.空间布局合理，有留白不浪费

室内物质环境创设要做到统筹规划，地面、墙面和顶面三面协调、统一；通道和各区域的入口要保留宽敞的空间，方便幼儿活动，减少拥挤、冲撞；合理利用公共区域，充分发挥室内空间的实际效用，比如睡眠室可以设置娃娃家、阅读区等；室内过道等可以设置墙面益智区，满足幼儿闲暇或等待时游戏的需要。

设置游戏区时不能将室内空间布置得过满，要适度留白，给幼儿开展创造性游戏提供必要的开放性空间。留白空间是否合理是评估活动空间的一个重要指标。[②]一般来说，活动空间的1/3至2/3的表面不应被覆盖，班级幼儿人数越多，需要留白的空间就越多。

设置游戏环境时，还要注意留出可供幼儿秘密玩耍的独立空间，有小朋友表示这是"可以和

---

① 刘焱.儿童游戏通论[M].福州：福建人民出版社，2015：644.
② 张娜.幼儿游戏与指导[M].2版.武汉：武汉大学出版社，2022：139.

我的好朋友说悄悄话的地方，这里没有大人"①。有研究者指出，秘密空间的存在不仅为幼儿提供了体验秘密的机会，促进了幼儿自我意识和独立人格的形成，而且为幼儿创造了体验自我的空间，促进了幼儿内在自我的发展，给予幼儿存在感与安全感。

2.区域划分明确，具有相关性

室内活动区既是幼儿的游戏区，也是幼儿的学习区，在进行区域划分时，教师要有意图地为幼儿游戏和学习创造更多可能性。区域划分要体现类型的多样性，幼儿发展的多样性要求区域设置既能满足幼儿人际社会交往的需要（比如相对喧闹的娃娃家、表演区等），又能够满足幼儿静态的探索物质世界的需要（比如相对安静的阅读区、建构区等）。

区域划分要有明确的边界，一方面，明确区域的大小可以为幼儿选择适宜的游戏活动提供便利；另一方面，清晰的界限和标识能够帮助幼儿更好地建立规则意识，减少破坏性行为的产生。研究表明，幼儿在界限清晰的区域中游戏，会更加以任务为导向，更能投入积极的互动、合作和探究中。因此，教师可以利用地面划线或者低矮的材料柜进行分隔；走道及各区域的活动都要有幼儿看得懂的标识，为幼儿顺利开展游戏提供指引。

区域划分也要考虑不同区域的相关性，以便幼儿维持和拓展游戏活动。容易产生冲突的区域要分开，比如安静的阅读区和吵闹的表演区；互补的区域可以设置在一起，比如娃娃家和建构区；幼儿在角色扮演时可能需要积木，建构游戏也可能演变成角色游戏，因此可以把建构区设置在角色游戏区旁边或者对面，让幼儿有可能同时使用两个区域而不影响其他区域幼儿的活动。在幼儿看来，区域空间虽然做了隔断，却不是固定的边界，区域与区域之间是有机联系的。比如，幼儿表示"我想把娃娃家变成幼儿园的厨房，这样娃娃家的爸爸妈妈可以做了饭菜送给'幼儿园'的小朋友吃""我想开一个快递公司，因为娃娃家有时候需要添点东西"。

3.区域设置灵活，具有适宜性

区域空间并不是一劳永逸、一成不变的。教师应该根据课程实施的需要，针对不同年龄幼儿的身心发展特点及幼儿的经验水平差异，适时规划和调整幼儿学习与生活空间。比如阅读区，小班适合游戏式的环境，中班适合互动式的环境，大班适合探究式的环境。再如角色游戏区，由于小班幼儿还不具备丰富的社会经验，"银行""旅游局"等主题并不适合他们。

灵活可变的环境才能满足幼儿实际活动的需要。区域设置及材料投放要适当降低空间和材料的结构化程度，让幼儿拥有按照自己的意愿和能力自主使用空间和材料的自由。教师只需要在幼儿活动的过程中，关注幼儿和环境材料的互动情况，决定是否需要对环境做出调整。②斯洛文尼亚七彩幼儿园室内分区如图2-1所示。

---

① 李晓文，原晋霞.儿童视角下的幼儿园区域活动[J].学前教育研究，2019（2）：70-80.
② 贺蓉.关于幼儿园环境创设的"七连问"——一些幼儿教师需要提给自己的问题[J].学前教育（幼教版），2015（9）：3-7.

图2-1　斯洛文尼亚七彩幼儿园室内分区

（三）室内物质环境创设的指导方法

从幼儿游戏的内容和性质来看，游戏可分为创造性游戏和规则游戏，其中创造性游戏包括角色游戏、表演游戏和建构游戏；规则游戏包括体育游戏、智力游戏、音乐游戏、语言游戏、美术游戏、数学游戏等。根据这些游戏类别，幼儿园班级内通常会设置角色（表演）区、建构区、美工区、阅读区、益智区、科学区等基本活动区。教师也可根据班级的空间、幼儿的人数、幼儿园的实际条件等创设其他活动区。

1. 角色（表演）区

角色游戏和表演游戏都是幼儿非常喜欢的游戏。这两种游戏都涉及角色扮演，但是角色的来源不同：角色游戏中的角色来源于幼儿的现实生活，比如娃娃家里的"爸爸""妈妈"；表演游戏中的角色来源于故事或者童话等文学作品，比如《西游记》中的"三打白骨精"情节。因此这两个区域可以邻近，但也要有所区别。

角色区是幼儿进行角色游戏的主要区域，幼儿经常将自己生活中的真实场景通过一定的角色扮演来体现，并发挥自我创造的能力。角色区可以根据幼儿生活经验设置不同主题的小游戏区，比如"娃娃家""超市""医院""餐厅""动物园"等。角色区的主题应根据幼儿游戏的需要灵活调整。角色区材料的投放要尽可能符合幼儿实际生活的场景，比如"娃娃家"中的各种家具、家电，"餐厅"里的食物、餐具，"超市"里的货物、收银等。角色区的空间要足够宽敞，有条件的还要有随时可延伸的备用活动空间。

表演区同样需要一个较为宽敞的空间，为幼儿提供合适的表演场地。幼儿表演的主题和情节来源于文学作品，是多变的，因此表演区主题的设置不必像角色区那样有具体的区分，但是要设置表演必需的舞台、音乐播放设备、化妆用品以及必要的表演道具，比如提供各种布料，让幼儿制作自己的游戏服装，激发幼儿表演的欲望。表演区还需要设置用来储存道具和服饰的收纳柜等。表演区可以紧邻角色区，设置在阅读区对面，让幼儿可以把阅读中喜欢的故事情节及时地转化、延伸到表演游戏中。

2. 建构区

建构区应该有较为宽广的场地，空间相对开放。建构区也可以作为集体活动的区域。建构区应该远离过道，使幼儿能够不受干扰、全身心地投入建构活动；建构区应该铺设地毯或地垫降噪，以免影响他人游戏。幼儿在建构区的活动可分为安静和吵闹两种。一些幼儿在建构区玩赛车等游戏，往往比较吵闹，所占据的空间也比较大，还有一些幼儿喜欢安静地搭建城堡等。为了避免相互干扰，有条件的幼儿园可以在室内设置两个建构区，或者在室内和室外分别设置建构区，使这两种幼儿可以在不同的环境下进行建构活动。

建构区还可以与其他区域合作开展活动，比如大型建构区可以靠近角色（表演）区，参与舞台布景；小型建构区可以靠近美工区，实现材料共享。

建构区要有适合幼儿身体高度的材料柜，它们也可以作为区域划分的自然边界；建构区要有明显的标识，既为幼儿选用材料提供便利，又能帮助幼儿养成整理归类的习惯；建构区材料要尽可能丰富，可以有积木类、公共交通工具类、拼图类，以及各种组装、拼装并能拆卸、变形的玩具材料等，多样化的建构材料能更好地满足幼儿不同的建构需求。

3. 美工区

美工区主要是为幼儿开展艺术活动而创造的，是以操作为主的区角，因此需要设置在光线充足的地方，比如靠窗的位置；由于一些美工活动可能会用到水，比如清洗颜料，所以美工区可以设置在有专门的用水通道或者靠近水源的地方。

美工区要有放置美工材料的开放式柜子，以及供幼儿绘画、做手工用的桌子等，还要有美工作品的展示区，幼儿的绘画作品可以贴在墙上或展览板上，手工作品可以放在展示柜或者窗台上。各种纸、彩笔、颜料、剪刀、胶水、胶带、橡皮泥等是美工区必备的游戏材料，材料数量要充足，并符合幼儿身心发展特点，对幼儿具有吸引力。由于美工区的材料是消耗品，所以应该设置回收专用的盒子、篮子等，以便回收利用各种纸屑、手工废料等。

4. 阅读区

阅读区环境设置包括阅读空间和场地、阅读材料、硬件设施等。由于阅读是安静的活动，阅读区应该安排在比较安静的地方，同时要有充足的采光。阅读区的大小要能够容纳足够数量的幼儿，至少能供6位幼儿同时进行阅读。阅读区里也要设置一处特别安静的私密空间，供个别幼儿阅读或者为幼儿同伴交往提供便利。阅读区可以与表演区相联系，拓展阅读延伸活动。

为了吸引更多幼儿进入阅读区，教师要考虑阅读区硬件设施的美观、舒适与安全。阅读区要有柔软的地毯，舒适就座的地方（比如枕头、豆袋椅、吊床、靠垫或沙发）；阅读区的桌椅、书架要考虑幼儿的身高特点，便于幼儿使用。阅读区还可以通过投放大型毛绒玩具、张贴幼儿阅读时的照片、投放具有互动性的图书、设置有趣的入口等方式吸引幼儿参与。阅读区的设置如图2-2和图2-3所示。

图2-2 深圳市梅林一村幼儿园阅读区

图2-3 南京市市级机关第一幼儿园阅读区

高质量的、符合幼儿年龄特点的图书是创设阅读区的关键。幼儿喜欢的阅读材料具有丰富性、趣味性、适宜性与实用性。[1]因此，阅读材料数量要充足，至少保证每一位幼儿在自己的视线范围内，都能找到自己想要阅读的一本图书。图书的主题和种类应该包罗万象，满足幼儿不同层次的需要；阅读材料要经常更换，以满足幼儿阅读的需要，使他们能够享受新的文学作品。

5. 益智区

益智区需要一个相对安静的环境，应该远离角色（表演）区和建构区。创设益智区是为了激发和满足幼儿认知、思维能力的发展需要，并学习解决问题的办法。益智区的材料所占空间不大，但是仍需要足够的空间让幼儿不受干扰地思考和探索。

益智区的材料以操作为主，比如插塑板、套环、棋类、迷宫、拼图等。不同年龄阶段幼儿对活动材料的需求不同，益智区的材料要根据幼儿年龄特点有针对性地投放。材料要摆放在开放式的柜子里，便于幼儿取放。益智区可以为幼儿提供桌椅，也可以让幼儿坐在地毯上玩。

6. 科学区

在科学区，幼儿可以集中时间观察、预测、实验，使用科学工具实践"过程"以及学习。因此，科学区要设置在教室的安静区域，使幼儿少受干扰、更好地专注于活动；科学区还要靠近水源，因为很多科学探究活动需要用水进行实验或清洗；有条件的幼儿园可以将科学区设置在靠近窗户的地方，因为很多活动需要自然光线。科学区的空间大小要能够容纳幼儿和教师同时进行活动。

科学区还需要一些物质设施，比如陈列植物标本、种子、矿石等的展示架，存放放大镜、望远镜、磁铁、温度计等小工具的工具箱，方便幼儿进行观察、实验等操作的操作台，记录幼儿发现结果的展示板、小黑板或者记录本。科学区还可以增加一些实验工作服、帐篷等物品，以增强吸引力。

---

[1] 孙莺.基于儿童视角的幼儿园图书室阅读环境研究[D].南京：南京师范大学，2019：38.

拓展阅读：
扫一扫，了解全球最有特色的10所幼儿园游戏环境创设全貌。

户外物质环境的创设

幼儿园户外场地并不是单一的运动场，还是多变的游戏场；户外游戏活动不是幼儿单纯的身体的活动，更是通过运动来学习。户外游戏活动是幼儿在幼儿园生活时不可或缺的内容。幼儿在户外游戏时，各项技能会提高，在亲近大自然的过程中，情感也会得到发展。在幼儿园，幼儿每日户外活动时间不得少于2小时，寄宿制幼儿园的幼儿每日户外活动时间不得少于3小时，因此，教师要为幼儿科学地创设户外物质环境。

（一）户外物质环境创设需要考虑的因素

创设户外物质环境需要考虑创设什么类型的游戏场、投入哪些设施等问题。

1. 游戏场的类型

随着有关游戏与游戏环境研究的深入、更新，人们开始考虑设计更加安全、更具挑战性、与幼儿发展更相适宜的户外游戏环境。

早期的户外游戏场地可以分为传统型、现代型、冒险型、创造型和自然型。传统型户外游戏场地注重固定的设备和种类，比如秋千、滑梯、跷跷板等，较为单调、使用方法有限，目的主要是让幼儿进行基本的体育锻炼。

现代型户外游戏场地更多地利用自然环境或人为建造的环境，设有复杂的攀爬设备，比如运用沙、水泥制品、鹅卵石、原木来建造土丘、斜坡、隧道等。

冒险型户外游戏场地于第二次世界大战时在丹麦首次出现。这种游戏场地看上去很不正规，场地上有各种建筑材料、废旧工业设备和材料。在这种游戏场地，一般由专职人员带领幼儿开展各种自然活动，如建造小房子、垒城堡、砌墙、爬树、挖水沟等。

创造型户外游戏场地是冒险型、传统型和现代型户外游戏场地的结合，它既包含传统设备，又拥有开放性的器材供幼儿使用。创造型户外游戏场地以最低的成本为幼儿创造尽可能多的游戏内容，给幼儿提供多种游戏选择。它一般是在专家的指导下，由家长、教师以及幼儿共同规划与建造。

自然型户外游戏场地有时叫冒险花园，它用自然环境代替传统设备，包含很多自然元素，如池塘、泥沼、花园、泥地、树木房、可攀爬的自然障碍物等。

户外游戏场地类型多样，各有优缺点，对幼儿户外游戏行为的影响也各不相同。我们在进行户外游戏场地的创设时不能局限于某种单一的类型，而是要多种类型取长补短，更要站在幼儿的立场上思考幼儿需要什么样的游戏场。

2.游戏场的设施

《托儿所、幼儿园建筑设计规范》对于幼儿园室内、室外活动场地的设计做出了规定，但是到目前为止社会上还没有形成完全统一的标准。美国得克萨斯大学教授弗罗斯特于1991年提出了游戏场的设备设施的基本标准[①]。这些标准可供我们参考。

游戏场的设备设施的基本标准

- 可供幼儿骑车的、地面坚硬的车道。
- 可供幼儿玩沙的区域和设施。
- 可供幼儿开展角色游戏的设备和材料。
- 大型的组合器械：有足够的空间，可以同时容纳许多幼儿，有多个入口、出口和多种高度，能够为幼儿提供多种练习的机会和挑战性。
- 可供幼儿爬和挖的土堆。
- 绿地：有树木可以遮蔽阳光的、可供幼儿探索和研究自然现象的自然区域。
- 供幼儿玩水的区域和设备，如喷泉、池塘和喷水车等。
- 建构区：有轮胎、板条箱、厚板、木板、砖块和钉子等材料，提供工具并允许幼儿进行破坏和重建。
- 一个废弃的但还有一定的游戏价值、安全的飞机、船或汽车。
- 可以供幼儿进行较剧烈活动的设备：如顶部有大平台的滑梯，可以把滑梯直接放置在山坡上，可以用多种方式来安全地（有可以坐的柔软的东西）玩的秋千；可供幼儿爬的大树（水平放置的或成熟的死树）；可供幼儿爬的网状结构等。
- 有柔软地面（使用草地、树皮等覆盖物）的区域，可用于组织集体的游戏活动。
- 符合幼儿身材的半私密空间，如隧道、凹进物、游戏小屋等可以躲藏的地方。
- 户外各区域之间应有一定的功能划分，游戏场不仅有平面的空间，还应当有垂直的和立体的空间（如山坡等）。
- 园艺区：可以让幼儿学习照料植物的花园并提供园艺方面的工具。
- 养殖区或宠物区，应有宠物和宠物的用品。
- 安全障碍，如篱笆、大门、墙和窗户。
- 从户外转向室内活动的过渡性空间，如有顶的、直接与游戏室相连的走廊。过渡性空间可以使幼儿免受日晒雨淋，还便于把室内的活动扩展到室外。
- 储藏室：存放幼儿户外活动的材料和工具；储藏室可以是独立的；带轮子的玩具可以放在车道附近，玩沙设备应放置在玩沙区域，建构工具应当存放在靠近建构区的地方。

---

① 刘焱.儿童游戏通论[M].福州：福建人民出版社，2015：633-634.

> · 在户外游戏区内应有供成人和幼儿使用的遮阴处和长椅,有便于行走(如上厕所、喝水等)的通道。
>
> · 有用于集体活动的桌子和可供教师和幼儿一起开展艺术和阅读活动的支持性的材料。

户外游戏场地一般应当有大型组合运动器械,如攀登架、秋千和斜面、平台等组合成的大型运动器械,可推拉的带轮玩具以及供幼儿进行探索、建构和角色扮演用的材料(比如积木、轮胎、感觉统合训练运动器材),以及其他供幼儿清洗、整理、保健防护、储存材料和休息的设备(比如收纳用的藤篮、木箱、塑料筐、铁板车等,各区域临近设置的洗脚池、洗手池、洗物池以及刷子、清洁球、雨鞋等工具)。

(二)户外物质环境创设的基本要求

1. 场地安全

在创设户外游戏环境时,安全是教师首要考虑的问题。游戏场地在具有挑战性的同时,必须减少危险性。安全并不是绝对的,那么如何尽可能保障户外游戏环境的安全呢?

首先,户外游戏材料要符合幼儿年龄特点,比如教师可以提供不同宽度的平衡木,为幼儿提供不同水平的挑战。其次,在大型玩具下(如攀岩、滑梯、秋千、跷跷板等)铺上合适的表面材料(如木屑、碎树皮、细沙等),以防止意外摔落导致的伤害;在游戏设备周围设置跳落区或跳下地面的无障碍区。美国消费品安全委员会建议,学前和学步儿童的游戏设备高度在51 cm以上的,都需要设置一个无障碍的跳落区,跳落区在游戏设备的每一个方向至少延伸1.8 m。最后,做好场地的日常维护工作,排除安全隐患。

2. 空间充足

一般而言,室外活动空间越大越好,只要有足够的成人监督。我国《托儿所、幼儿园建筑设计规范》规定,幼儿园、托儿所必须设置各班专用的室外游戏场地,每班的游戏场地面积不应小于60㎡;应有全园共用的户外游戏场地,其面积不宜小于以下计算值:室外公共游戏场地面积(㎡)=180+20×(N-1)(180、20、1为常数,N为班数)。

3. 活动区丰富

活动区空间应该被划分为不同的区域,以满足幼儿不同运动的需要,减少幼儿冲突,提高幼儿的注意力。

根据活动性质,游戏区可分为动态游戏区和静态游戏区,其中,动态游戏区包括攀爬区、摆荡区、奔跑区、骑乘区等,静态游戏区包括种植区、沙水区、阅读区等;根据材料的不同,游戏区可分为器械游戏区、沙水区、装扮游戏区、规则游戏区等;根据人数的不同,游戏区可分为大团体区、小团体区和独处区。游戏区既要注意区域的分隔,又要考虑各区域之间的联系。

除了专门的游戏区，户外游戏场地还要创设充足的储存区、休息区、自由区等。区域之间的界限要通透，比如用低矮的树丛、木桩等，而不是高高的围墙，这样便于幼儿游戏，也为教师监督、观察和指导幼儿游戏提供便利。区域设置要灵活可变，教师和儿童可根据需要重新设计。

4.游戏材料多样

在创设户外环境时，要提供多样化的游戏材料，比如沙池、水池、车道、自行车道、遮阳处以及其他人造建筑物等。合理布置和安排零散的游戏器材，便于幼儿自然投入每一种形态的游戏，促使幼儿在各区域内、区域间及各区域转换处随时随地参与户外游戏活动。

（三）户外物质环境创设的指导方法

户外游戏环境主要由大型组合运动器械区、车道、玩水区、玩沙区、种植养殖和自然区、游戏小屋等构成。

1.大型组合运动器械区

大型组合运动器械是户外游戏场地的主要设备。对于正在学习控制身体运动的幼儿来说，它可以为幼儿发展基本动作、锻炼大肌肉动作提供机会。比如，练习爬行、走平衡木、滑滑梯、攀登、骑脚踏车、爬坡等各种活动，能促进幼儿身体运动能力（速度、平衡、敏捷度和协调性），还能增强幼儿的方向感和空间感等。

大型组合运动器械应包括可供幼儿练习基本动作的各个组成部分，比如攀登架、秋千、梯子、滑梯等。在大型组合运动器械下面应注意铺设柔软的地面材料，如沙、木屑、碎树皮等。攀登架的高度应该可以调整，使幼儿可以从不同的高度和角度进行观察；还可以利用自然环境让幼儿练习攀登，如台阶、弯道等，使幼儿手的抓握动作和腿的攀登动作协调起来。滑梯的难度系数较低，可以设置不同类型的滑梯，比如螺旋式、隧道式、宽面式和波浪式滑梯等，以满足不同幼儿的需要；也可以提供路堤滑梯或放在自然或人造小山坡上的滑梯。

2.车道

车道可以让幼儿玩带轮子的玩具。玩轮式游戏器材可以提高幼儿的身体技能、协调性、肌肉力量和空间感知力。比如骑车（包括双轮、三轮、四轮车等）可以促进幼儿解决问题、交往、沟通、分享、合作和轮流等能力的发展。

车道可以利用自然地形设置不同坡度，让幼儿通过上坡、下坡提升身体协调性，增强对运动与速度的控制能力，发展观察力和反应的灵敏性，增强自信心。车道的蜿蜒曲折可以增加幼儿骑车的难度和挑战。在车道上设置桥、坡等也可以提升骑车的挑战性和趣味性。

3.玩水区

水是一种令人着迷又可以进行建构活动的材料，幼儿对水有天然的喜爱和好奇心。玩水可以使幼儿感受水的流速、流量大小，使幼儿学习干与湿、沉与浮、冷与热、浸入与倒出、轻与重、空与满、干净与脏污等丰富的概念，以及它们之间的相互关系。在寒冷地区，玩水区还可以变为玩雪区，幼儿可以在这里滑雪、堆雪人、打雪仗、乘雪橇等。玩雪可以使幼儿接触到固体与液体、寒冷与温暖等不同的概念。

玩水区应该有充足的供水，安装有露天的水槽和水龙头，还要设置适合不同年龄段幼儿的涉水区、瀑布和水车工作系统。可以用水池、沟渠和瀑布把不同的玩水区连接起来，这样可以让幼儿观察到水的自然流动，还可以通过修建水坝来控制水流的速度和流量的大小。

4. 玩沙区

玩沙可以为幼儿提供丰富的感官刺激和有益的学习经验。幼儿在玩沙的过程中练习使用铲子等工具，也练习舀、筛、推、挖、拍、灌等多种动作，学习用沙子塑造模型。玩沙游戏一方面锻炼了幼儿的精细动作，另一方面促进了幼儿对沙子基本物理特性的认识，为幼儿提供学习测量和进行创造性表达的机会。

玩沙区应该为幼儿提供多种多样的工具和器皿，比如铲子、小桶、杯子等。玩沙区通常设置在树荫下或者墙边，沙池的形状各不相同，沙池边缘可以用轮胎等进行软化处理，便于幼儿行走。沙和水是充满魅力的自然材料，玩沙和玩水可以结合起来，幼儿可以挖沙、蹚水，通过水和沙的融合感受二者的特点和关系。没有空间条件的幼儿园可以设置沙箱、沙坑等。

5. 种植、养殖和自然区

种植能够帮助幼儿了解食物的产出，培养幼儿的责任心，提升幼儿的鉴别和欣赏能力，增进幼儿对自然系统和季节的认知。在种植的过程中，幼儿可以学习数学（表格、画图、果实的重量、植物的高度）、科学（光合作用、植物需求、昆虫、堆肥、观察法）、社会学（不同文化下的食物、地图制作）、艺术（园艺设计）、读写（做标记、读书）以及营养健康知识。根据游戏场地空间的不同，种植区可以开设在地面、土坡上、水池旁、管道里或花盆里。

养殖区能为幼儿提供接触小动物的机会，培养幼儿的责任感和爱心。有的幼儿园会驯养马、兔子、鸡等。幼儿可以体验喂马，了解马的生活习性，甚至在特殊的日子（比如生日）可以骑马；幼儿去兔窝看小兔子，小兔子就会跑进自己的小屋里，由此幼儿就知道了如果兔子不想被打扰，便会跑进自己的小屋里，这时就不应该再打扰它；如果有鸡笼，幼儿可以参与喂鸡和拾鸡蛋的活动。

户外游戏场地还应该有一个包括多种植物的更为自然的自然区或绿地（见图2-4）。自然区可以为幼儿提供观察鸟类、蝴蝶等的机会，帮助幼儿学习保护环境，体验自然的美丽与神奇。因此，自然区要有一些灌木丛、花、草和树木等。为了吸引鸟类和小昆虫，教师可以提供鸟类喂食器、鸟屋、鸟类戏水盆等工具；还可以投放望远镜、放大镜、蝴蝶网等，有助于幼儿进行近距离观察（见图2-5）；也可以为不同年龄的幼儿提供与鸟类、昆虫相关的图片等，以促进幼儿的学习。

图 2-4 航空港区绿苑幼儿园户外种植区

图 2-5 幼儿在用放大镜观察植物

6. 游戏小屋

独立的空间可以帮助幼儿学习独处及与他人相处，对幼儿保持心理健康有积极的意义。室内阅读区通常会创设独立的阅读空间，而游戏小屋则是户外游戏环境创设中不可或缺的一部分，可以满足幼儿独自游戏或者跟一两个朋友待在一起的需要。它可以供幼儿幻想、反省、自我探究；当幼儿玩得过于亢奋时，游戏小屋也是一个可以让幼儿逐渐冷静下来的地方。

游戏小屋可以是一个帐篷、树屋，也可以是用大纸箱做成的小房子，还可以是用篱笆做成的一片独立空间。游戏小屋应当是半封闭式的，有敞开的前门或窗户，以便教师看到里面的幼儿（见图 2-6）。

图 2-6 巴学园森林幼儿园的游戏小屋

拓展阅读：

扫一扫，阅读《"安吉游戏"户外环境的创设》。

三 游戏材料的投放与管理

游戏材料是幼儿游戏的工具，也是幼儿最基本的学习工具。游戏材料的投放与管理是游戏环境创设的重要组成部分。

（一）游戏材料及其分类

游戏材料泛指供幼儿游戏的玩具、物品，既包括从商店买来的玩具，也包括由教师和幼儿利用半成品、废旧物品自制的玩具和各种自然材料。狭义的玩具是游戏材料的一部分，广义的玩具则等同于游戏材料。

不同的研究者对游戏材料的划分不同，对游戏材料进行分类，可能对幼儿来说并没有实际意义，但对于幼儿游戏的指导者来说，为了便于了解和研究不同游戏材料的功能，我们需要对游戏材料进行分类。

1. 以功能为依据的分类

（1）表征性玩具：以社会和自然环境中的真实事物为模拟对象，其性状类似于真实的物体。这类玩具又可分为模拟实物的玩具（以人类社会生活用品和工具为模拟对象的玩具）和拟人化玩具（以人和动物为模拟对象的玩具）。如"娃娃家"中的娃娃、家具、厨具等，"医院"里的听诊器、体温计、药等。

（2）教育性玩具：帮助幼儿学习某种特殊的概念或技能的玩具，如学习颜色、大小、形状、分类、序列、推理、数字与计算等。这类玩具通常包含特定的学习任务，在设计上通常采用拼图、配对、组合等形式，对操作方式与方法也有一定的要求。教育性玩具如蒙台梭利教具、拼图、棋类、安插类玩具等。

（3）建构性玩具：可以让幼儿进行建构活动的材料，如积木、积塑、沙、水等。这类游戏材料的玩法不固定，能够给幼儿较大的想象和发挥空间。例如年龄较大的幼儿可以用许多积木来建造"火车"，年龄较小的幼儿可以用一块积木当"火车"玩。

（4）运动性玩具：可以帮助幼儿发展基本动作、锻炼体能的游戏材料，如攀爬架、滑梯、秋千等大型体育器械，自行车、跷跷板、滑板等中型体育器械，球、绳子、沙包、毽子等小型体育玩具。

2. 以结构性程度为依据的分类

（1）专门化玩具：不仅功能确定，而且玩具本身包含一定的玩法或游戏规则的游戏材料，属于结构化程度高的玩具。这种玩具主要包括表征性玩具、教育性玩具、运动性玩具等。

（2）非专门化玩具：玩具或材料的游戏功能相对不确定，属于结构性程度较低的玩具，游戏者可以根据自己的想法和想象自由使用的游戏材料。这种玩具包括建构性游戏材料（如积木、积塑），废旧物品（如纸盒、瓶子、轮胎、碎布头、旧锅碗瓢盆等），以及自然材料（如泥、沙、水、树叶、树枝、石头、种子等）。

相较于专门化玩具，非专门化玩具有较强的灵活性、功能性、耐用性，可以一物多用、相互替代，能够激发幼儿的想象力和创造力，比较适合幼儿园中、大班的幼儿使用。如，幼儿可以把半个皮球当作娃娃的帽子、碗、锅、洗澡盆、电话、乌龟等多种物品。

3. 以教育教学为依据的分类

关于幼儿园玩教具的分类配置，我国1992年发布的《幼儿园玩教具配备目录》将幼儿园玩教具分为九大类。

（1）体育类：主要包括室内外大型活动器械和幼儿活动用的器材，共23种，可供幼儿练习走、跑、跳、跃、钻、爬、攀登、投掷和平衡等。体育类玩教具能锻炼幼儿身体肌肉和身心协调能力。

（2）构造类：主要包括积木（大型、中型、小型）、接插构造玩具、螺旋玩具、穿编玩具，共6种，可供幼儿堆积、接、插、拼、搭、穿、编等造型之用。构造类玩教具能锻炼幼儿手部肌肉群、提高手指灵活度，并启发幼儿的创造性思维和整体性思维。

（3）角色、表演类：主要包括角色游戏玩具（医院、交通、商店、工厂、邮局、家庭等自选玩具）、桌面表演游戏玩具、木偶、头饰、模型等器具，共5种，可供幼儿在游戏中扮演、模仿各种事物。

（4）科学启蒙类（包括常识和数形教育内容）：包括现象类玩教具、数形类玩教具和种植类玩教具，共29种。现象类玩教具是指幼儿自己动手操作，演示力、重心，观察光和电的现象，还有磁性和齿轮玩具等；数形类玩教具是指供幼儿掌握空间、时间、形体，10以内加减法运算，逻辑思维能力训练等玩教具；种植类玩教具是指观察和饲养用具，玩沙、玩水等玩具。

（5）音乐类：包括风琴、钢琴、鼓、锣、钱、木鱼、三角铁、碰钟、沙锤等共15种乐器。每种乐器的件数是按能够完成一支打击乐曲而配备的。

（6）美工类：包括小剪刀、泥工板、调色板、画笔（彩色水笔、油画棒、蜡笔）、美术面泥、小画板、小画架等用具共7种，可供幼儿剪、贴、粘、捏、画等。

（7）图书、挂图和卡片类：包括幼儿读物、教育挂图和各种卡片，共3种。

（8）电教类：包括电视机、收录机、幻灯机、投影仪、投影片、录像机、录像带，共7种。图书类和电教类玩教具能够帮助教师更好地开展教学和游戏。

（9）劳动工具类：包括喷壶、小桶、儿童铁锹、小铲子、小锤子、幼儿工作台，共6种，主要是让幼儿自己动手进行种植、观察、饲养等活动，可从小培养幼儿爱劳动的好习惯。

《幼儿园玩教具的配备目录》依据我国幼儿园的特点，构建了一个较为完整的玩具分类系统；对于教师选用、配备玩教具有重要的指导意义，但并非要求每个幼儿园一一比照执行。

（二）游戏材料的选择

游戏材料的选择要以促进幼儿身心和谐全面发展为目的。游戏材料是幼儿开展游戏、学习的物质保证，科学地选择游戏材料应遵循以下基本要求。

1.安全卫生

安全卫生是游戏材料选择的首要原则。我们选择安全卫生的游戏材料可以从以下几个方面入手。

（1）游戏材料不应含有毒的物质，在购买表面涂有鲜艳颜料的游戏材料（如木质玩具）时，应注意查看是否经过重金属（如铅、镉等）含量的检验，同时检查涂料是否易脱落。

(2)在购买金属游戏材料时,要注意检查是否有可能割伤或刺伤幼儿皮肤或眼睛的尖锐的角、锋利的边缘,是否有可能夹住幼儿手指、头发或皮肤的裂缝。电动玩具要防止漏电,机械部分要安置于玩具腔体中,在任何时候或位置都不会因打开而掉出来。

(3)为3岁以下幼儿购买游戏材料时,要注意游戏材料(包括零配件,例如玩偶的眼睛、鼻子、扣子,汽车的轮子等)的体积不能过小,零配件不易松脱,不能带有长线(线的长度不超过30 cm),以免幼儿因吞食而窒息,或因把游戏材料塞入耳、鼻中和因长线缠住脖子、绊倒而造成意外伤害。

(4)在购买填充游戏材料时应注意它的材料和制作工艺,应选择不易破裂的、所用材质较好的填充玩具,以免因玩具破裂而造成填充物被幼儿误食。长毛绒玩具应不易掉毛,以免被幼儿吸入而造成伤害。

(5)选择学步车、自行车等骑乘玩具时,要注意它们的牢固性,注意重心不要太高,要适合幼儿的身高。链条处应装有防护罩。

(6)游戏材料要易于消毒、清洗。比如,幼儿共用的气球、哨子、口琴、喇叭等玩具,以及饮料瓶、盒子、布等废旧材料要易于消毒、清洗。皮毛制、毡毛制的游戏材料带细菌数高且不易消毒,不应给幼儿使用。

(7)具有发射能力的玩具枪炮、弓箭、弹力橡皮筋等游戏材料要告知幼儿游戏的规则,并在成人监护下使用,以避免小组游戏过程中对幼儿造成意外伤害。

2.发展适宜性

游戏材料的大小、结构、复杂性等和幼儿的年龄、经验、能力之间有着相互制约的关系。游戏材料的选择要符合幼儿的身心发展特点。把握游戏材料发展适宜性可以从以下几方面入手。

(1)游戏材料的大小、易把握性和零件数量的多少:幼儿大小肌肉动作技能和手眼协调的能力发展状况影响幼儿对玩具的操作和摆弄。玩具或游戏材料本身的大小(包括重量、体积、长度、宽度等)会影响年龄较小的幼儿拿取和把握。年龄较小的幼儿适宜玩零件数量较少的玩具,年龄较大的幼儿适合玩零件数量较多的玩具。

(2)游戏材料的逼真性程度:年龄较小的幼儿适宜玩逼真性程度较高的玩具;年龄较大的幼儿适合玩逼真性程度较低、开放性程度较高的玩具。

(3)游戏材料所包含任务的难易程度:在选择玩具或游戏材料时,以任务难度、复杂程度适中为宜,这样既对幼儿构成一定的挑战,又可使其在成人的帮助下,通过自己的努力提升能力。

3.教育性

游戏本身蕴含教育的价值,游戏材料作为幼儿游戏的必要媒介,在无形中"教"幼儿学习。选择什么样的游戏材料,反映着什么样的教育观念和价值取向。我们审视所选游戏材料是否具备教育性可以从以下几方面入手。

（1）游戏材料的颜色、形状、各组成部分的关系以及玩法等是否恰当，是否能够很好地、正确地表现所要传递给幼儿的概念。

（2）游戏材料是否能够无歧视、无偏见地反映社会文化的多样性。游戏材料要避免把成人关于性别的刻板印象传递给幼儿。

（3）游戏材料是否有助于发展幼儿的思维、想象和创造性。

（4）游戏材料是否有助于促进幼儿人际交往技能的发展。

（5）游戏材料是否符合幼儿年龄特点和审美心理。

4.可操作性

任何年龄阶段的幼儿所喜爱的玩具都是活的、可操作的，幼儿只有在操作的过程中才会产生自主感、自信心和成就感。我们判断游戏材料是否具有可操作性可以从以下几方面入手。

（1）专门化的玩具：相比"厨房"厨具上画在固定位置的按钮、"娃娃家"家具拉不动的抽屉、"超市"里动不了的商品、骑不动的车子、装备好的电动火车等，幼儿更喜欢按得动的按钮、可以拉的抽屉、可以放到购物车里的商品、可以骑的车子、可以从零部件开始装配的火车。

（2）非专门化的玩具：相比拼好的拼图、搭建好的房子等，幼儿更喜欢一块一块拼好的拼图，自己选择积木或者与同伴共同建构的城堡。

5.经济实惠

游戏材料并不是越贵越好，贵的玩具往往非常精致，功能也很单一；而简单的玩具虽然便宜，但通常很有价值。幼儿园可以选择这类玩具启发幼儿一物多用，引导幼儿在操作中去发现、去创造。幼儿园也可以利用自然材料及废旧物品自制玩具（见图2-7和图2-8），这样不仅经济实惠，而且环保。以下几种自制玩具①可供借鉴。

图2-7　用轮胎制作的车

图2-8　靴子和桶做的花瓶

---

① 刘晓红.学前儿童游戏[M].郑州：郑州大学出版社，2012：57.

(1) 轮胎类：废轮胎可以做成秋千座、碰碰车、跳床等。

(2) 木料类：做攀爬架，搭建屋顶、桥面、小船的码头，铁轨下的枕木，沙池中的桌子，关小动物的笼子。

(3) 布料：拼贴人物、植物、动物及风景布贴画。

(4) 纸类：纸可以通过剪、折、团、贴、撕、画，进行各种造型活动。

(5) 其他自然物品：竹子、麦秸、丝瓜、蛋壳、白萝卜、野花、葫芦、高粱秆、谷物、棉花、碎布、铅笔、刨花、树叶等都可以随意制作玩具。

（三）游戏材料的投放

1. 根据年龄特点投放游戏材料

不同年龄段的幼儿对游戏材料的数量、种类、操作经验、兴趣的需求存在差异，因此，教师在投放游戏材料时要考虑幼儿的身心发展特点和能力水平。

小班幼儿处于具体形象思维发展时期，以发展动作为主，喜欢模仿，通常别人玩什么自己就玩什么，生活经验和能力水平较为缺乏。因此，教师应该为小班幼儿提供锻炼身体动作和运动能力的玩具，如简单的拼图、三轮车、攀爬架、滑梯、皮球等；还要为他们提供逼真程度较高且与他们的生活经验紧密联系的玩具，如体温计、餐具等。这类玩具数量要多，操作要简单，大小要适宜，玩具零件要较少。

中班幼儿抽象思维开始萌芽，运动技能更加成熟，玩具重在满足其智力和体育活动的需要；他们对现实物品的依赖减少，兴趣更加广泛。因此，教师应该为中班幼儿提供更为复杂、活动性更强的游戏材料，如拼板、镶嵌板等，促进幼儿精细动作发展，培养其创造能力；同时提供逼真性程度较低、开放性程度较高的玩具，玩具种类要广泛，数量要适中，要有一定的操作难度，玩具零件数量可以稍多。

大班幼儿象征性游戏水平较高，语言和动作表象起主导作用，可以使用语言和动作替代实物，幼儿的生活经验、认知水平和操作能力提高，因此，应为大班提供多样化、复杂化、操作性强的玩具，投放丰富的半成品及废旧物品，提供具有一定难度的智力玩具，如棋类等。

2. 分层次、循序渐进地投放游戏材料

不同年龄阶段幼儿的发展水平不同，对游戏材料的需求也不同；同一年龄阶段不同班级的幼儿对游戏材料的需求也存在差异；即使是同一班级，不同幼儿之间也存在个体差异。因此游戏材料的投放要分层次、循序渐进地进行。

首先，依据年龄水平差异，小、中、大班要有差别地投放游戏材料。比如，同是"医院区"，小班尽可能多投放听诊器、针筒、体温计，中班和大班适当增加压舌板、血压计、X光片等。

其次，依据班级风格差异，为不同的班级投放不同的游戏材料。不同的班级有不同的班级氛围，甚至有不同的主题风格，教师在投放游戏材料时，要考虑本班幼儿的兴趣需求，把握幼儿的兴趣点和班级风格，有针对性地进行投放。

最后，依据幼儿个体差异，在一个班级内投放难度不同的游戏材料。同一班级幼儿的水平参差不齐，对游戏难易程度的感受也有所差异。教师在班级内要投放难度水平不一的游戏材料，以满足不同层次幼儿的需要。比如，教师在活动前出示层次提示牌①，告诉幼儿各筐中玩具的操作方法难易程度不同，建议幼儿在能够完成最简单的C层的材料后，再去玩B层提示牌难度较高的材料，进而去玩难度更高的A层提示牌的材料，从而培养幼儿自我选择的能力，满足不同层次幼儿发展的需要。

3.多投放开放性的游戏材料

跟成品材料相比，半成品的、开放性材料的操作性更强，也更能激发幼儿的创造性思维，因此，教师应多投放大自然或社会中的一些自然的、开放性的材料，比如草、石子、沙子、泥土、树枝、树叶、种子、废旧包装盒、塑料瓶、纸、泡沫塑料等，鼓励幼儿自由选择。这些材料是幼儿熟悉的、生活中经常接触的，幼儿更容易从中获得自由的体验。比如，把泡沫塑料想象成豆腐、床、切菜板、小板凳等，把饮料瓶想象成话筒、花瓶、手榴弹等。这些想象激发了幼儿一物多用的能力，拓展了游戏内容，丰富了游戏情节。

4.投放搭配合理的游戏材料

首先，投放类型多样的游戏材料。不同类型的材料可以引发不同的游戏，具有不同的发展价值。比如，建构游戏材料引发建构互动，促进幼儿精细动作及创造力的发展；再如，体育游戏材料引发体育活动，促进幼儿身体动作的发展等。

其次，根据教育目标有目的地对游戏材料进行组合搭配。比如，单纯投放餐具、灶台玩具，幼儿可能只是对玩具本身进行摆弄和操作，如果增加娃娃、收银台等，角色扮演行为就会增加，更能促进幼儿的社会性发展。

最后，游戏材料的大小、比例要协调。玩具本身的大小（包括重量、体积、长度、宽度等）会影响低龄幼儿进行拿取等操作。年龄小的幼儿手部肌肉发展不完善，对细小的玩具操作不方便，因此年龄越小，投放的游戏材料应该越大，过分细小或过重的玩具都不适合他们。玩具之间的比例要贴近生活，符合客观规律，如蔬菜不能比锅大，餐具、炊具不能比灶台大等。

（四）游戏材料的管理

幼儿园游戏材料纷繁复杂，良好的管理能够帮助幼儿建立规则意识，养成良好的游戏习惯，激发幼儿游戏的兴趣和愿望。幼儿园应该建立常规的游戏材料管理规范，游戏材料的管理一般包括以下几个方面。

1.游戏材料的存放和呈现

游戏材料既包括园所共同使用、共同存放管理的材料，比如户外共用的游戏材料，也包括各班级分班存放管理的游戏材料。

---

① 朱晓颖.幼儿游戏与指导[M].北京：人民邮电出版社，2015：127-130.

图2-9 美国某幼儿园游戏材料存放

游戏材料应该放在专门的、开放式的玩具柜或玩具架上，且高度适宜，便于幼儿自由取放；游戏材料的摆放要有条理，大的游戏材料放底层，小的游戏材料放在简便、轻巧、易搬动的筐、篮或盒子里；游戏材料的摆放要有秩序，常用的材料放置在固定的地方，便于幼儿寻找；新出现的游戏材料要放在显眼的地方，便于引起幼儿注意。存放游戏材料的容器最好是透明的或开放的，不透明的盒子上应贴上实物、图片或符号等识别标志。游戏材料的存放如图2-9所示。

2. 游戏材料的使用与归还

游戏材料的使用和归还要建立适宜的规范，幼儿园主管的游戏材料要实行整借整还制度；各班级要建立幼儿使用行为规范，该规范可以由教师主导、幼儿参与，一起制定。

教师要在实践中教会幼儿，玩具在哪里拿的，玩完以后要放回哪里；不能争抢玩具，要先拿先玩，互助友爱；玩具材料使用过程中要爱护玩具，小心轻放，避免损坏；游戏结束以后要分类清理、摆放好玩具；新玩具要向幼儿介绍其玩法、共同探索等。

培养幼儿正确使用游戏材料是一项细致、长期的工作，是常规教育的有机组成部分，因此要在日常生活当中，反复教育，经常检查，当然也不能因为怕弄乱、弄坏，把玩具当成陈列品。

3. 游戏材料的更新和替换

游戏材料在使用过程中会有损耗，如破损、丢失等，幼儿对游戏材料兴趣的维持也有时间阈限，因此，如果游戏材料长时间不更新，不仅可能影响幼儿的身体安全，还可能会降低幼儿对游戏材料的探索欲望，从而妨碍幼儿游戏的开展。因此，教师应结合日常游戏活动开展情况，经常更新游戏材料，使幼儿对其保持新鲜感。游戏材料的更新并不是必须购买新的玩具材料，提供替代物、重组玩具材料以及利用废旧材料自制等也是一种更新。在更新游戏材料时，也要收回部分幼儿不感兴趣或者破损的游戏材料。

4. 游戏材料的检修和清洗

游戏材料的破损会影响幼儿对它的兴趣，并易产生不爱惜游戏材料的现象，因此教师要随时对游戏材料进行检查，发现有破损的要及时拿开或修理，保证玩具的安全。游戏材料还要定期清洗、消毒，防止细菌的传播，保证幼儿身体健康。

教师要有意识地引导幼儿参与游戏材料的检查、修理与清洗，激发幼儿的主人翁意识，培养幼儿的责任心，使其养成爱护游戏材料的习惯。

任务三　掌握心理环境的创设技巧

心理环境是对人的心理发挥着实际影响的社会生活环境，包括对人产生影响的一切人、事、物。幼儿园游戏环境的心理环境主要是影响幼儿游戏行为的幼儿生活、活动和学习的气氛，及幼儿园的人际关系等。教师既要为幼儿游戏创设良好的物质环境，也要为幼儿营造安全、自由、自主、宽松、包容的心理环境。

一　游戏心理氛围的营造

（一）赋予幼儿游戏的自主权

游戏本来就是幼儿的权利，幼儿有选择什么时候玩、玩什么、怎么玩、跟谁玩的自主权。教师要学会放手，为幼儿提供一种不干涉的环境，真正保障幼儿的游戏权利。

首先，保证幼儿有充足的游戏时间。游戏是幼儿生活、学习的主要方式，它是贯穿幼儿一日生活的一条线，而不是某个点。幼儿可以在集体统一活动之外的任何时候开展游戏活动，而不是周一、周三、周五才能游戏，也不是上午或下午才能玩游戏。比如安吉幼儿园，除了餐点时间、睡眠时间、集体分享时间、来园离园时间以及其他阶段性的集体活动时间（如节庆活动、外出写生）是集体统一的，其他在室内的时间，幼儿都可以在活动区里开展自主游戏；就连来园时幼儿记录天气、各种植物，户外游戏结束回到活动室记录游戏故事等，也都没有统一的开始与结束时间，先来先记，什么时候结束就什么时候去自主游戏。这一过程使幼儿省去了大量等待的时间，幼儿也变得更加自律，也就是所谓的"自由带来自律"。

其次，给予幼儿充分的选择空间。游戏是游戏者自主的活动，如果被要求如何玩，被分派做什么，该活动也就不是游戏了，所以游戏中幼儿具有高度的自主决定权。幼儿可以自主决定游戏内容，选择游戏伙伴，商议游戏方式，确定游戏玩法，而不受制约。"玩完老师交代的游戏，就可以玩自己的游戏了"这种做法，其实剥夺了幼儿游戏的自主权。

最后，避免把游戏作为奖惩。比如"好好听课才能玩游戏""表现好的小朋友可以去玩游戏""没有整理好游戏材料的小朋友下次不能玩游戏了"。这类"游戏"成了一种奖励或者惩罚的工具，忽略了幼儿自由、自主的游戏体验。教师要避免把游戏作为奖惩，要给予幼儿充分的自主选择权，让幼儿可以不担心游戏以外的奖惩，全身心投入游戏，感受游戏带来的乐趣，在游戏中积累学习经验。

（二）给予幼儿必要的支持

教师要为幼儿创设支持性的游戏心理环境。对于幼儿的游戏，教师不能不支持，也不能过分干预，要放手幼儿游戏，给予幼儿必要的支持。比如安吉游戏，教师在"闭上嘴、管住手"的同时，"睁大眼、竖起耳"去发现幼儿的需要。①而这种发现正是为教师进一步支持幼儿发展提供的依据。放手只是放弃教师对幼儿的种种限制和控制，放弃教师以自己的主观意图打扰幼儿的游戏过程，但这不意味着放弃支持。

幼儿不喜欢教师对他们喜欢的游戏区域、游戏材料进行限制与规定，因为教师有意识地控制幼儿在游戏中的某些行为，提前为他们划分好要玩的区域，导致游戏环境有一种被控制的意味。②但是幼儿也需要教师的支持，比如在游戏遇到困难的时候，他们想要教师给予帮助，而不是讽刺、挖苦，在他们缺少游戏材料时，他们想要教师帮助提供游戏材料等。同时，幼儿也很喜欢教师以游戏角色的身份参与游戏，以好朋友的身份与幼儿一起进行户外游戏。

教师应该给幼儿提供他们需要的支持，成为幼儿游戏的引导者、协助者、鼓励者和参与者。比如，在走独木桥的游戏中，体弱且胆小的非非不敢独自上去，而是双手抱着独木桥一点点往前爬，教师并没有催促他，而是张开双臂做出保护的姿势，并用语言鼓励他站起来慢慢走过去。

二、人际互动环境的创设

（一）尊重幼儿，建立和谐平等的师幼关系

成人创设的很多儿童化环境很多时候是基于成人的某种猜测与臆想。成人只有以幼儿视角审视问题，将其学习方式还原，创设的环境才会有生命力。在幼儿园的环境创设中，表面上看似乎是成人在影响幼儿，其实上是幼儿在用自己的方式引导成人精神世界的塑造。因此，教师应该从幼儿视角出发，尊重幼儿，树立正确的教育观、游戏观，这样才能建立平等、和谐的师幼关系。

游戏中，教师和幼儿平等关系的建立尤其是游戏中教师的言行直接影响幼儿游戏的开展。教师要以协商、启发、建议的口吻与幼儿对话，语气、表情、姿态、动作都应体现对幼儿的尊重和信任，以及对幼儿游戏的支持。如，幼儿正在"餐厅"中切菜，李老师走过来问："你在做什么菜啊？"幼儿说："大白菜。"李老师又问："你们有人做饭吗？"幼儿听后恍然大悟，连忙对另一个幼儿说："你快做饭吧！等一下饭和菜要一起吃的。"就这样，平行游戏变为联合游戏，教师的引导性语言对幼儿游戏起到了良好的提示作用。相反，"医院"里的幼儿说话声音很大，王老师大声斥责："医院里不准大声说话，你们怎么连这都不知道？"在这种否定性语言的指导下，幼儿安静了，但他们对游戏的兴趣也降低了，很多幼儿很快离开了"医院"，只剩下"挂号"的幼儿和几个"大夫"。

教师对幼儿游戏的评价也在潜移默化中影响着平等师幼关系的建立。教师往往容易忽略游戏评价环节，认为该环节可有可无，或者随意评价，如"今天表现不错""玩具没有收好，下次注

① 华爱华."安吉游戏"的实践探索及其启示[J].幼儿教育（教育教学），2021（1-2）：13-17.
② 赵冉.基于大班幼儿视角的户外游戏环境研究[D].济南：山东师范大学，2021.

意"等,这种评价在无形中削弱了幼儿下次游戏的欲望和积极性。在游戏评价环节,教师应该鼓励幼儿反思、分享,以幼儿自主评价为主,站在幼儿的立场去展开评价,并以正向、积极评价为主。这样才能引导幼儿在反思评价中提高问题解决能力,激发幼儿再次游戏的积极性,并建立平等和谐的师幼关系。

(二)帮助幼儿建立宽松合作的同伴关系

心理安全是建立良好同伴关系的基础。心理安全是指个体感到自己被承认,得到别人的信任。幼儿需要教师的信任,更需要感受到被同伴接纳。教师要相信幼儿的选择,相信幼儿有能力解决问题,对于幼儿的游戏给予更多的鼓励和肯定;教师要了解幼儿,接纳幼儿的个体差异性,不用同一个标准去要求所有的幼儿,允许幼儿在游戏中探索、试错,并对幼儿的尝试表示肯定。

幼儿之间是平等、独立的关系。他们之间能力相仿,愿望、兴趣相近,心理上没有距离,情感上容易沟通,但因为缺乏合适的交往策略,同伴间常有矛盾冲突。其实,这些矛盾冲突对他们来说也是可贵的社会经验。教师要多提供由幼儿合作完成的游戏,让幼儿在合作游戏中增强交往的意愿,体验合作游戏带来的乐趣。比如,教师可在角色游戏中让幼儿扮演各种不同的角色,体验各种角色的思想感情、行为经验,并与同伴积极地交往;在结构游戏中指导幼儿协商确定主题、合作完成,使幼儿学会与别人分享、合作,进而体验合作、创造、成功的快乐。①

幼儿在游戏中的冲突的确常见,但也并非完全不可避免,因为有时候是矛盾冲突是因为幼儿缺乏交往的技能,教师也要教给幼儿一些交往的语言技巧,比如"请你借给我玩一下好吗?""我和你一起看好吗?""我帮你好吗?""咱们可以交换一下吗?""我们轮流玩可以吗?",让幼儿学会与同伴交往的礼貌用语,增进幼儿之间的友好交流。

视频资料:

扫一扫,观看《慧乐幼儿园游戏环境创设》。

---

① 倪敏.再谈幼儿园良好游戏心理环境的创设[J].早期教育(教育教学),2018(6):7-9.

项目小结

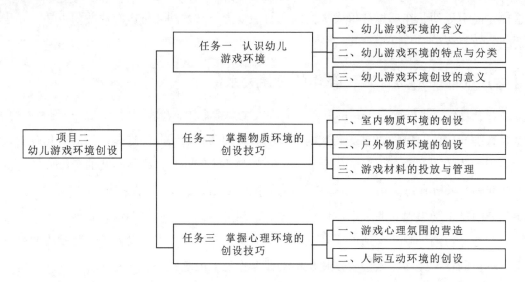

　　注重幼儿的游戏环境是教师的重要职责。虽然游戏环境对幼儿发展的影响是间接的，但如果教师没有做好这项工作，幼儿的身体运动、认知、情感等方面都难以获得长远、有效的发展。

　　对于如何创设幼儿游戏环境，不同时期、不同的研究者可能有不同观点，但人们都不否认游戏环境对于幼儿在幼儿园的生活、学习产生的重要影响。为幼儿创设能够激发幼儿探索欲望、引发幼儿想象、启发幼儿思考的游戏环境，就是在为幼儿创设有利于幼儿发展的学习环境，就是在为幼儿园课程的形成、发展和实施创造良好的前提和基础。

　　幼儿游戏环境创设包含物质环境创设和心理环境创设两部分。物质环境创设包括室内物质环境创设和户外物质环境创设；心理环境创设包括游戏心理氛围的营造和人际互动环境的创设。游戏环境除了需要室内、户外空间，还需要游戏材料，因此，游戏材料也是教师需要关注的环境创设的一部分。现代意义上的游戏物质环境创设越来越与建筑设计等专业相融合，游戏环境越来越凸显个性、多元；旨在促进幼儿发展的游戏环境也越来越关注幼儿立场，逐渐突破了传统的以教师为主导的环境创设模式桎梏，更加符合幼儿的心理需要。

　　教师在幼儿游戏环境创设时比较容易忽视的是心理环境的创设。这种无形的环境对幼儿发展潜在的影响不容小觑。教师要为幼儿营造安全、自由、自主、宽松、包容的游戏心理环境；尊重幼儿，建立平等和谐的师幼关系；帮助幼儿建立宽松合作的同伴关系，在冲突、合作中共同发展。

思考与练习

1. 单项选择题

(1) 幼儿游戏环境的特点不包括（　　）。

A. 安全性

B. 适宜性

C. 单一性

D. 教育性

(2) 下列哪一项不属于室内物质环境创设需要考虑的因素（　　）。

A. 空间密度

B. 师幼关系

C. 空间结构

D. 材料和设备

(3) 下列哪一项不属于选择游戏材料时应该遵循的基本要求（　　）。

A. 安全卫生

B. 昂贵

C. 发展适宜性

D. 可操作性

2. 简答题

(1) 简述户外物质环境创设的基本要求。

(2) 简述游戏材料投放的具体指导方法。

3. 材料分析题

敦敦在班上是一个能力较强的小朋友，他很喜欢参与集体游戏，但每次和小朋友一起游戏时，他总是嫌弃自己的合作伙伴。

他看到小朋友坐在自己身边，有时会说："我不喜欢你，走开，不理你。"在做手工作业的时候，他总是嫌别人动作太慢，说："你太笨，我不和你一起做。"渐渐地，小朋友不再喜欢跟他玩了。敦敦的脾气越来越大，和小朋友在一起的时候经常打人、挠人。

老师通过观察发现敦敦喜欢户外游戏，于是在一次远足活动中，老师带小朋友玩"我们邀请一个人"的游戏，几乎所有小朋友都被邀请了，只有敦敦没被邀请。尽管他在焦急地打手势让小朋友注意他，但最后还是没人邀请他。自由活动的时候，敦敦独自无聊地玩着沙包，边玩边偷偷地关注其他小朋友。老师看到他渴望被邀请的眼神和参加集体游戏的愿望，就来到敦敦身边问他："刚才的游戏你想玩吗？"敦敦答："想！但他不邀请我，他们都不理我。"老师又问旁边的小朋友："你们为什么不邀请敦敦？"有的幼儿说："他总嫌我们这不好那不好。"有的说："他嫌我笨，不和我玩。"还有的说："他说不喜欢我，不和我玩。"老师说："原来是这样呀！敦敦，那可怎么办呀？"敦敦说："以后我再不这样了，我会和朋友好好玩的。"

请你结合幼儿游戏心理环境创设的相关理论对本案例进行分析。

实践与实训

【实训一】

参观一所幼儿园，访谈幼儿园的园长，对幼儿园的室内外环境创设现状进行分析。

目的：掌握幼儿游戏物质环境创设的技巧，并能运用于实践。

要求：根据实地调研，从该幼儿园室内外区域划分、材料投放、心理环境创设等多方面进行分析，并借助照片加以说明。

形式：实地观察、访谈、分析。

【实训二】

设计一个户外游戏环境平面图，运用户外游戏环境创设的相关理论对该平面图加以解释说明。

目的：领会户外游戏环境创设的基本要求，并能将科学的环境创设理念运用于实践。

要求：以小组为单位，从幼儿视角出发，创设幼儿喜爱的户外游戏环境，并说明设计理念。

形式：小组合作。

项目三 建构游戏的组织与指导

◇ 学习目标

1.认识建构游戏的内涵与教育作用，理解建构游戏的特点；掌握建构游戏的分类及各种建构玩具的主要特征。

2.能使用幼儿园常见建构材料建构一定的结构物，并能说出搭建技能与步骤；掌握建构游戏设计要点与指导策略；能制订不同年龄段幼儿建构游戏指导计划。

3.树立科学的游戏观，将理论应用于实践，有在实践中总结教育规律的意识。

◇ 情境导入

《幼儿园工作规程》和《幼儿园教育指导纲要（试行）》均指出：幼儿园要以游戏为基本活动。幼儿在游戏中学习，教师要给幼儿提供丰富的自主游戏的机会，让幼儿在游戏中获得多方面的发展。

建构游戏中，幼儿自由发挥创造力和想象力，利用一定的材料进行立体表征，如用积木搭建桥梁，用沙水做出城堡造型，用废旧纸箱做出温馨小屋等。这些游戏对幼儿有何意义？什么是建构游戏？建构游戏的设计要点与指导策略有哪些？如何根据不同年龄段幼儿建构游戏的特点进行游戏指导？带着这些问题，我们一起走进本项目的学习。

任务一　认识建构游戏

一、建构游戏的概念和作用

（一）建构游戏的概念

建构游戏也称结构游戏，是指幼儿利用各种不同的结构材料和玩具，来构造物体的一种创造性游戏。进行建构游戏使用的材料有专门的玩具，如积木、积塑、胶粒、花片等；有自然材料，如沙、石、水、土、雪等；还有各种各样的废旧材料，如废弃的易拉罐、矿泉水瓶、塑料盒、水管、挂历、纸盒等。

（二）建构游戏的作用

1.建构游戏有助于促进幼儿动作的发展

在建构游戏中，幼儿不断进行手部操作，如搬运堆叠建构游戏材料、重复接插镶嵌动作等，锻炼了手眼协调、手指屈伸和指尖动作等能力，促进了幼儿的大肌肉动作和精细动作发展，练习了基本的动作。

2.建构游戏有助于促进幼儿认知的发展

幼儿搭建作品，需要考虑使用什么材料，通过感知觉认识结构材料的性质、大小、颜色、用途等；在建构过程中，幼儿要通过计划空间布局感知空间方位，发挥空间想象力理解整体与部分、数量等概念，获得对称、分类、规律排列等经验。比如，幼儿想搭建长城，就要观察长城砖块的组合方法，并尝试模仿做出来，在这个过程中学会计算材料数量，感受倍数关系和图形组合等。幼儿在游戏中通过随意组合建构材料创造作品，锻炼了感知觉、观察力、记忆力，有助于想象力和创造力的发展。

> 建构区中，方方和月月两人都在建构区搭建了马路和车，他们的作品由本来的互不干扰逐渐地碰到一起，他们都想让对方退步，以便自己完成作品。就在他们争吵时，教师建议他们想想现实生活中两条路交叉时是怎么做到互不干扰的，结合自身的经验和教师帮忙找的图片、视频，他们不断尝试和探索，从单一的一条条马路慢慢搭建出一层又一层交错的立交桥，在一次又一次的重复搭建中，他们不断增加新的建筑想法——"在立交桥下面的路上画斑马线让行人通过，在某一条路的左边搭建一个医院，在医院的对面要开一个超市""停车场不能离医院太远""公园最好方便我们走过去"。在逐渐细化的布局中，他们逐步了解了上下、左右、内外、远近等空间概念。在搭建某个具体的建筑时，他们会有针对性地选择特定材料，会考虑建筑物的对称、大小之美，还会利用材料的颜色、形状、大小等特性进行有规律的建构，如在搭建建筑物的射灯时会将雪花片按照"红—蓝—红—蓝"的顺序进行间隔排列。

案例展示：

扫一扫，走进建构游戏："积"与"数"的碰撞之百变长廊。

3.建构游戏有助于培养幼儿良好的个性品质

建构游戏是一个细致的工作，对培养幼儿的耐心、细心、克服困难和分工合作等品质具有重要意义。建构成果的产生使幼儿体会到成功的喜悦，树立自信心，增强自豪感。通过游戏反映周围生活有助于培养幼儿善于观察、热爱生活的积极人生态度。

拓展阅读：

扫一扫，阅读《建构游戏中大班幼儿意志品质发展现状调查》。

4.建构游戏有助于促进幼儿社会性的发展

在建构游戏中，幼儿有时需要借用或换用同伴的材料，在进行大型主题建构活动时，同伴之间通过计划、试误、交流、合作完成大型作品。在这些过程中，幼儿逐渐学会尊重他人的意见，处理人际关系的技能得到锻炼，社会情感得到发展。

5.建构游戏有助于提高幼儿的审美能力

在建构游戏中，幼儿按照自己的理解和体验，创造美、表现美，提高了审美能力。他们会使用合适的材料、运用多种技能完善作品。如在建构积塑作品时，幼儿会分享、欣赏彼此的作品，常比较谁的作品更好看，也会通过各种方法让自己的作品更加美观，有些幼儿在雪花片拼插时还会表现出对对称美的追求。因此，教师要根据幼儿实际情况、需求以及建构材料的色彩特点投放建构材料。

单色建构材料有利于幼儿将注意力更多地集中到个人作品的建构之中；有利于幼儿形成造型整体感，更好地把握造型的总体结构；可以帮助幼儿规避颜色带来的干扰，有利于幼儿保持游戏兴趣。彩色建构材料更能吸引幼儿的注意力，提升幼儿进行建构游戏行为时的专注度。

彩色建构材料适合0—3岁低年龄阶段的幼儿，因为低年龄幼儿搭建的造型相对简单，受积木等材料颜色的干扰相对较小；同时彩色建构材料符合幼儿对丰富色彩的喜好，可以使幼儿专注于游戏。

拓展阅读：

扫一扫，阅读《幼儿园建构游戏的独特价值》。

二、建构游戏的特点

（一）创造性

在建构游戏中，幼儿按照自己的想象和意愿，通过组合各种结构素材，自由构造物体形态。这些物体形态直接或间接地来源于现实生活。比如，幼儿根据想象搭建各式各样的飞机就充分体现了幼儿的想象力和创造力。与角色游戏通过扮演角色反映现实生活不同，建构游戏通过构造各种物体形态创造性地反映现实生活。

（二）操作性

在建构游戏中，幼儿通过操作材料和工具，将无形的思维变成可视的形象，这需要多方面的协调，如手眼协调等。幼儿在游戏中操作材料时，可以满足动手的需求，体会合作的快乐，感受成功的喜悦。幼儿的熟练程度越高，操作越灵活，组合创造出新的物体的可能性就越大。建构游戏还需要幼儿有一定的结构技能，如排列、组合、接插、镶嵌、编织、旋转等。

（三）艺术性

幼儿的建构游戏是一种眼、脑、手并用的活动。在建构游戏中，幼儿用眼感知作品形象，用脑去想象、理解建构作品，用手操作材料去表现艺术创造。《幼儿园教育指导纲要（试行）》在艺术领域的"指导要点"里指出"幼儿的创作过程和作品是他们表达自己的认识和情感的重要方式，应支持幼儿富有个性和创造性的表达，克服过分强调技能技巧和标准化要求的偏向"。在建构游戏中，幼儿感知建筑或物体的形状、色彩、对称等形式美，并通过操作丰富多样的材料和工具，产生新颖的构思和丰富的联想，在操作中创造美。

三、建构游戏的类型

（一）根据使用材料和结构形式分类

根据使用材料和结构形式，可以将建构游戏分为使用天然结构游戏材料的游戏和使用人工结构游戏材料的游戏。使用天然结构游戏材料时，幼儿可进行玩沙、玩水、玩雪等游戏；使用人工结构游戏材料时，幼儿可以进行积木游戏、积塑游戏、积竹游戏、拼图游戏、拼棒游戏、串珠游戏、编织游戏和金属结构游戏等。

1.玩沙、玩水、玩雪等游戏

幼儿用沙石、泥土、冰雪、水、树叶等不定型的自然材料做游戏，是结构游戏中的一种，如沙水塑形、堆雪人、拼树叶等。自然材料变化多样，可随意操作，幼儿在玩沙、玩水、玩雪的过程中通过多感官感受季节变化，了解自然材料特征，发挥想象力和创造力。

2.积木游戏

积木游戏是指用各种积木或其他代用品作为游戏材料进行的结构游戏。结构材料有大型积木（空心积木）、中型积木（清水积木）、小型积木（桌面积木），主题建构积木，动物积木和各种辅助材料等。

幼儿积木建构水平随着年龄的发展会经历以下六个阶段。

第一阶段：摆弄。2岁以下的幼儿经常拿着积木到处走，或者随意摆放在地上，他们并不搭建什么，主要是在探索这些玩具，感知积木的触感、重量、形状等。

第二阶段：重复。这一阶段，幼儿开始拿着积木表现出初步的搭的动作，他们将积木一块接一块首尾相连地平放在地面上，或者一块一块地往上垒起来，然后推倒，重复进行。渐渐地，幼儿学着将每块积木保持相同的距离进行有间隔的或者有规律的平铺。这个阶段的幼儿建构随意性强，乐趣更在于使用材料的动作。

第三阶段：搭建。3岁左右，幼儿开始将一块积木横搭在两块竖积木上，表现出"门"或"桥"的形态。

第四阶段：围封。这一阶段，幼儿试着将多块积木以横放或竖立的方式做成四周封闭中空的围拢结构，搭成"房子"，利用桥式叠高的技术，表现出塔式结构。幼儿从中初步获得分类、空间、比例等感性经验。

第五阶段：模型。这一阶段，幼儿逐渐利用对称和平衡等方式来进行建造，把多个简单的积木模型用不同方式组合起来，如将多个"桥"或"路"连接起来。

第六阶段：再现。这一阶段，幼儿开始为自己所建造的物体命名，有计划地搭建积木，表现出明显的合作游戏意愿，喜欢共同搭建复杂的大型作品，提高解决问题的能力。

3.积塑游戏

积塑游戏指用塑料制成的各种形状的片、块、粒、棒等，通过接插、镶嵌组成各种物体或建筑物模型的游戏。幼儿园常见的积塑玩具有雪花片、弯管玩具、万变转向玩具、太阳玩具等。这类积塑材料上通常有凸出的"头"和凹进的"孔"或"槽"，可以相互接插、镶嵌，组成一个特定的结构。积塑材料品种多样、轻便耐用、便于清洁，在幼儿园中普遍使用。

4.积竹游戏

积竹游戏指将竹子制成各种大小、长短的竹片、竹筒等，然后用它们构造物体的游戏，如制作竹蜻蜓、搭建竹制小床等。

5.拼图、拼棒游戏

拼图游戏指将用木板、纸板、塑料或其他材料制成的不同形状的薄片按规定方法进行拼摆的一种游戏。

拼棒游戏指用小棍、塑料管或用糖纸搓成棍等作为游戏材料，拼接成各种造型。

6.串珠、编织游戏

串珠游戏是指将珠子、纽扣等有孔物品用线、塑料绳等材料穿起来的游戏。编织游戏是指用毛线、纸条、布条、丝带、稻草、麦秆等编织材料交叉编织或勾连形成不同造型的游戏。这类游戏有利于锻炼幼儿的手部精细动作、手眼协调能力和双手的配合能力。

7.金属结构游戏

金属结构游戏是以金属为材料的结构游戏，这种游戏一般都有成套的材料，可以让幼儿利用螺丝、螺帽等材料进行连接，操作难度较高，因此更适合年龄较大的幼儿。

（二）根据建筑方式分类

根据建筑方式分类，可以将建构游戏分为单元建构游戏和主题建构游戏。

1.单元建构游戏

单元建构游戏主要出现在小班，由于小班幼儿年龄小，对周围建筑物的观察及了解少，建构经验不足，所以他们通常只会搭建日常生活中经常接触的熟悉的物品，如房子、火车、围栏、小桥、小花等，从中掌握基本的搭建技能。

2.主题建构游戏

在主题建构游戏中，主题来源于幼儿生活经验和对周围生活环境的观察。幼儿会围绕一定的主题，利用不同的建构材料，通过创作可视作品来反映现实生活。主题建构游戏适合在中、大班开展。幼儿的建构内容从各种交通工具、各种各样的桥等立体结构和游乐场、花园等简单的主题建构逐渐过渡到大型机场、世界建筑、宇宙飞船等创造性的主题建构。

视频资料：
扫一扫，观看南京市行知实验幼儿园游戏视频《"建"有乐趣，"构"有深度》。

任务二　学会建构游戏的整体组织与指导

一　建构游戏的设计要点

在托育机构中，幼儿建构游戏通常集中发生在班级内的建构活动区域、专门的活动室和户外自然运动场地。无论建构游戏发生在哪种类型的场地，都离不开教师的设计主导。我们分游戏进程的前、中、后三个阶段来进行游戏设计，如图3-1所示。

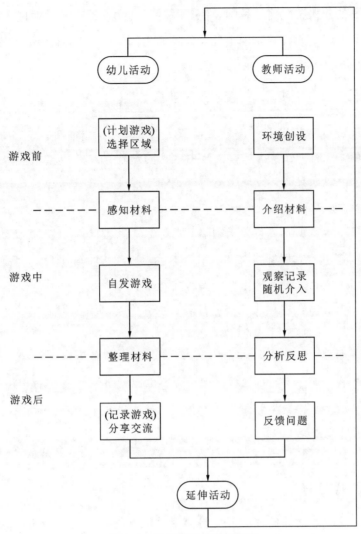

图3-1 建构游戏的设计流程

游戏前：幼儿制订游戏计划，选择进入区域；教师根据幼儿建构游戏做好环境创设的物质准备和经验准备。

游戏中：幼儿首先感知材料，然后自主选择材料和玩伴，进行自发游戏；教师介绍材料后，对幼儿的游戏行为进行观察与记录，随机介入游戏，促进幼儿游戏水平发展。

游戏后：幼儿整理材料，参与分享交流活动；教师根据观察到的问题进行分析反馈，为下一次建构活动的开展做准备或进行其他延伸活动。

在设计游戏时，教师需要关注如下要点。

（一）聚焦游戏主题

在幼儿自发的建构游戏中，根据幼儿的兴趣和周围生活，他们常常生成多样变化的建构游戏主题，幼儿会围绕主题、按照自己的兴趣和想法，使用多样材料进行物体形象的构造，如周末看了花展的幼儿会想搭建一个花的展览台等。

在开展教师主导的建构游戏前,教师要注意关注幼儿的谈话,及时发现主题内容,激发幼儿的建构兴趣,引导幼儿讨论并确定建构主题,如"搭建高架桥""建构动物世界""搭建小学教学楼"等,帮助幼儿开展建构游戏。让我们一起看看下面这个案例。①

> 愉快的周末结束了。幼儿在分享周末见闻时,提到了吉尼斯世界纪录挑战者的视频。视频中建筑师贝格用218792张纸牌堆叠出了澳门威尼斯度假酒店、澳门百利宫等建筑。整个纸牌建筑物高3米、长10.5米。生活中常见的纸牌竟然有如此神奇的魔力!幼儿立刻对纸牌产生了浓厚的兴趣。我在微信群里发布了征集纸牌信息后,家长纷纷响应。第二天一早,20多副纸牌出现在教室里。
>
> 第一次运用纸牌,幼儿显得尤为兴奋。"我要建构最高的楼。"豆豆立下了小目标。一石激起千层浪,"比一比谁搭得更高"成了本次纸牌建构的目标。
>
> 菲菲认真地模仿墙上的照片建构,她的方法是将四张扑克牌围合并相互倚靠,像一个小方块一样。小苒结合建构立交桥的经验,将纸牌弯折成圆柱体,上面平铺了一层,像铁路桥。
>
> "我搭了6层啦!"嘟嘟骄傲地喊道。他的方法是将纸牌弯折成三角形,紧接着上面平铺一层,三角形、平铺、三角形……嘟嘟在分享环节分享了自己的建构方法。之后我提出了问题:怎样才能将纸牌搭得高且不会倒?幼儿进行了激烈的讨论,之后我们约定下周再举行一场纸牌建构比赛。

(二)确定游戏目标

游戏目标是每一项游戏活动的核心,应贯穿活动的始终。一次活动的目标不可能面面俱到,各种各样的目标也不是一次游戏活动就能完成的。教师要理解不同阶段幼儿需要具备和掌握的技能,将这些知识规律融入建构游戏的指导,促进幼儿全面发展。

1.小班幼儿建构游戏的发展目标

(1)能认识各种建构材料,并且有运用材料开展建构游戏的兴趣。

(2)在自己的操作中探索学习建构技法,能独立地建构形状简单的物体,并能表现其主要特征,例如搭建门、桌子、床等。

(3)学习连接、延长、围合、加宽、垒高等主要构造技能,能搭建简单的三维物体,如马路、围墙等。

(4)能遵守建构游戏的规则,例如轻拿轻放、不乱扔材料、玩后要收拾整理材料等,并学习收拾整理和保管材料的方法,养成爱护玩具材料的好习惯。

① 朱天逸.建构游戏促进幼儿个性化发展——以大班主题建构游戏"纸牌"为例[J].好家长,2021(95):90.

2. 中班幼儿建构游戏的发展目标

（1）能选择高低、宽窄、厚薄、长短不一的材料搭建不同的物体。

（2）具备架空、覆盖、桥式和塔式等建构技能，形成里、外等空间概念。

（3）能根据作品构造图搭建作品。

（4）能有目的、有计划、有顺序地搭建，与同伴合作，共同完成特定物体的搭建，并能相互评议建构成果。

3. 大班幼儿建构游戏的发展目标

（1）具备转向、穿过、平式联结和交叉联结等建构技能，能搭建复杂的三维物体，如立交桥、拱形门等。

（2）掌握整体对称、平衡的构造技巧，尝试整体布局，学习选择使用辅助材料。例如，在搭建的公园里设置呼应的前门和后门，在搭建的住宅区里设置左右对称的凉亭等。

（3）能进行一定的设想和规划，与同伴通过分工、合作完成一件较为复杂的工程。例如，经过商讨后幼儿有的搭建楼房，有的搭建停车场，有的搭建花园，有的搭建游泳池，有的搭建围墙，形成一个完整的住宅区。

（4）能完成有一定主题和情节的、结构复杂、装饰精巧的建筑群。

拓展阅读：

扫一扫，阅读《STEM理念下开展幼儿园建构游戏的实践探索》。

（三）连续观察记录

在游戏中，教师可通过观察幼儿建构内容的丰富性来了解幼儿建构技能和造型能力水平。建构游戏的技能不是一次活动能锻炼出来的，教师要连续观察一段时间，看幼儿是否出现新的建构技能。若幼儿之前一直用平铺、延长的技能建构公路和桥梁，但某次活动中他开始使用架空、转向等技能表现交叉的公路，可观察了解他是如何习得新的建构技能的。

幼儿的建构游戏现场还为教师了解幼儿的多元智能发展提供了很好的观察载体。

如果想要了解建构游戏中幼儿的语言智能发展情况，教师可以观察以下几个方面：幼儿在运用语言表达时用了怎样的词汇；幼儿使用语言的目的是表达需求还是分享愉悦抑或表示不满；幼儿在使用语言时，是大胆流畅的还是小心翼翼的。

如果想要了解建构游戏中幼儿的数理逻辑智能发展情况，教师可以观察以下几个方面：幼儿能否对不同形状的积木做区分；在长方形积木不够时，幼儿能否用两块三角形积木进行转换；

幼儿能否在游戏前或游戏中预估自己需要多少材料，能否用一个二倍单元积木连接两块垂直积木。

如果想要了解建构游戏中幼儿的空间智能发展情况，教师可以观察以下几个方面：幼儿能否认识到两个桥墩之间的空间足以让小船通过；幼儿能否按照预先设计的平面图进行有意图的搭建；幼儿能否准确地理解上下、前后、左右的空间关系。

如果想要了解建构游戏中幼儿的身体运动智能发展情况，教师可以观察以下几个方面：幼儿能否熟练地搬运大型积木并保持身体平衡；幼儿能否精准地搭建建筑物的细节，并使建筑物保持平稳；当搭建对象达到一定的高度时，幼儿能否进行一定的控制并继续往上叠加。

如果想要了解建构游戏中幼儿的艺术智能发展情况，教师可以观察以下几个方面：幼儿能否获取表现对象的外在形态并对其加以表现；幼儿是否运用了对称、模式排列等艺术手段，其搭建的作品的整体美感和均衡感如何。

如果想要了解建构游戏中幼儿的人际智能发展情况，教师可以观察以下几个方面：幼儿在游戏中能否倾听和尊重他人的意见；幼儿遇到问题时能否尝试和他人协商解决；幼儿是主动还是被动地和他人分享成果；幼儿能否自发地提出规则，以保护自己或他人的成果；幼儿能否适当地做出必要的妥协；幼儿是否乐意参与小组讨论和合作性的游戏。①

连续观察幼儿的游戏行为，有助于教师全面了解幼儿过程，解读游戏行为，理解幼儿发展的特点与过程，并为其发展提供更加有力的支持。除了对幼儿的游戏行为进行分析解读，教师还应认识到他们实际能做什么和他们确实做了什么，反省自己所做的哪些事是有价值的、哪些事是没有价值的，思考怎样才能做得更好。

（四）做好介入准备

教师平时要注意了解本班幼儿发展特点，多积累游戏指导方法经验，在游戏过程中做好介入准备。当游戏情境出现问题时，若幼儿能够自主解决，教师尽量不干预；若幼儿不能自主解决，教师应引导幼儿思考，保持其对问题的持续关注与探索，从而解决游戏中遇到的问题，通常教师可进行间接指导。尤其在幼儿的游戏水平滞停或游戏情节不断重复时，教师可通过自身的经验进行平行示范，也可抛出问题，对幼儿提出适当的游戏挑战，启发幼儿思考探究、积极尝试。

拓展阅读：

扫一扫，阅读《如何了解孩子的建构游戏发展水平——观察记录获奖案例》。

---

① 邵爱红. 幼儿园室内外建构游戏指导[M]. 北京：中国轻工业出版社，2016：40-41.

二 建构游戏的指导策略

（一）建构游戏开始前

1.帮助幼儿储备关于物体和建筑表象的知识

在日常活动中，教师要引导幼儿对周围生活中的多种建筑进行观察分析，感知建筑各部位的名称、形状、结构特征、组合关系与色泽特点，比如：在室内游戏时，观察不同凳椅的区别；在户外游戏时，观察跷跷板、滑梯等大型玩具的结构；在户外散步的过程中，观察幼儿园空中走廊的连接等。教师还可提醒家长在带幼儿出游时引导其从不同角度观察亭子、曲桥、摩天轮等，并通过看一看、摸一摸等方式直观感受这些具有代表性的建筑作品和常见的生活设施的建筑元素。

对于距离幼儿生活较远的建筑物，如名胜古建筑、太空飞船等，幼儿缺乏相关的经验，教师可以通过多媒体或微缩模型等方式展示，让幼儿在对主题有一定感知经验的基础上开展搭建游戏。

除此之外，教师还可提供建筑物不同视角的图片，如主视图、左视图和俯视图等，让幼儿学习看平面图形，在此基础上引导幼儿根据需要选择合适的材料，创造性地表现自己对事物的认识。

2.创设开放、丰富的物理环境

（1）提供充足的游戏时间。建构游戏从选定主题、制订计划、进行搭建到作品呈现需要充足的时间，一般一次建构游戏需要50分钟左右。幼儿在游戏过程中会不断试误、创新，若时间较短，不利于幼儿再次尝试、解决问题，从而减弱其在游戏中的成就感，不利于幼儿进行深度学习。教师可根据幼儿游戏节奏的需要，灵活安排时间，给予幼儿足够的时间去构思、去操作。

（2）充分开发游戏空间。同属动态的区域之间应具有一定的流通性，让幼儿可自主选择各个区域中的材料，综合利用各种材料解决问题，进行创造；还可以打破室内外环境的界限，更大限度地满足幼儿对游戏场地的需要。我们来看下面这个案例。

> **深圳的"室内外环境一体化"**[①]
>
> 深圳的城市面积小，幼儿园多，所以深圳的幼儿园普遍面积小，室内、户外面积都小，这就导致幼儿的活动空间不够，怎么办？
>
> 我们是这样考虑的：比如这个幼儿园共有10个班，如果10个班一起出来活动，场地根本不够，所以要轮着一半一半地出来。9：00—10：00是5个班出来，10：00—11：00

[①] 刘华：一个不好的教研员，如果他认为集体课重要，他就会搞层层赛课！| 晔子客厅第十二期[EB/OL]. (2022-04-12) [2023-06-03]. https://mp.weixin.qq.com/s/6ZIxrOf3WO7zfX7NOYJRlw.

是另外5个班出来,大家轮流使用户外场地。但是这5个班出来只能玩1个小时,其中还需要进行半个小时左右的有组织的体育活动,也就是说孩子们只有半个小时自由玩的时间,每次孩子们刚刚玩起来,铃声就响了,就要换另一拨人来。实际上每次每一拨孩子都玩不够。

所以我提出来空间利用和时间安排问题。

1~5班9:00出去,先进行半个小时有组织的体育活动,然后9:30—10:30这一段时间,甚至可以更长一些,就让孩子在户外自主活动、自由游戏,让他们玩个够。6~10班,上午以室内活动为主,下午才以户外活动为主,午睡起床以后就出去活动。一般下午放学比较早,玩的时间短,所以时间安排是个大问题,怎么解决呢?所以这一周是这5个班上午出去,下一周他们就下午出去,每周轮换,这样,所有的班级在一段时间里也达到平衡了。

还有关于空间的概念,任何时候幼儿园的户外跟室内都要有孩子、老师,而不是说孩子在室内的时候,外面是空的;孩子在户外的时候,室内都是空。上午是6~10班在室内的班级,室内除了教室,还有功能室、走廊,都可以用,室内可以进行有组织的学习,也可以进行自主活动、自由的游戏。

这就是我提出来"用时间换空间"的思路,时间拉长以后,空间就变大了,也意味着提高了空间利用率。如果你感兴趣,可以去看福田区第四幼儿园,尽管他们那里很小,但8个班就是这么倒转轮换,因此空间利用率很高,孩子们玩得也很痛快。

(3)及时提供多维材料。多样化的材料能够激发幼儿的兴趣以及探究愿望,能够作为幼儿解决问题的重要介质。投放不同比例大小、颜色和材质的建筑材料,满足幼儿对材料的多样需求,他们才能在一次又一次的搭建中熟练使用材料,创造造型。针对不同年龄的幼儿,教师应投放与其年龄相适宜的不同结构不同层次的材料,以满足不同发展阶段幼儿的游戏需要,如为小班的幼儿提供体积较大、色彩鲜艳的同一种类数量较多的游戏材料,可以避免幼儿争抢玩具,满足他们互相模仿的游戏特点;为中大班幼儿提供更多的低结构材料,如积木、纸杯、光盘、纸牌、冰棒棍或糖纸等,让幼儿通过创造性使用材料,满足个性化需求,还可以让幼儿参与材料的收集、设计和制作,既丰富了游戏主题,又能发挥幼儿的主动性和创造性。

为了确保幼儿能持续游戏,不断提高游戏水平,在提供建构材料时还需要注意将分好类的材料放在固定位置进行分类标记,并为这些材料提供合适的容器。可以把大型积木分类摆放在矮柜中,把中、小型积木放在合适大小的塑料筐中。随着游戏进程发展,还应及时更换损坏的材料,补充新的建筑材料,满足幼儿的建构需要。在进行游戏前,我们可以根据游戏主题从主体建筑材料、辅助建筑材料和其他联动区域材料三个方面提供不同种类的材料,并记录计划使用场景。比如,我们要开展布置花展的建构游戏,材料配置计划可以参考表3-1。

表3-1　建构游戏"春天的花展"材料配置计划

材料类型	材料种类	计划使用场景
主体建筑材料	中型积木	搭建放置花盆的台阶状、围合状展示台，汀步，长椅等场景
辅助建筑材料	硬纸板、纸箱、易拉罐、纸筒等	辅助建构以上场景
其他联动区域材料	纸杯、小水桶、瓶子、彩色瓦楞纸、卡纸、扭扭棒、剪刀、胶水、彩笔等	制作不同种类的装饰物、花等

拓展阅读：
扫一扫，阅读《建构游戏中幼儿美育的现实困境与实施路径》。

（二）建构游戏进行中

1.引导幼儿掌握结构造型的基本技能

（1）理解与运用材料的技能。教师要引导幼儿识别结构元件的形状、颜色、大小等特征，选用结构元件去构造物体，灵活使用材料。在幼儿进行搭建前，教师有必要向他们介绍新材料。游戏中，幼儿自主探索新材料的特性和使用方法。

（2）结构操作技能。游戏材料不同，其结构操作技能也会有所不同。教师可在游戏中设置富有童趣的情境引导幼儿学会各类建构游戏的结构操作技能，如"三只小猪建房子"等。

积木游戏的主要结构操作技能有平铺、垒高、围合、桥式、架空等，如表3-2所示。

表3-2　积木游戏结构操作技能及具体分类

技能	具体分类
平铺	直线平铺、曲线平铺、平面平铺、规则平铺
垒高	平面垒高、单一垒高、间隔垒高、盖顶、搭台阶、组合垒高
围合	单一围合、组合围合、间隔围合
桥式	连接、转向、穿过
架空	基本架空、变体架空

积塑游戏需要接插（一字插、十字插、环形插、方形插等）、镶嵌、连接（整体、端点、交叉、围合）等技能。

积竹、拼棒、串珠和编织等游戏需要编织、黏合等技能。

塑料或木制的螺丝系列玩具需要捶打、敲击、旋转等技能。

（3）设计构思能力。进行建构活动前，教师通常会就建构主题引导幼儿在游戏前思考建造什么、用什么建造、怎么建造等问题，使幼儿能有目的、有计划、有步骤地进行建构活动，同时在建构中引导幼儿根据需要进行修改、补充，以取得建构活动的成功。

（4）结构分析能力。教师要引导幼儿学会看平面图纸，把平面结构变为立体结构，并学会评议结构物。

（5）集体构造的技能。教师要引导幼儿在集体构造中学会分工合作，共同完成任务。小班在教师带领下分组协商，中、大班幼儿可自主分工游戏。

2. 引导幼儿自主游戏，教师适时介入

首先，引导幼儿欣赏优秀作品，感受作品的造型、色彩、材料等，充分发挥主体性，自主表达意见。在幼儿欣赏优秀作品的过程中，教师也可通过提问启发幼儿思考，以此激发幼儿的创作兴趣，使其产生明确的创作意图。若搭建一些较复杂的作品，幼儿在开始进行建构时可能不知道从哪里开始，教师可以引导幼儿将建筑物的平面图画出来，先建立基础，再观察模型，逐步建构作品。

其次，幼儿在建构作品时常因观察不细致而对细节部位的表征产生错误的认识，此时，教师可鼓励幼儿带着搭建作品的图片和问题再次展开实地探访、VR体验、视频观摩、图片对比等。二次探访，带着问题和目标，幼儿会更有针对性地去观察、测量，从而获得更加丰富的表象经验，之后的搭建也会更具体、更形象。

> 幼儿去过区里新开的儿童乐园后，对湖边各种各样的动物和水车等装饰造型产生了浓厚的兴趣。回到幼儿园，他们迫不及待地结伴进行搭建。湖边有房子，有水车，还有什么？还有哪些我们没有表征出来？不同动物住的房子有什么不一样？湖上的桥的扶手是什么样的？带着这些疑问，幼儿带着搭建作品的照片再次探访游乐园。这次，他们比一比、量一量、画一画、拍一拍。回到幼儿园，他们开始了新一轮的计划与搭建。这一次湖边的房子根据动物习性的区别体现出特点，桥的"栏杆"有了方形的柱子和圆形的顶。

最后，教师选择合适的时机介入幼儿游戏。随着游戏的深入，幼儿的主动性、挑战性、问题解决能力和社会交往能力等也不断发展。但当幼儿在游戏中渐渐出现重复游戏行为、表征困难等问题时，教师作为幼儿活动的合作者、支持者和引导者，要适时介入并采用恰当的方法指导幼儿的游戏，合理安排游戏难易程度和主题进展，促进幼儿的学习与发展。

> 一般来说，教师介入幼儿游戏的时机主要有：幼儿情绪不佳时；幼儿遇到技能障碍时；幼儿游离于游戏情境之外时；幼儿延伸或扩展游戏内容有困难时；幼儿出现负面行为时；环境中产生不安全因素时；幼儿获得成功时。

拓展阅读：

扫一扫，阅读《让建构游戏有计可施——谈建构游戏计划环节中教师的跟进策略》。

（三）建构游戏结束后

1. 自然地结束游戏，整理游戏材料

让幼儿按照自己的节奏自然地结束游戏，可以锻炼他们的计划执行能力，在游戏过程中可通过时钟、计时器、沙漏计时等方法让幼儿感受时间流逝，还可以采用提前告知游戏即将结束的方法提醒幼儿。

建构游戏结束后，教师通常采用标记匹配的方法，引导幼儿根据矮柜上的标识把材料分类摆放回去，在小班可采取实物或实物图片1:1对照法，中班时可替换为1:1的平面图，大班时可让幼儿自己绘制积木的缩略图作为图标。收拾、整理建构材料可以发展幼儿的观察、比较、分类能力，培养幼儿的自我服务和为集体服务意识。

2. 分享交流经验，提升游戏水平

在此环节，幼儿相互分享游戏中的经验。教师与幼儿聚焦问题，共同思考，适时为幼儿补充不完整的表达，帮助幼儿提炼有用的游戏经验，以此提升幼儿游戏水平，推动游戏情节的发展。

如在游戏过程中出现技术困难，可由教师或幼儿提出问题，通过同伴讨论、试误解决问题。我们来看下面这个案例。

> 在用积木搭建码头廊道的过程中，涵涵小朋友遇到了困难。他想搭建一个尖顶，但每次都很难保持造型，支撑的柱子总是倒下来，他提问："为什么尖顶总是不稳？有什么办法可以让它稳一点儿？"他拿来几块长方体积木尝试搭建，每次都是刚找好尖顶角度，下面两根支撑的柱子就歪着倒了。西西帮他扶着支柱，这下倒是没倒了，但不可能一直扶着呀！"要把支柱固定住，不能让它倒""要像手一样夹住它"……他们尝试拿来几根长方体积木，在立柱两面横着垒高，把立柱卡在中间，这下果然稳多了。

如在游戏过程中幼儿出现冲突、材料争抢等问题，教师可与幼儿共同商量建立区域常规。我们一起来看下面这个示例。

> **建构区游戏常规**
>
> （1）需要几块积木拿几块，取放多个玩具时用小筐装。
> （2）任何时候都不能乱扔积木，不用的积木物归原处。
> （3）拿走别人眼前的积木，需要先征得别人同意。
> （4）行走、搭建时，注意保护好自己和他人的作品；不小心碰到别人的作品，要及时道歉。
> （5）搭建建筑物时，离开玩具柜20~30厘米。
> （6）当与同伴意见不统一的时候，与同伴友好协商。
> （7）游戏结束后，将玩具材料分类摆放好。

当幼儿在游戏中有亮点表现时，教师可以结合现场图片或视频对其进行表扬，这有助于其他幼儿学习经验。教师可以表扬幼儿小组间的分工合作，或熟练使用了平铺、垒高、架空等技能，或造型对称漂亮、大小积木配合使用协调等。

3. 跟踪观察，制订后续游戏计划

创造性游戏具有连续性的特点，一个主题往往需要在多次游戏中不断地推进和完善。因此，单次游戏结束后，在幼儿分享交流游戏成功经验的基础上，教师可以启发幼儿讨论对下次游戏有什么好的建议，还需要增加哪些材料等问题，以帮助幼儿拓宽思路，逐渐丰富游戏的场景、材料、主题、情节，使幼儿对下次游戏充满期待。教师可将每次游戏后的问题记录在白板上，便于幼儿在平时讨论、解决。

拓展阅读：

扫一扫，阅读《三步九法：主题建构游戏中幼儿深度学习的支持策略——以小班主题建构游戏"桥"为例》。

我们来看下面几个建构游戏的指导案例。①

案例导入 1

小班建构游戏"拼树叶"

（重庆市新桥医院幼儿园　胡燕茹）

一、游戏生成

一次，教师带着幼儿到树林里拾落叶。幼儿看到落叶都很兴奋，有捡树叶的，有抛树叶的，还有的幼儿收集树叶，把树叶堆成一堆玩。看到幼儿兴致如此高，教师心想："这么多的落叶，小朋友们又这么喜欢，何不设计一个关于落叶的游戏？"于是，教师拿起一片树叶问小朋友们："孩子们，你们觉得我们可以怎么玩这些落叶呢？""可以把树叶全捡起来。""可以用树叶拼成花。""可以用树叶拼小草。"幼儿们争相回答，于是本游戏便诞生了。

二、游戏目的

1. 激发幼儿对玩树叶游戏的兴趣，使其体验成功完成作品带来的喜悦。
2. 鼓励幼儿用树叶进行大胆想象，拼搭出不同的形状或物体。
3. 丰富幼儿的想象力，使其独立完成拼搭并介绍自己的作品。

---

① 王哼. 幼儿园建构游戏50例[M]. 福州：福建教育出版社，2021：11-14、72-75、158-162.

三、游戏准备

各种树叶及其他辅助材料。

四、游戏玩法

1. 与幼儿一起去收集落叶，边收集落叶边引导幼儿观察周围的事物，如：看到菊花，请幼儿去观察菊花是什么样子的；看到房子，请幼儿观察房子是什么样子的；看到天上飞着的小鸟，请幼儿观察小鸟是什么样子的等。

2. 让幼儿用收集到的落叶在户外拼出各种不同的形状，用落叶堆、搭出各种不同的物体。

案例导入2

中班建构游戏"三层停车场"

（江苏省无锡市善德幼儿园　屠艳）

一、游戏生成

这一阶段的幼儿对建构活动感兴趣，他们喜欢随意摆弄材料，探索材料的新玩法，搭建自己生活中喜爱的事物。很多时候，幼儿建构都是无目的的，但为了提升幼儿的建构能力，教师需要对其进行有目的的引导。"停车场"主题来自一个教学活动，当时幼儿从家里带来了许多玩具汽车，活动结束后，玩具汽车就被放置在箩筐里。而在一次玩建构游戏时，幼儿们就想到要搭建停车场来放置这些汽车。为了幼儿能对停车场的结构和功能有更多的理解，教师设计了"三层停车场"的主题游戏。

二、游戏目的

1. 让幼儿在了解停车场的结构和功能的基础上，用纸筒和纸板建构停车场。
2. 引导幼儿运用垒高、平铺、延长等技能表现不同造型的停车场，遇到问题寻求帮助。
3. 让幼儿愿意与同伴一起游戏，感受建构活动的快乐。

三、游戏准备

1. 材料准备：纸筒、纸板、玩具汽车。
2. 场地布局：提供足够大的搭建场地。
3. 经验准备：初步了解停车场的功能和外形特征。

四、游戏玩法

1. 让幼儿观看各种停车场的图片，让其选择其中一种造型的停车场。
2. 引导幼儿利用纸筒和纸板，使用垒高、平铺、拼接、延长等技能表现出停车场的特征。

3.在操作过程中,教师随时观察,对于幼儿的求助进行适当指导。教师要适时引导幼儿发现问题,并想办法解决问题。

4.引导幼儿把玩具小汽车分类停放在停车场。

案例导入3

大班建构游戏"有趣的草编"

(江苏省南通市海安县高新区胡集幼儿园 常林华)

一、游戏生成

在布置教室环境时,班里创设了一个"乡土情"的主题墙,教师发现幼儿对各种草编手工艺品有着浓厚的兴趣,时常有幼儿指着其中某样物件说:"我家也有这个东西,妈妈用它刷锅。"另一个幼儿指着其他东西说:"我家也有这个!"出生在农村、生活在农村、成长在农村的幼儿对草编并不陌生,甚至还有着独特的情怀。大班幼儿的手部肌肉发展趋于成熟,能完成一些精细动作。为进一步发展幼儿的精细动作,教师在建构区域投放了一些长条状的竹篾、小棍子、线团、纸条等草编材料。这些看似简单的材料等待着幼儿来进行探索。

二、游戏目的

1.在编制、黏合等组合、建构动作过程中提升幼儿的细小动作发展。

2.引导幼儿在掌握动作技能的基础上进行想象、创新,创造出新的作品并进行展示。

3.通过草编游戏培养幼儿爱家乡的情感。

三、游戏准备

竹篾、小棍子、线团、纸条等草编材料。

四、游戏玩法

1.观看草编图片及实物,了解草编实物的作用。

2.学习基本的草编动作,如穿插、捆绑等。

3.幼儿学会基本动作后自主探索,进行自主创作。

任务三 掌握不同年龄段幼儿建构游戏的特点与指导要点

不同年龄段幼儿的能力差异非常明显,教师只有掌握、了解幼儿的发展特点和每个年龄段建构游戏的水平和特点,才能够更好地进行相关指导。

一 小班幼儿建构游戏的特点与指导要点

（一）小班幼儿建构游戏的特点

小班幼儿游戏动作没有明确的目的，这个阶段幼儿的建构游戏主要以平行游戏的方式进行，常重复垒高、推倒的动作，他们对建构的动作更感兴趣，而不在于搭建出什么作品。幼儿就在这样无目的地摆弄建构材料的过程中，逐渐熟悉了材料的特性。小班幼儿建构游戏的结构操作技能也很简单，以平铺、延伸、垒高为主。

小班幼儿在建构中常常更换建构作品的名称，建构坚持性差、无计划性。小班幼儿常先做后想。当有人问"你搭的是什么"时，幼儿才会注意自己的建构物，思考"这是什么"的问题，然后根据自己的想象或根据建构物大致形状进行命名，或是等建构完成后再根据建构物的某一外部特征来给作品命名。

（二）小班幼儿建构游戏的指导要点

1.投放适合的游戏材料，引发幼儿活动兴趣

由于小班幼儿精细动作发展水平较低，教师可为小班幼儿提供大型轻质的积木玩具。这种积木一般是泡沫制作的，重量轻，便于幼儿搬运操作，适合幼儿练习垒高等动作技能。这种积木数量多、体积大，一般存放于专门的建构室。在活动室中，教师可提供小型木质积木，方便幼儿在区域内操作，锻炼小肌肉的灵活性，还可提供一些成型玩具，如动物、交通工具、卡通人物小模型等，以吸引幼儿拓展游戏主题，开展象征性游戏；在桌面建构区，可投放大颗粒彩色积塑材料，如胶粒玩具、水管道、雪花片、磁力片，以及多形状串珠玩具等。

各类材料装在玩具筐内，对应放在活动室矮柜上。可在玩具筐和矮柜特定位置贴上该材料的照片作为标识，以便幼儿迅速找到材料。材料使用完后的归位对幼儿来说也是一种分类和配对游戏，可以帮助幼儿养成良好的用完归还的习惯。

2.建立简单的游戏常规，引导幼儿养成良好的行为习惯

小班地面建构区和桌面建构区的人数都不应太多，人数太多会发生作品被碰倒、幼儿争抢玩具等行为，教师应根据实际场地和玩具情况约定人数。建立一些简单的常规，如：爱护玩具，不要争抢；一次只拿一小筐玩具；小心行走，不要碰到作品；从哪里拿的放回哪里去等。

3.在游戏中引导幼儿认识材料，探索建构技能

由于小班幼儿的搭建活动是无目的的，所以他们也不会利用积木开展游戏。教师可先引导幼儿认识积木，然后采用平行介入的方式向幼儿展示建构方法，引导其搭建简单的物体，如门、桌子、项链等，并在这个过程中学习材料的辨认，例如颜色、材质、大小等，进行延长、平铺等一些操作。教师还可以根据实际生活赋予建构活动一定的主题，如"我爱我的班级""汽车"等。

拓展阅读：
扫一扫，阅读《谈小班幼儿建构区游戏活动的有效指导策略》。

二、中班幼儿建构游戏的特点与指导要点

（一）中班幼儿建构游戏的特点

中班幼儿建构的目的性增强，手部小肌肉动作逐渐发展。这个阶段幼儿对动作过程感兴趣，同时也关心成果，他们会根据物体的特性来选择材料，动作技能主要是垒高和架空，建构水平由单一的延展向整体布局过渡，他们喜欢扩大游戏占地范围，整体成果大而空。

中班幼儿喜欢与同伴交往，他们会合作搭建一些简单的主题作品，他们一般边讨论边建构，但搭建前没有明确分工，主题浅显而单一，但建构的坚持性、计划性在增加。中班幼儿开始尝试模拟结构实例或图纸进行模拟建构活动，他们最初只会照着立体结构造型的范例，根据其形状、大小、颜色对应地进行准确模拟，逐渐学习对结构图纸进行模拟。

拓展阅读：
扫一扫，阅读《单独、合作建构游戏中幼儿专注力表现的观察研究》。

（二）中班幼儿建构游戏的指导要点

1.提供种类更多的结构材料，满足幼儿建构需要

中班幼儿建构水平有所提高，与此相对应，他们需要的材料种类和场地也有所增加，因此教师要给中班幼儿提供更多种类的大、中、小型积木和废旧材料，便于他们搭建各种造型，还要引导幼儿使用火箭子弹头积塑、拼插棒等小型积木，避免一味追求做大而忽视了精细。

2.组织幼儿制订游戏计划，进行友好分工

教师要组织幼儿小组制订游戏计划，引导幼儿小组讨论分工合作、建筑设计、操作、疑难问题、材料等，学习有目的地选材、有计划地建构。

3.进一步掌握结构技能，学会看平面结构图

在游戏中教师要通过平行介入、交叉介入等方式帮助幼儿丰富游戏环节，教他们更多的结构技能如桥式、塔式等，引导他们学会看平面结构图，多塑造立体物品、装饰造型。教师可以通过

模拟结构，增强对幼儿的指导。模拟结构即让幼儿观察学习平面结构图或实际物体结构，从中学习建构技能。教师在指导的过程中要注意选择合适的模拟对象，让幼儿知道要模仿哪个。

第一，对结构物的模拟，即幼儿模仿立体结构造型，通过游戏再现范例。

第二，对结构图纸的模拟，即幼儿观察模仿平面图纸中的结构造型，然后将其变成立体结构造型。

第三，对实物、玩具等形象的模拟，即幼儿观察实物，在游戏中进行结构造型的创造。

第四，对物体形象图的模拟（如照片、画等），即幼儿将图中的形象变为结构造型，将平面造型变为立体造型。[1]

4.组织分享交流活动，鼓励幼儿发表意见

在游戏分享交流活动中，鼓励幼儿在同伴面前大胆发表意见有助于促进其语言表达、思维、个性和社会性的发展。教师要以开放的心态看待幼儿的行为表现，肯定幼儿表达自己作品和想法的意愿，并给予其积极回应，鼓励其他幼儿跟随其描述观察、欣赏作品。我们看看下面这个案例中，教师的回应存在什么问题。

> 游戏分享环节，师幼一起集中分享。教师说："谁来分享一下今天你玩了什么？"琼琼说："我今天在建构区搭了一个花展。"蓉蓉说："我也搭了，还拼了很多花。"
>
> "嗯，我看到你们今天搭建的花展，真不错。还有谁再来说一说你今天玩了什么？"教师问道。

拓展阅读：

扫一扫，阅读《幼儿园中班教师指导幼儿建构游戏的现状及策略》。

三 大班幼儿建构游戏的特点与指导要点

（一）大班幼儿建构游戏的特点

大班幼儿建构游戏目的明确、计划性和持久性增强，建构技能逐渐成熟，具有一定的独立建造能力，能围绕一个主题进行长时间的建构活动。同时，大班幼儿材料运用娴熟，能搭建复杂的有情节的建筑群，并乐意用辅助材料美化作品。

大班幼儿游戏中的合作意识增强，可以开展多人参加的、持续时间长的大型小组合作建构游戏，游戏情节在搭建进程中不断丰富完善。

---

[1] 邱学青.学前儿童游戏[M].5版.南京：江苏凤凰教育出版社，2020：305.

(二) 大班幼儿建构游戏的指导要点

1. 提供形状更加复杂的材料

大班幼儿在越来越丰富的游戏中学习转向、穿过、中心点支撑等建构技能。给他们提供一些不规则的积木和表现物体细节特征的辅助材料，有助于他们在游戏中思考如何使用这些材料，激发自身的发散性思维。

2. 鼓励幼儿开展参加人数多、持续时间长的大型结构游戏

教师要引导幼儿通过小组讨论、分工合作建造完成有情节、有技术难度的建筑群。在大型建构游戏中，促进幼儿积极主动、敢于探究、乐于想象和创造的良好学习品质、社会性等方面的发展。

3. 鼓励幼儿对自己和他人的作品进行评价

教师要通过自身的示范引导幼儿对自己和他人的作品进行评价，可评价作品的技巧、表现规律、积木材料的组合复杂性等。

拓展阅读：

扫一扫，阅读《在游戏中促进幼儿深度学习的支持策略——以大班主题建构游戏"我心目中的小学"为例》。

项目小结

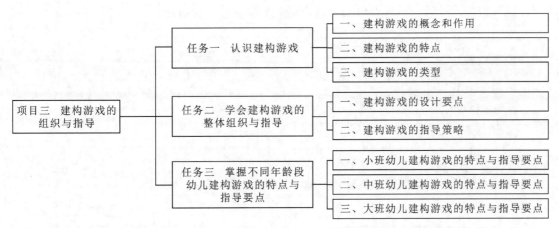

建构游戏也称结构游戏，是指幼儿利用各种不同的结构材料和玩具来构造物体的一种创造性游戏。建构游戏有创造性、操作性和艺术性的特点。建构游戏有助于促进幼儿动作的发展，促进幼儿认知的发展，培养幼儿良好的个性品质，促进幼儿社会性的发展，提高幼儿的审美能力。根据使用材料和结构形式，可以将建构游戏分为使用天然结构游戏材料的游戏和使用人工结构游戏材料的游戏。使用天然结构游戏材料时，幼儿可进行玩沙、玩水、玩雪游戏；使用人工结构游戏材料时，幼儿可进行积木游戏、积塑游戏、积竹游戏、拼图拼棒游戏、串珠游戏、编织游戏和金属结构游戏。

在建构游戏的设计中要注意聚焦游戏主题、确定游戏目标、连续观察记录、做好介入准备。建构游戏的指导策略有丰富和加深幼儿对物体和建筑的印象，创设开放、丰富的物理环境，引导幼儿掌握结构造型的基本技能，引导幼儿自主游戏、教师适时介入，引导幼儿自然地结束游戏，制订下次游戏计划。

小班幼儿建构游戏有动作没有明确的目的、结构技能简单、坚持性差、无计划性等特点，教师在指导时要注意投放合适的游戏材料，建立简单的游戏常规，在游戏中引导幼儿认识材料，探索建构技能等。中班幼儿建构游戏有目的性增强、建构水平提升、喜欢与同伴交往、坚持性和计划性也在增强的特点，教师在指导时要注意提供种类更多的结构材料，组织幼儿制订游戏计划，使其进一步掌握结构技能，学会看平面结构图，敢于分享交流等。大班幼儿结构游戏目的明确，计划性、合作性较强，持久性也增强，建构技能逐渐成熟，教师在指导时要注意提供形状更加复杂的材料，鼓励幼儿开展参加人数多、持续时间长的大型结构游戏，鼓励幼儿对自己和他人的作品进行评价。

思考与练习

1. 单项选择题

幼儿以积木、沙、雪等材料为道具模仿周围现实生活的游戏是（　　）。

A. 表演游戏

B. 结构游戏

C. 角色游戏

D. 规则游戏

2. 简答题

简述积木游戏对幼儿发展的影响。

3. 材料分析题

（1）材料一

今天，小班阅读区里有四个孩子在看书。过了一会儿，一个女孩拿了五六本一样大小的书排成一排，说："我要搭城墙。"旁边的两个男孩显然对这个女孩的活动感兴趣，专注地看了一会儿，然后开始给这个女孩递书，帮她一起搭。女孩说要一样大的书才行。两个男孩就反复比较，找到大小、形状相同的书递给女孩。很快，一个"书墙"搭好了。男孩们很高兴，把它当成跨栏，在阅读区里跳开了。他们三人玩得热火朝天。可阅读区还有一个孩子既想看书，又想看他们在玩什么，就一会儿伸头看他们搭建，一会儿又看看书。

孩子们可以在阅读区里玩搭建吗？为什么？

（2）材料二

开学初，我和孩子们共同为建筑区增添了许多"设备"：有用废旧盒子做的楼房，有用果奶瓶做的小花，有用碎皱纹纸粘贴成的草地，还有孩子们从家里带来的小汽车……我想，如此丰富的辅助材料一定能使孩子在建筑区的游戏上一个新的台阶，一定会对孩子的游戏有很大的促进作用！然而事实与我想的却很不同。

孩子们确实玩得比以前更加热火朝天，但游戏的内容却有了很大的改变：孩子们忙着把汽车开到东开到西，忙着把小花小草摆满一地，忙着把现成的楼房摆在高低不同的积木上……但孩子们对搭建本身的兴趣似乎减少了！

我走过去引导孩子们："我们能不能给汽车搭建停车场，修建宽阔的马路，让汽车跑得更快？"看到孩子们对我的提议并没有多大的兴趣，我亲自带领他们搭建马路、街心公园，孩子们在我的指挥和带动下高兴地玩着，一会儿工夫，我们的成果就初具规模了！

然而10分钟后当我再次来到建筑区时,已经搭好的建筑群被"一拆而光"!孩子们依然在快乐地玩着汽车,有的孩子干脆骑在大一点的积木上过着开车瘾!

面对眼前的景象,我不知该怎么办。到底是什么原因使得促进孩子建构能力发展这一目标没有实现,出现事与愿违的情况呢?

请帮助案例中的教师答疑解惑。

4.活动设计题

(1)题目:建构游戏"雪花片"。

内容:第一,利用雪花片搭出交通工具;第二,模拟组织幼儿开展雪花片建构游戏。

基本要求:第一,模拟组织幼儿利用雪花片搭建交通工具;第二,在游戏过程中搭2~3个交通工具;第三,请在10分钟内完成上述任务。

答辩题目:问题一,除了试讲中搭出的交通工具,你还能用雪花片搭出哪些交通工具?问题二,本次活动适合哪个年龄段的幼儿?

(2)题目:建构游戏"玩积木板"。

内容:为大班幼儿设计积木板游戏。

基本要求:第一,利用积木板设计三个游戏,并对其中一个进行展示;第二,为大班幼儿设计积木板游戏,讲清游戏规则;第三,请在10分钟之内完成上述任务。

实践与实训

【实训一】

结合有关幼儿园见习经历,梳理某个班级中的建构材料的名称、玩法和价值,并进行技能展示。

目的:掌握幼儿园常见建构材料的名称、玩法和价值。

要求:小组成员讨论建构材料的名称、玩法和价值,并用表格或思维导图的方式进行梳理总结,课上就三种材料展示结构技能。

形式:实地观察与分析。

【实训二】

围绕校园建筑群主题进行建构游戏。

目的:设计并开展建构游戏。

要求:首先,小组成员围绕校园建筑群主题设计建构游戏,写出游戏方案;其次,开展结构游戏,并在游戏过程中进行观察记录,撰写游戏案例。

形式:活动设计、小组合作。

项目四　角色游戏的组织与指导

◇ **学习目标**

1. 理解角色游戏的概念，掌握角色游戏的特点及类型。
2. 认识并掌握不同年龄阶段幼儿角色游戏的特点及指导要点，并能规范制订不同年龄阶段幼儿角色游戏指导计划。
3. 能够尝试设计幼儿的角色游戏，在组织和实践中，引导幼儿认知、语言、社会性、情绪情感等多方面的发展。

◇ **情境导入**

小医院里，"医生"辰辰正在给"病人"看病，"护士"朵儿告诉他们一点儿药都没有了。于是，辰辰跑到活动室那边去找"药"。可是，医院里的"病人"这时候多了起来，"护士"朵儿就给"病人"看起病来。看到这个情况，老师赶紧说："医生在哪里呢？护士不能给病人看病！"辰辰马上跑过来申辩道："我找药去了，护士可以帮帮忙。"老师严厉地说："医生是看病的，护士不可以。以后再也不许这样了。"辰辰和朵儿都低下头，轻声说："以后不会这样了。"但老师的批评让他们两个人很不开心，有"病人"来也不给看病了。

在成人的客观世界里，医生和护士的工作性质、内容、职责是不同的。而在幼儿的眼中，医生和护士的角色区分并不是很明显，因为他们同在医院上班，同为病人服务，幼儿的潜意识中并没有对医生与护士进行严格的区分。对医生与护士的认知差异导致了师幼对游戏角色认知的分歧与冲突。在这个游戏片段中，教师对幼儿混淆了医生和护士的分工的指责破坏了游戏的气氛，这样的介入是有待商榷的。

面对这样的问题，教师可以考虑采取如下对策：第一，在幼儿对医生和护士分工不了解的前提下，教师可以不那么介意幼儿的游戏能否准确反映医生和护士的职责，可以不干预"护士"做"医生"的工作，毕竟幼儿的游戏表现的是他们自己的体验，这种体验或多或少会和成人的世界有一定的差距；第二，在适当的时候，通过参观医院、访谈医务人员等方式，丰富幼儿对医生和护士工作的了解，使幼儿知道医生和护士的分工不同，以充实"医院"游戏的细节；第三，当幼儿对护士和医生的分工有了明确认识后，若幼儿还是在游戏中混淆了二者的分工，教师可以平和地提醒幼儿，而不必用批评的方式来指责幼儿。

任务一　认识角色游戏

如果我们认真观察3—6岁幼儿的游戏活动，经常会看到这样的情景：幼儿们分别扮演爸爸、妈妈，用树叶、纸、沙土等做饭，然后一起享用或者把自己做好的饭菜送给其他人吃；一个幼儿"生病"了，"医生"在给"病人"打针；一群幼儿以写有数字的小纸片作为金钱，在"小卖部"购买东西，"售货员"把"商品"和多余的"钱"交给"顾客"；一个幼儿拿着一个瓶子或盒子在"打电话"；一个幼儿拿着呼啦圈在手中不断转动，口中发出"嘀嘀嘀"的开车的声音，同时身体向前移动……

上述情景中幼儿所做的事情，包括做饭、看病、购物、打电话、开车等，都与现实生活中发生的事情不同，它们属于幼儿假想的活动，是幼儿在进行角色游戏。[①]

一　角色游戏的概念

角色游戏是一种典型的象征性游戏，它是在幼儿的心理发展到一定阶段时自然产生的。2岁之前幼儿的游戏主要是简单的感觉运动游戏。幼儿寻求并满足于感觉与运动器官的机能性快乐，如敲打和摆弄物体、摇木马等，故这种游戏也被称为机能性游戏。2岁以后，由于模仿和想象能力的发展，幼儿开始能够进行延迟模仿，也就是说可以借助头脑中的表象，在事后进行模仿。正是这种延迟模仿的能力使他们能够在非真实的情境中模仿曾经经历或想象的生活情景，展开新的游戏形式——角色游戏。3—5岁的幼儿普遍热衷于角色游戏，在幼儿6岁以后，角色游戏开始减少并逐渐被规则游戏取代。

角色游戏是幼儿根据自己的兴趣和意愿，通过扮演角色，借助模仿和想象，创造性地反映周围现实生活的一种游戏。角色游戏是幼儿园常见的也是非常受幼儿喜爱的一种游戏，是幼儿了解生活的重要手段，对于幼儿的认知能力、语言能力、社会交往能力、情绪情感等多方面的发展有着重要的影响。

视频资料：

扫一扫，观看Maron全美凯瑞航空港幼儿园《小医院》角色游戏视频资料。

---

① 彭俊英，魏婷等.幼儿园游戏活动的组织与指导[M].北京：教育科学出版社，2014：71.

二 角色游戏的特点

（一）自主性

自主性是幼儿游戏最本质的属性。角色游戏是幼儿的自主性游戏，游戏主题的选择、材料的选用、角色的安排、情节的开展与结束都是幼儿自己掌控的。幼儿独立自主的游戏，并非不需要教师和成人的指导，而是从角色游戏的开始到结束，都是幼儿自发进行的。在整个游戏过程中，游戏自主权都掌握在参与游戏的幼儿手中，游戏是由幼儿内部动机引起的，是非强制性的。教师要让幼儿有自由选择游戏的权利，要让幼儿自主决定游戏的进程和节奏。我们来看下面的案例。

> 某幼儿园下午自由活动区内，中班的活动区角"美食城"生意异常"火爆"。五岁的佳佳小朋友头上戴着白色厨师帽，身着"工作服"，正在忙碌着："请大家别着急呀，马上就好！"一旁的强强说："你做快点吧，要不客人就等急啦！"原来他们在"美食城"玩"开饭店"的游戏。外面的顾客小朋友在餐桌旁等着就餐呢！佳佳用塑料碗做面条、米饭；强强用彩色纸片、各种形状的树叶、草叶炒"鱼香肉丝"。突然，强强说："哎呀，忙死了，咱们快点请一个服务员吧，这样我俩做出主食和菜就可以让服务员给大家端过去了。"佳佳说："就是啊，都忙不过来了。"于是，强强对着外面的小朋友喊道："谁来做服务员啊？我们给很高的工资啊！"……

"美食城"里的几位小朋友在一起玩"开饭店"的角色游戏。游戏中，完全是幼儿自己确定游戏主题，自己选择游戏活动的情节，自主选取和利用游戏材料等，没有任何外界成人的引发组织，他们在游戏中的自主性得到充分发挥。

（二）社会性

角色游戏以幼儿扮演、模仿日常生活中的人、事、物为主要游戏内容，是反映幼儿社会生活经验的游戏。游戏的角色通常来自幼儿日常真实的生活，幼儿角色游戏既是幼儿对周围现实生活的体验，也是幼儿对人类社会生活的模拟。我们来看下面这个案例。

> 今天，我们班甜甜过生日，甜甜妈妈送了一个很漂亮的生日蛋糕到幼儿园。在幼儿用午饭时，我请甜甜将蛋糕分给全班幼儿吃。乐乐说："老师，这个蛋糕真漂亮！"笑笑说："蛋糕是怎么做出来的呢？"佳佳说："我们开个蛋糕店怎么样？"佳佳的提议得到了全体幼儿的认可，于是，"蛋糕店"的游戏应运而生。

角色游戏中常常包含着幼儿对成人社会生活的认知及期待，比如女孩希望成为和妈妈一样的人，做妈妈可以做的事。男孩想要像解放军那样勇敢，像警察那样抓坏人，于是经常玩儿"我是解放军""抓小偷"的游戏。

（三）创造性

角色游戏是幼儿的一种以想象为特质的具有自主性的创造性游戏活动。幼儿根据自己的经验和兴趣需要来选择游戏主题、角色、情节和材料，在游戏过程中自由转换游戏的情节和发展内容，使幼儿自身的主动性和创造性在游戏中得到充分体现。比如，幼儿在游戏中怎样安排角色、安排几个角色、谁来扮演、如何扮演、角色活动的语言和行动等内容，都是幼儿在观察、了解生活的基础上进行着自己的创造和想象。在游戏材料的选取和利用上，幼儿会积极利用身边的游戏材料以及半成品、废旧物品，比如，他们会用旧盒子做吃饭的桌子或者做娃娃的小床等，这直接体现了幼儿的创造性思维，而创造性思维是幼儿未来创造性活动的前提和基础。

（四）表征性

角色游戏是幼儿对角色、动作、情境等方面进行想象并表征出来的活动，是幼儿表征能力发展的产物。幼儿在游戏中扮演角色，需要以动作、语言来扮演担当角色。生活中不同角色说话的不同特点、语音语调、表达内容等，会给幼儿提供表征的模板，幼儿也会从这些模板身上汲取特征性的内容去表演。另外，角色游戏中材料物品的运用也体现着幼儿对材料的表征能力。幼儿角色游戏过程的假想会出现以人代人、以人代物、以物代人、以物代物（见图4-1）等表征特点。表征的实质是幼儿用语言、动作、物体等抽象符号替代、表现出头脑中实体形象的过程。幼儿在游戏中会对这些"假想"活动"信以为真"。[①]

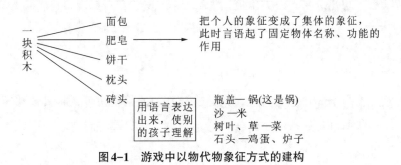

图4-1　游戏中以物代物象征方式的建构

视频资料：
扫一扫，观看《角色游戏的概述》视频资料。

三　角色游戏的类型

按照游戏所对应的不同认知水平，我们可以根据基本的角色类型把角色游戏划分为以下五种。

---

① 范明丽，朱学英.幼儿游戏与指导[M].北京：北京师范大学出版社，2017：53-54.

(一) 机能性角色游戏

机能性角色游戏即通过模仿范例（模仿对象）的一两个富有特色的角色动作来标志他所模仿的对象。这种角色游戏是对角色原型典型动作的模仿，其中角色纯粹由动作或对物的操作来表示。比如，以方向盘的转动模仿司机，以手臂的挥动模拟交警，以听诊器、注射器的使用模拟医生，以小军帽、腰扎皮带模拟解放军，以跨在棍子或杆子上一颠一颠地奔跑模拟骑马等。

(二) 对应性角色游戏

这种角色游戏是以角色关系中的另一方存在为条件的角色扮演，即这种游戏里角色互补，如妈妈和孩子，医生和病人，理发师和顾客，教师和幼儿等。这种角色主要来源于幼儿的日常生活，是他们比较熟悉、有亲身体验的人际关系的再现。

(三) 关联性角色游戏

这种角色游戏是在同一个游戏中，由一人担任多重角色，且角色动作指向不同。比如，一名幼儿在家时是"妈妈"，上班后是"教师"。

(四) 同一性角色游戏

同一性角色游戏是角色动作指向同一类型的角色，是同类角色的配合，也就是在同一个游戏中由两名或两名以上的幼儿扮演同一类角色，如都是学生。[①]

(五) 想象性角色游戏

想象性角色往往在现实生活中不存在，所以不是源于生活，而是源于故事、童话、电视、电影等文学作品，但并不是全部角色的再现，只是扮演其中的某些角色，将其迁移至现实生活中。[②] 比如，幼儿看了《小猪佩奇》后扮演"佩奇"，观看《冰雪奇缘》后扮演"艾莎"，观看《西游记》后扮演"孙悟空"等。

任务二　学会角色游戏的整体组织与指导

一、角色游戏的设计要点

角色游戏一般由主题、角色、材料、动作和情境、规则等组成。角色游戏能否顺利开展，与游戏主题、角色扮演、游戏材料的假想、游戏动作和情境的假想、游戏规则等的设计有着密切的联系。

---

① 幺娜.学前儿童游戏活动与指导[M].北京：北京师范大学出版社，2016：73.
② 邱学青.学前儿童游戏[M].5版.南京：江苏凤凰教育出版社，2020：298.

(一)游戏主题

游戏主题是角色游戏结果中的核心要素,它对角色、材料、假想、规则等设计要素起着统帅作用。幼儿角色游戏的主题是幼儿对现实生活的基本反映,是幼儿感知生活、体验生活后所形成的社会经验的表现。此外,幼儿在角色游戏中的所有行动都服从于游戏的主题,角色、假想、规则等都围绕主题而组织。游戏主题不仅指游戏名称,还包括游戏内容,是幼儿在游戏中所反映的周围人们的生活,以及在活动中的动作、事件和相互关系。比如,在"美食城"游戏中,幼儿模仿厨师、面点师的活动,在"公共汽车"游戏中,幼儿模仿汽车司机开车的活动等,都是将生活中的经验表象作为游戏的主题。

(二)角色扮演

角色游戏之所以能吸引幼儿乐在其中,正是因为幼儿可以通过语言、表情、动作来表现扮演自己感兴趣的生活中成人的角色。可以说,每个孩子在幼年时都渴望成为成人那样的角色,做成人可以做的事情,以此满足自己的愿望。角色扮演也就成为最吸引幼儿开展角色游戏的重要因素之一。[1]角色游戏中,幼儿可选择的角色非常丰富,一般归为生活角色、职业角色和虚拟角色三类。其中,生活角色如妈妈、爷爷、叔叔、妹妹等,职业角色如厨师、医生、警察、售货员等,虚拟角色即幼儿假想虚构的角色。

(三)游戏材料的假想

幼儿不可能像成人那样用真实的工具材料进行工作,因此教师必须给幼儿提供可以让幼儿进行假想的游戏材料。幼儿对游戏材料的假想,并不是无意识的,而是根据手头游戏材料的特点来开展假想并进行利用的。对游戏材料的假想表明幼儿对环境的关注和已有表象的认知及加工水平。教师应引导幼儿在对游戏材料的假想中,考虑游戏材料的形状、质地、颜色、功能等。比如将土或沙子假想为面粉,而不是将砖头当面粉来用。再如,在"医生给病人看病"游戏中,幼儿将手中的笔想象成注射器为"病人"打针。

(四)游戏动作和情境的假想

游戏的情节是角色游戏不断推进的必要条件。对游戏动作和情境的假想有利于幼儿创造力与想象力的发展。幼儿在角色游戏中并不是单纯操作物品,而是通过物品的操作来表现假想的情节。例如,到超市购物,在厨房做饭,照顾生病的孩子等。此外,幼儿对游戏情境的假想具有概括性。例如,在"做饭"角色游戏中,幼儿在厨房放置好"锅",用手做倒的动作,并说:"先放点油。"然后用手做炒菜的动作,最后说:"菜做好了,可以吃了!"

---

[1] 范明丽,朱学英.幼儿游戏与指导[M].北京:北京师范大学出版社,2017:59.

(五) 游戏规则

维果茨基认为，规则是游戏的本质特征。规则是每个游戏参与者都必须遵守的共同准则，它使游戏得以进行和发展。如果没有规则，就没有游戏可言。然而，在角色游戏中，规则是内隐的，是受角色制约的。换言之，幼儿扮演哪种角色就必须按照相应的角色行为来游戏，不可任意为之，这就是角色游戏规则的内隐性。例如，在"公共汽车"游戏中，会听到幼儿说"先买票，再上车""车上不能大声说话，也不能把头伸到窗外"等，这正是内隐规则的体现。[①]教师应引导幼儿按照实际生活中的规则进行游戏，帮助幼儿正确地表现现实生活中每个人物（角色）应有的动作、态度，以及人与人之间的关系、语言、声调、思想感情等。

二、角色游戏的指导策略

角色游戏是幼儿非常喜爱的一种游戏形式，也是一种自发性的游戏，但如果没有教师的指导，角色游戏往往容易流于表面，无法使幼儿获得系统、深入的发展。如何有效地指导幼儿开展角色游戏，从而促进其身心发展，是幼儿园教师教育教学工作的一项重要内容。

成人的参与和指导，不仅可以提高幼儿角色游戏的数量和能力，而且可以更好地促进角色游戏发展价值的实现。角色游戏的指导工作主要是围绕游戏前的准备、游戏过程中的指导和游戏结束后的指导展开的。

(一) 游戏前的准备

1. 丰富幼儿的生活经验，拓宽幼儿角色游戏的内容来源

角色游戏是幼儿对现实生活的反映，幼儿的生活经验越丰富，角色游戏的主题和内容就越新颖、越充实。幼儿的生活经验主要来源于家庭生活、幼儿园生活和社会交往等。为了充实角色游戏的内容，首先，教师要善于利用教育教学活动、观察、参观、日常生活、劳动、娱乐等多种活动，抓住所有机会引导幼儿观察周围生活，拓宽幼儿的视野；其次，教师可以通过家园互动，指导和协助家长安排好幼儿的家庭生活，请家长带幼儿去银行、理发店、邮局、超市等多种社会环境与不同的职业人物接触，丰富幼儿的见闻，加深幼儿对周围生活、人与人的关系的印象；最后，家长和教师可以通过走进社区或者将社区资源请进来开展大型活动等，丰富和加深幼儿对周围世界的认识，比如带幼儿参观社区医院、社区敬老院、图书馆、动物园、公园出游、观摩消防演习等。这些活动都会对幼儿的生活经验、社会认知、交往能力等进行潜移默化的影响，教师可以有意识地进行引导以帮助幼儿提升经验。

---

① 单文顶，焦冬玲，袁爱玲.幼儿园游戏指导策略[M].福州：福建教育出版社，2017：67.

2.创设符合幼儿开展角色游戏的环境

良好的游戏材料和环境能有效帮助幼儿萌发想象,激发幼儿游戏的兴趣,是游戏的物质保障,也是幼儿创造性再现生活经验的重要介质。教师在创设角色游戏环境时需要注意以下几点。

(1)为幼儿设置固定的游戏场所。《幼儿园教育指导纲要(试行)》明确指出:"幼儿园应为幼儿提供健康、丰富的生活和活动环境,满足他们多方面发展的需要,使他们在快乐的童年生活中获得有益于身心发展的经验。"固定的游戏场所能够快速将幼儿带入游戏情境,激发幼儿游戏的兴趣。角色游戏场所有室内游戏场所和室外游戏场所。

室内角色游戏场所主要包括以下几种。

① 娃娃家:娃娃、小床、家具、小服装、鞋帽、厨具灶具、小餐具、小桌椅、家用电器(电视机、冰箱、空调、微波炉、洗衣机、电脑)、废旧纸盒等。

② 小医院:小床、白大褂、医生帽、病历卡、听诊器、体温计、药瓶、注射器、血压计、棉签、输液器、药品柜、小镊子等。

③ 美食城:桌椅、筷子、餐盘、塑料碗、各种食品卡片、各种食品材料、代金币、饮料瓶等。

④ 服装店:各种小服装、代金币等。

⑤ 小超市:各种各样的商品,如小食品、日用品、水果、蔬菜、米面、代金币等。

⑥ 小银行:电脑、取款机、票据、水笔、代金币等。

⑦ 理发店:小镜子、椅子、桌子、吹风机、发型画册、剪刀、梳子、围巾、洗手盆、热水器、洗发膏、焗油膏、代金币等。

室外角色游戏场所包括以下几种。

① 公共汽车:汽车模型、椅子、方向盘、车头、投币箱、刷卡机、红绿灯标记等。

② 步行街:摊位、代金币、支付二维码卡片、各种服装材料、各种食品卡片、各种生活用品等。

(2)为幼儿提供丰富的玩具及操作材料。苏联著名教育家马卡连柯提出,玩具是游戏的中心,没有中心,游戏就玩不起来。在角色游戏中,玩具代表着幼儿见过的物体,可以勾起幼儿对生活经验的回忆。各种玩具或材料构成幼儿游戏活动的物质条件,是幼儿开展角色游戏活动、表现游戏内容的辅助工具。游戏材料要能引起幼儿对游戏的兴趣,激发其创造性,因此教师应尽可能根据幼儿现有的知识经验和游戏的需要,为幼儿准备一些成品或半成品材料,帮助幼儿进行角色游戏,并激发幼儿的游戏愿望和兴趣,发展幼儿想象力。同时,应注意游戏材料的准备要符合幼儿的年龄特点和游戏需求,如小班投放高结构即更美观、更形象、操作方式较为固定的材料,而中大班材料可以考虑低结构的,便于幼儿创造性思维的拓展,满足其改变游戏材料、丰富游戏内容和规则的需求。我们来看看下面这个"小小美容师"[①]的案例。

---

① 么娜.学前儿童游戏活动与指导[M].北京:北京师范大学出版社,2016:77-78.

> 红红和伙伴协商后选择当一位美容师。刚开始,她拿了枕头、化妆品、蒸汽机等材料布置成美容院,但是当客人来时,红红发现美容院提供的材料仍然不够,她拿大毛巾为客人包住头发后,就没有毛巾可以帮客人洗脸了。于是,她掏出自己的小手帕,假装用它为客人洗脸。当小手帕使用完后,她还拿了个篮子充当水槽,把小手帕洗干净后再继续使用。看到她把美容院管理得井井有条,我满意地走向其他主题区。可是没一会儿,红红跑过来对我说:"我把喷嚏打在客人脸上,他们都跑光了!""你感冒了?怎么忘了转过脸或是捂着嘴巴呢?"我问道。"可是来不及了,而且捂着嘴巴等下还要帮客人按摩也是很脏的!""那你找个东西帮你捂着好了,想想,什么东西比较适合呢?"红红想了一会儿突然喊道:"阿姨在分点心时不是有口罩吗?好像邻近的医院有,我去借一个。"于是,红红向"医生"借了一个口罩,继续当起美容师。

幼儿在游戏中发现问题、解决问题,通过交流和发现,促进自身的发展。在这个过程中,教师的指导很关键,教师的眼神、动作和反问等表现,可以提醒幼儿通过思考去解决一些游戏中的小问题。游戏中幼儿替代物的使用现象较少,一般以教师提供的材料为主,有的幼儿则会不断地询问教师解决的办法。案例中的幼儿在游戏时自主性较强,当没有毛巾时,能想出用小手帕代替,使游戏进行下去,丰富了游戏的情节。在打喷嚏事件中,虽然一开始她无法独立解决问题,但通过教师适当的引导与提示,她能够联想到其他主题中可相互使用的游戏材料。因此,幼儿对各主题中的知识、材料与角色职责都需要有一定的认识。在游戏开始前,除了丰富幼儿的生活经验,教师还可提供充足的半成品或是在游戏中可用来替代的材料、道具等供幼儿自由选择。同时可以用多种玩具,启发幼儿发挥想象。

(3)游戏环境的教育化。游戏环境的教育化主要体现在三个方面:一是角色游戏的游戏材料要服务于积极向上、健康有意义的游戏主题内容;二是角色游戏材料和情景的创设要体现游戏的规则,方便幼儿自主取放,便于培养幼儿良好的游戏习惯;三是让幼儿参与环境创设,幼儿是游戏的主人,要有意识地让幼儿参与游戏环境的创设和材料的准备,从而促进幼儿自我学习和自我发展。

3.提供充足的游戏时间,促进幼儿深入开展游戏

除了物质方面的保障之外,角色游戏还需要充分保证幼儿的游戏时间。幼儿的角色游戏所需时间一般都较长,每次不能少于30分钟,因为只有在较长的时间里,幼儿才有寻找游戏伙伴、商量主题和情节、分配角色及准备材料等机会。如果游戏时间太短,游戏情节难以充分展开,势必影响游戏的结果,这既会削弱幼儿继续开展角色游戏的兴趣,也不能使角色游戏达到它应有的教育效果。除按规定时间进行专门的角色游戏以外,还可充分利用餐后时间、全天各零散游戏活动时间,让幼儿在本班各区自主选择进行各类角色游戏活动,保证有足够的时间玩游戏。

拓展阅读:

扫一扫,阅读《幼儿园角色游戏中的指导误区及要点探讨》。

（二）游戏过程中的指导

1.善于发现幼儿角色游戏的需求，协助幼儿提出游戏主题

角色游戏是幼儿自主自愿进行的游戏，其主题应来自幼儿的需求。教师要善于发现幼儿角色游戏的需求，适当启发幼儿游戏的动机，帮助幼儿学会确定主题。幼儿的角色游戏需求会受阶段性生活经验的影响，也会受幼儿生活常态的影响，比如疫情期间，幼儿经常在社区、医院看到排队做核酸检测的场景，就有可能产生扮演医生做核酸检测的游戏愿望；再如，幼儿每天回家，看到爸爸看球赛、妈妈做饭等，在娃娃家游戏中也可能会重现同样的情节。幼儿的角色游戏需求还可能受当时环境中的某些因素影响，比如发现教室里有代金币，幼儿可能会产生扮演"顾客购买商品"的游戏愿望。因此，教师需要对幼儿的心理特点以及外显的语言、动作、表情进行捕捉，发现幼儿的兴趣点，成为幼儿游戏的支持者、促进者和引导者，而不是游戏计划的设计者和实施者。

同时，受幼儿身心发展水平的限制，不同年龄段的幼儿对于角色游戏主题的选择能力各不相同。小班幼儿还不具备提出游戏主题的能力，一般停留在对游戏动作的简单模仿上。因此，教师应利用游戏材料及富有情感的语言，为幼儿描绘游戏的情境，从而激发幼儿游戏的兴趣，帮助他们梳理思路、确定主题。中大班的幼儿逐渐具有了在反思生活经验的基础上，提出相关游戏主题的能力，但并非幼儿提出的所有游戏主题都是有价值的或积极向上的。因此，教师在鼓励幼儿主动提出游戏主题的同时，还要帮助幼儿把握主题的可取性，对于其中不健康的内容，要通过讨论、建议等方法帮助幼儿放弃或改变，切忌简单粗暴地直接予以否定，以免挫伤幼儿的积极性。

2.指导幼儿选择和分配角色

幼儿在角色游戏中最关心的问题就是自己扮演什么样的角色。但由于幼儿对某些角色的偏好或对角色内涵的理解不够，他们往往会因为角色的选择而发生矛盾或分歧，这就需要教师耐心地利用猜拳、轮流、交叉互换等多种方法帮助幼儿解决纠纷。教师还应注意观察，保证幼儿在分配角色时有一定的针对性和公平性。

小班幼儿受自身经验和思维水平的制约，可自主选择的角色较为单一、固定，常因为角色分配出现纠纷。教师可以帮助幼儿拓展角色，比如"医院"里不仅有医生、病人，还有护士、收银员甚至保安等，为他们提供更多的角色选择。对于中大班幼儿，教师可以适当培养其自主解决问题的能力，引导幼儿通过协商、猜拳、轮换等方法选择角色。同时，教师应关注个体差异，如对于胆小、内向的幼儿，教师可鼓励其扮演活动性强的角色，如警察、收银员等；对于活泼、外向的幼儿，可鼓励其扮演安静一点的角色，如秘书、保安等。同时，教师还要注意的是，不要总是让那些能力强的幼儿扮演主要角色，而使其他的幼儿一直处于被支配的地位，要加强个别指导，促进全面提高。幼儿有不同的居住环境、生活经验和社会交往方式，不同的幼儿扮演同一个角色

会产生不同的表现效果。这就要求教师了解幼儿，知其长短，区别对待，加强对个别幼儿的指导。①

3. 指导幼儿丰富游戏内容和情节，提高游戏水平

教师可以参与幼儿的角色游戏，扮演一定的角色，促进游戏情节的发展。在需要时，教师提供有助于丰富游戏内容和促进情节发展的玩具和材料。但是，教师介入游戏要注意将游戏的主动权交给幼儿，避免将指导变成指挥。一般而言，教师介入幼儿角色游戏的方式有三种。一是平行进入，即教师和幼儿扮演同一类角色，彼此间没有角色间的交往，教师通过扮演自己的角色对幼儿进行示范和产生影响。例如，在玩"银行"游戏时，教师和幼儿同时扮演去银行取钱的客户，教师通过示范让幼儿明确取钱、存钱的步骤。二是合作介入，即教师主动或应邀参加游戏，通过扮演某一角色和幼儿进行角色间的交往，帮助幼儿顺利完成游戏。如在"银行"游戏中，教师扮演银行工作人员，幼儿扮演客户。教师通过主动询问幼儿所办理的业务，给予口头说明，帮助幼儿完成角色任务。三是指导性介入，即教师通过扮演游戏中占支配地位的角色对幼儿游戏产生重要、关键的影响。如在"理发店"游戏中，教师扮演发型师，主动为幼儿设计发型，指导幼儿完成设计发型、洗发、理发等一系列活动。我们来看看下面这个案例。②

> 一天，我扮成顾客去理发店理发。理发师问："你要理发，还是要洗头？""我要烫卷卷的头发。"发型师问："你要烫什么样的卷头发？"教师启发说："我也说不清楚，要让我看到发型我就知道了！"理发师犯愁了，这时，小顾客朱文说："我陪我妈妈去烫过头发的，他们有一本很漂亮的书，里面就有很多的发型。""我知道，我也看到过的。""老师，我们也来做一本发型的书吧！"于是我和孩子们找来了些发型图片，分类贴在纸上并装订成一本精美的发型书。发型书就这样在"理发店"游戏中使用起来了。

教师参与游戏、扮演角色，一方面可以提高幼儿的兴趣，调动和激发幼儿的主动性和创造性；另一方面可以使游戏内容和情节得到自然的丰富和展开，而不让幼儿有被干涉的感觉，在不知不觉中提高幼儿游戏的能力和水平。例如，在"商店"游戏中，教师可扮演一位难缠的顾客，故意要买一些商店没有的商品，以此来引发幼儿寻找代替品或到工厂订做，使得游戏情节进一步展开。教师应以观察者的身份，随时关注幼儿行为表现及角色游戏情况，判断是否需要介入以及介入的时机、方式。教师介入指导的方式多种多样，但针对角色游戏的特点，我们一般鼓励教师采取以游戏角色身份介入的间接指导和灵活增减、更换游戏材料的隐性指导两种方式，以免破坏角色游戏的情节。

4. 帮助幼儿增强游戏的合作程度

幼儿的角色游戏发展过程是由最初的幼儿独自游戏发展为多个幼儿的联合游戏，因此幼儿游

① 谢应琴，彭涛. 学前儿童游戏活动设计与指导项目化教材[M]. 北京：化学工业出版社，2014：38.
② 于娜. 学前儿童游戏指导[M]. 武汉：华中科技大学出版社，2015：36.

戏角色间的合作程度和联系程度越密切,游戏开展的水平就越高。需要注意的是,游戏角色间的联系是内在的、自然的联系,教师不可强行为了联系而联系,这样会影响幼儿在游戏中的主动性、积极性和创造性。

5.引导幼儿执行并自觉遵守游戏的规则

游戏的规则有两种:一种是内部规则,即由角色间相互关系自然产生的规则;另一种是外部规则,即为保证游戏顺利开展而制定的大家都必须遵守的规则。当游戏的外部规则遭到破坏时,教师可采用集体讨论、民主协商的方法解决,也可以将规则破坏者带出游戏几分钟,暂时禁止其游戏,使其冷静后再参与游戏。游戏的内在规则遭到破坏,往往是幼儿对角色本身或角色间的相互关系理解不够导致的,教师可通过问题引导、解释说明等方式予以解决。

6.评价游戏,提升幼儿游戏的经验

借助游戏评价,教师可以进一步了解幼儿的游戏情况,丰富游戏情节,提高幼儿解决问题的能力。当然,并不是每次游戏结束后都要开展游戏评价,教师可以根据幼儿游戏的具体情况灵活处理。有的游戏还可以在过程中开展评价,如幼儿在游戏开展一段时间后注意力不集中或者幼儿之间发生激烈的冲突时。

我们来看下面这个案例。

> 角色游戏的活动时间到了。丹丹扮演的是理发店的发型师。有一个顾客来到了理发店,丹丹开始为他理发。丹丹一只手拿着梳子,另一只手拿着小推子,梳一梳,推一推,认真地、有模有样地为顾客理着发。理完了,顾客照了照镜子,高兴地走了。丹丹看见顾客走了,又没有新的顾客来,就在椅子上坐了下来摆弄着理发店里的物品。摆弄了一会儿,她看看还是没有顾客来,就起身来到烧烤店,对服务员说:"我饿了,给我烤一串韭菜吧!"她接过服务员给的韭菜串,然后独自坐在烧烤炉前开始烤她的韭菜串。烤了一会儿后,她听到旁边的小朋友说这个很香,那个很好吃,就又跑到服务员面前,大声地喊着:"我还要一串这个,一串那个。"她一边说,一边指着架子上的各种烤串。不一会儿,手里又拿了好几串各式烤串,她回到烧烤炉前一边烤着,一边跟旁边的小朋友说着话。好长时间过去了,她烧烤的热情依旧高涨。在教师的提醒下,她才放下手里的各种烤串,离开烧烤店,回到了理发店继续当理发师,等待顾客上门。

从这个案例中我们可以看出,幼儿的角色意识不是很强,对游戏的坚持性也比较差,不管是扮演服务员、医生,还是娃娃家的爸爸、妈妈,幼儿都存在同样的问题,他们容易被其他游戏吸引,不能很好地坚守岗位,尤其是在他们无所事事或比较闲的时候。就像丹丹小朋友,她扮演的是一名理发师,可她在理发店只招呼了一会儿客人,当看到店里没有顾客时,自己也就离开了,也不管后面有没有顾客再来。她在别的游戏区逗留了较长时间才回到自己原先的岗位,几乎完全忘记了自己今天的角色任务。

拓展阅读：
扫一扫，阅读《角色游戏——浸润式培养幼儿的社会行为》。

（三）游戏结束后的指导

游戏要有好的开端，也要有好的结束。游戏结束后的指导有助于帮助幼儿回顾游戏过程，体会收获。游戏结束后的指导主要包括在愉快自然的状态下结束游戏，做好游戏后的整理工作，进行游戏后的总结评价和讲评等。

1.在愉快自然的状态下结束游戏

在愉快自然的状态下结束游戏能保持幼儿下次继续游戏的积极性。教师应把握好结束游戏的时机和方法。如果游戏情节开展得比较顺利，应在幼儿情绪尚未低落时结束游戏，这样可以让幼儿感觉意犹未尽，对下次游戏充满期待；如果游戏情节已告一段落，再往下发展有困难，这时即使游戏时间还没到，也应该提醒幼儿结束游戏，以免幼儿产生倦怠感。结束的方式应尽量自然，可根据游戏主题进行提示，告诉幼儿游戏进入尾声。比如，超市服务台广播："各位顾客大家好，超市员工还有5分钟就要下班了，请顾客们抓紧时间选好物品，到收银台结账。祝您购物愉快！"再如，教师以理发店经理角色对小理发师说："大家辛苦了，抓紧时间接待最后一位顾客后就要整理店内卫生，准备下班了。"

2.做好游戏后的整理工作

游戏结束后整理场地、收拾玩具和材料，既是为下次游戏的开展做准备，又是培养幼儿良好生活习惯的重要时机。教师切不可包办代替，要以身示范，并做好游戏材料的还原标志和规范，方便幼儿取放，还要提示幼儿在游戏结束后收拾场地，将使用材料归位，养成良好习惯。针对不同年龄段幼儿的特点，教师可以采取不同的指导方法。对于小班幼儿，主要是培养他们游戏后参与场地整理的意识，教师可以请幼儿帮助自己收拾玩具、整理场地；对于中班幼儿，主要是培养他们收拾玩具的能力，整理场地和收拾玩具以幼儿为主，教师在必要时给予其帮助；对于大班幼儿，则应要求他们独立做好收拾场地及玩具、材料的整理工作，教师给予适当的督促即可。

3.进行游戏后的总结评价和讲评

教师组织幼儿对游戏进行总结评价是必不可少的环节。总结评价能够引导幼儿明确游戏方向，提升游戏水平。幼儿是游戏的亲历者，对每个角色的活动和情节的开展最有发言权，因此总结评价应以幼儿为主体，充分调动幼儿的积极性。幼儿参与总结评价环节，既是对游戏的回顾，又可以让幼儿知道自己和别人游戏的情况，发掘游戏的经验，相互学习交流，提升今后的角色游戏水平。总结评价包括游戏主题、角色扮演、区域互动、材料和玩具的使用、情节开展等多方面内容。游戏评价既是对本次游戏活动进行总结，又作为下次开展游戏活动的导向。教师合理的评价与肯定，能够使幼儿对游戏活动保持浓厚的兴趣，有利于帮助幼儿不断地提高游戏活动水平，促进幼儿全面发展。

角色游戏的讲评也是组织游戏的重要环节。成功的讲评对于提高游戏质量、发展游戏情节和巩固游戏中所获得的情绪体验等都有直接的导向作用，主要包括对游戏情节、游戏材料和玩具的制作与使用以及游戏中幼儿的行为等内容进行讲评。对于角色游戏的讲评，形式可以灵活多变，不一定每次都在集体中开展，也可以在游戏小组中开展；不一定每次都在游戏结束后进行，也可以在游戏过程中进行。游戏讲评的形式主要有以下几种。

（1）讨论。当幼儿在游戏中发生纠纷时，教师可以让幼儿讨论是非。比如，在角色分配出现争执、情节方向不统一时，教师可以让幼儿讨论怎样开展最好玩，大家也能比较满意。如果幼儿因缺乏生活经验不能得出结论，教师可以找机会让幼儿通过参观等活动丰富经验。需要注意的是，教师不要试图引导幼儿发掘自己认为的游戏中的闪光点。事实上，幼儿往往不能说出教师所认为的闪光点，因为幼儿眼中的闪光点与教师眼中的闪光点可能是完全不同的。

（2）现场评议。有的幼儿游戏开展得好，教师为提升全体幼儿游戏水平，可以保留游戏现场，组织现场评议。如超市区的幼儿布置的货物齐全、摆放有序，还有幼儿自己找来的许多代金券、商品等。教师可在各区域游戏结束后带领大家一起参观超市，请开展超市游戏的幼儿介绍自己开展游戏的情况，也可以让其他幼儿提意见，这样可以使幼儿继续回到游戏中，体会并分析游戏的快乐。

（3）汇报发言。游戏结束后，教师可组织游戏区幼儿讲讲各自是如何游戏的，分享游戏的快乐。教师可以安排相应的环境来满足幼儿踊跃发言的需求，比如制作或准备小话筒放在活动室后面，小话筒数量与活动区数目一致。这样幼儿可以在活动结束后与其他小组分享，而且每人都可以有发言的机会。

教师在讲评活动中需要注意以下几点：一是教师提问以开放性问题为主，以促使幼儿讨论话题，并表达不同观点；二是每次游戏讲评要有重点，具体、准确地指导幼儿的问题或行为；三是讲评要以幼儿讲评为主，教师适时引导；四是讲评活动要为幼儿进行下一次游戏指明方向。①

视频资料：

扫一扫，观看《角色游戏的设计与指导》视频资料。

任务三　掌握不同年龄段幼儿角色游戏的特点与指导要点

不同年龄的幼儿身心发展具有不同的特征，他们对现实生活认识的范围、深度不一样，感受和体验的深刻性也不同，再加上幼儿在注意力、想象力和思维能力等方面也存在年龄差异，这就

---

① 范明丽，朱学英.幼儿游戏与指导[M].北京：北京师范大学出版社，2017：65.

使得不同年龄阶段幼儿开展角色游戏的水平各有不同。教师应在掌握一般指导方法的基础上，根据不同年龄阶段幼儿的特点，了解和掌握一些更具针对性的指导方法。

一 小班幼儿角色游戏的特点与指导要点

（一）小班幼儿角色游戏的特点

小班幼儿对问题的思考比较多地依赖于动作和具体形象，他们的注意力容易分散，活动易受外界刺激的直接影响，随意性较强，这就使他们在角色游戏活动中表现出以下几个方面的特点。

1. 角色的扮演离不开高结构材料，且受同伴的影响较大

小班幼儿的思维直觉行动性很强，角色扮演离不开具体的事物，游戏的内容和形式容易受到环境中具体事物的影响，在游戏活动中往往没有明确的目的，这些决定了小班幼儿在游戏活动中的思维和想象都离不开具体的游戏材料和周围环境的刺激，他们的角色游戏需要以形象的、高结构的材料为媒介。同时，他们在游戏中容易受到身边的游戏材料和同伴的影响，比如，他们见到玩具汽车就想当司机，见到听诊器就想当医生，看到同伴玩什么就想玩什么。游戏材料和同伴游戏的活动能有效地激发他们的游戏动机，帮助他们展开特定的想象。在模仿同伴游戏的同时，他们往往会寻求与同伴相同的玩具材料，因此当同样的玩具材料不足时，就容易发生争抢。

2. 喜欢模仿，重复扮演角色的典型活动

小班幼儿的角色游戏情节少、内容简单，主要是对现实生活中某类角色的典型活动的模仿。一方面，因为小班幼儿的认识能力有限，还不能完整地感知和认识成人活动的全过程，而只能对成人活动中与自己密切相关的部分或自己感兴趣的内容留下较深刻的印象，产生直接的感受。另一方面，由于小班幼儿动作能力有限，所以他们常常满足于动作本身，对角色认知不足，喜欢重复扮演角色游戏的典型动作，或者模仿同伴的游戏行为，比如扮演医生时，幼儿喜欢重复给病人打针，而很少做检查、开药等其他游戏行为。

3. 游戏目的和角色意识不强，经常变换游戏角色

小班幼儿角色游戏往往没有明确的目的，游戏行为较随意，角色意识不强，不能积极主动地安排游戏角色，不明确自己承担的角色职责，容易受情绪、环境、同伴的影响。幼儿对成人生活认识得不全面，小班幼儿积累的生活经验相对较少，想象的内容贫乏，这使他们能在游戏中主动反映的角色活动内容本身就比较少。此外，由于小班幼儿的注意以无意注意为主，因此，他们的角色意识不强，而且注意力很容易转移。例如，幼儿在"厨房"中切菜，并说"我要切菜"，但不明确角色是"妈妈在切菜"。当他们扮演某个角色的时候，常常不能够按照角色的要求行动，而往往是临时冲动和愿望在起作用。大多数幼儿对同一个角色难以保持长时间的兴趣，很多时候他们

刚扮演一个角色不久，很快又会被同伴的游戏或玩具吸引到另一个角色活动之中。如"妈妈"正在切菜，看见娃娃，就抱起娃娃，听见"幼儿园"小朋友在唱歌，就离开了娃娃家跑去观看。

4.容易混淆游戏情节与现实生活

角色游戏是一个完全虚拟的活动，幼儿在角色游戏中的想象多停留在对原生活经验的记忆上，几乎无创造性想象。小班幼儿缺乏在真实世界和游戏世界进行自由转换的能力，在游戏中，有时候会将游戏情境与真实的生活情境混淆。例如，幼儿知道在"娃娃家""吃饭"是假吃，"饭菜"是不能放到嘴巴里去的，但在某些时候，有的幼儿会忘记这一点，将"饭菜"放到嘴巴里去。为避免游戏中不良后果的产生，教师应定期检查和整理材料，保证幼儿游戏材料的安全、卫生。

5.多为单独游戏和平行游戏

小班幼儿在生活中还不能清楚地认识到人们之间的各种关系，因而在角色游戏中大多只能反映单一角色的某些活动，或活动的某些环节，具体表现为喜欢玩"独角戏"（单独游戏），或者模仿同伴、和同伴玩相同的游戏（平行游戏）。例如，他们在饭店当厨师，各自都只用面团做自己的食物，虽然在游戏过程中会和其他幼儿距离比较近，出现交谈或模仿其他人玩法的情况，但在游戏中没有具有实质意义的合作发生，不同的游戏者之间缺乏关联。

我们来看下面这个小班幼儿角色游戏活动片段"娃娃家'炒菜'"案例。

> 游戏开始的时候，希希冲进了娃娃家，她拿起了铲子开始"炒菜"，她不断地将"食物"做好后端上桌子，然后重复这一过程……旁边的小朋友佳佳和沈沈看见了，也重复这样的动作，在小炒菜锅里不停地放材料，然后放进盘子或碗里面。不久桌子上就摆满了"食物"。

从这个片段中，我们可以看出小班幼儿游戏的几个突出特点：第一，他们在游戏中满足于游戏动作本身，如"炒菜""盛菜"；第二，幼儿容易模仿同伴的行为，比如，佳佳和沈沈的游戏行为来自对希希活动的模仿；第三，同伴之间很少出现语言交流，多为平行游戏。

（二）小班幼儿角色游戏的指导要点

教师在了解小班幼儿角色游戏的水平后，应根据小班幼儿角色游戏特点，掌握一些更具针对性的指导方法。

1.多提供形象的游戏材料

教师在组织小班幼儿开展角色游戏活动时，要注意提供各种形象的游戏材料，刺激幼儿联想、想象，激发幼儿游戏的愿望，并且创造机会让幼儿多观察、体验生活中的各种物品，丰富生活经验，在游戏过程中启发幼儿"以物代物"和"一物多玩"，发展其想象力和创造力。为避免幼儿争抢玩具，教师还要注意在一个时期内提供的游戏材料在种类上可适当少一些，而同类物品在数量上应多一些。

2.帮助丰富角色的活动

在游戏前期,教师应做好前期经验的铺垫和相关经验的提炼工作,多与幼儿展开讨论,帮助其丰富角色的活动。同时在游戏中,教师要适时提供不同的游戏材料,引发幼儿对角色行为的联想,比如"医生"重复给"病人"打针,教师可以适时投放"听诊器",幼儿发现新的游戏材料会思考怎样玩,进而引发新的游戏行为。

3.减少无关刺激物的影响

教师要尽量减少无关刺激物对幼儿的影响,比如在游戏前请幼儿上厕所、喝水等,做好准备工作;创设良好的心理氛围,注重游戏导入的方式方法,比如儿歌、故事等,营造富有童趣的游戏氛围,激发幼儿的活动兴趣;在活动区域设置上要注意动静区分,以免相互干扰等。

4.理解、尊重幼儿,给予幼儿想象的空间

3—4岁的幼儿经常混淆想象和现实,而不是有意说谎。这个年龄段的幼儿,因为生活经验不多,认知水平不高,而且记忆很容易受别人的暗示影响,有时会混淆想象与现实,虚构或夸大事物的特征或情节,甚至编造一些实际生活中根本不存在的事情或在现实生活中出现游戏情节的动作。教师要理解、尊重幼儿,善待幼儿的想象,给予幼儿想象的空间,让他在自己愉快的"世界"里编织自己的梦想。教师应多给幼儿一些时间,帮助他们度过"想象与现实混淆"的时期。

5.利用生活和教学活动,明确角色间的联系

教师可以利用生活活动和教学活动,多启发、引导幼儿思考人与人之间的社会关系,比如引导幼儿说说我们的食物是从哪里来的,是谁做的,理解种粮食的农民伯伯和做饭的食堂阿姨与小朋友之间的关系,还可以多创设一些需要幼儿合作互动才能有效进行的游戏环境,鼓励幼儿交流合作,比如在"公交车游戏"和"小司机"中选择多人游戏的"公交车游戏",或将"家庭厨房"改造成"美味餐厅"等。

我们来看下面两个案例。

> 幼儿A在欢欢家做客,欢欢的"爸爸""妈妈"在厨房洗水果、切水果,最后拿着两盘水果放在桌上,对幼儿A说:"请你吃草莓。"幼儿A一边说"谢谢",一边拿起盘子里的草莓放在嘴边做吃的动作,还不停地说:"草莓红红的,真好吃!"
>
> 今天美发屋的客人很多,幼儿B是一名理发师。客人一进门,幼儿B就说:"欢迎光临!"他请客人坐到椅子上,然后拿起梳子和剪刀为客人理发。客人坐在椅子上,而幼儿B却不停地重复剪发的动作。过了一会儿,这位理发师就到点心店开始摆弄点心了。

小班幼儿A对娃娃家中的仿真物品感兴趣,聚焦于形象生动的物品,喜欢摸摸、看看、玩玩;幼儿B角色意识不稳定,符合小班幼儿角色游戏的特点,模仿的动作表现多为内容重复、情节单一。

在活动前，教师可以通过卡通图片、故事等方式，增强幼儿的角色意识，丰富角色情节；在活动中，教师可以以幼儿玩伴的身份适时地参与游戏，帮助幼儿丰富游戏内容，拓展游戏情节；在讲评时，教师可以运用多媒体，使游戏过程中的情节再现，有意识、有目的地进行角色行为和情节的讨论，提高角色游戏的水平；在家园联系时，教师可以请家长利用双休日带孩子去公共场所参观，引导他们观察周围人们的活动，使其认识角色的行为，丰富生活的经验。①

二、中班幼儿角色游戏的特点与指导要点

（一）中班幼儿角色游戏的特点

与小班幼儿相比，中班幼儿的身心发展水平有了较大的提高。中班幼儿有意注意的发展，使其注意的稳定性得以提高；认识范围的扩大，使其个人经验有了一定的积累；中班幼儿的思维仍依赖于具体形象的事物，但想象逐渐变得活跃而丰富。身心发展上的这些变化，使中班幼儿在角色游戏中表现出以下几方面的特点。

1.逐渐有意识地选择角色，安排情节

随着注意稳定性的增加，中班幼儿活动的目的性和主动性也逐渐增强，其活动开始更多地倾向于满足个人内部的需要、愿望和兴趣。因而他们在游戏活动中会根据自己的兴趣和爱好来选择角色，往往在游戏开始以前就能确定自己想做什么游戏，想扮演什么角色。但对中班幼儿来说，能主动选择的游戏角色仍是有限的，往往局限于生活中常见的妈妈、医生、司机等。此外，他们对扮演熟悉的故事中的角色，如小猪佩奇、黑猫警长等也有浓厚的兴趣。中班幼儿在选择角色后还能简单地设计游戏情节，把某个角色的几个不同的活动（或动作）排列起来，使之具有一定的连贯性。如在娃娃家中，"妈妈"先喊"娃娃"起床，再给她洗脸、喂饭；再如"汽车司机"先把车开到北京，再开到上海，最后开回武汉。尽管在成人看来，他们所安排的内容和情节不够严谨，有的甚至不合逻辑，也不稳定，却反映了他们在游戏中的主动性和目的性上的进步。

2.角色分配时出现有性别意识的选择行为

随着幼儿性别意识的增强，中班幼儿在角色分配时出现有性别意识的选择行为，不同性别的幼儿有时喜欢扮演和自身性别相适宜的角色。如女孩多喜欢扮演妈妈、教师，男孩多喜欢扮演爸爸、警察等，这其实是幼儿社会性发展中出现的性别刻板印象。

3.角色意识增强

小班幼儿的角色意识不强，他们往往不明确自己所扮演的角色，不能够按照角色的职责行动，在角色表演上主要依赖于对角色典型动作的重复表现。而中班幼儿的角色意识逐渐增强，他们基本上能够明确自己所扮演的角色，在游戏中能够按照角色的职责开展活动。例如，"医生"要在

---

① 么娜.学前儿童游戏活动与指导[M].北京：北京师范大学出版社，2016：84.

"医院"上班,他的工作主要是给"病人"看病;"妈妈"要买菜、做饭、照顾小宝宝等。小班幼儿对游戏材料的使用常常出于自己的一时兴起,而中班幼儿能够基本上依照游戏情境的需要使用游戏材料。例如,小班幼儿拿着一个空的塑料瓶子,一会儿把瓶子当车子开,一会儿把瓶子当手枪四下扫射,一会儿又将瓶子当作下雨的器具。而对中班的幼儿来说,瓶子如果是出现在医院的场景,很可能会被当作医疗材料来使用,如果是在建筑工地场景出现,就可能是修建房子的材料。

4.喜欢结伴游戏

随着年龄的增长,中班幼儿对周围人们生活和生产活动的认识越来越丰富,尤其是人们在各种活动中态度、情感和彼此之间的关系,都逐渐成为他们感知和体验的内容以及模仿的对象。随着在这些方面认识的积累,他们会将其自觉或不自觉地在游戏中表现出来。他们在游戏中能够反映人与人之间的关系,不同的幼儿在同一主题下能够扮演不同的角色进行活动。再加上在这一年龄阶段,幼儿与同伴自由交往的愿望变得更为自觉、更加强烈,他们对多角色的集体游戏表现出特殊的兴趣。同时,在幼儿园集体教育的影响下,中班幼儿的语言能力和同伴之间的交往能力有了进一步的发展。在假想的游戏情境中,他们能在一定程度上按照游戏的要求进行协商、配合,或者指挥别的角色的活动,或者调整自己的活动,使之符合角色的"身份"和游戏的需要,实现角色与角色之间的相互合作,共同完成同一主题下的游戏活动。

拓展阅读:

扫一扫,阅读《中班幼儿角色游戏中教师的指导策略研究》。

(二)中班幼儿角色游戏的指导要点

中班幼儿仍然处于具体形象思维阶段,但认知水平、生活经验较小班幼儿已经有较大提高。

1.结合多种活动形式展开对游戏角色的探讨,丰富游戏角色

教师可以结合生活活动、教学活动等多种形式展开对游戏角色的探讨,拓展游戏主题,丰富游戏角色,认识不同角色的特点。比如:通过消防演习,让幼儿了解消防员的多种职责;通过视频欣赏,让幼儿了解餐厅中不仅有厨师、服务员,还有配菜员、收银员等。教师要为幼儿提供丰富的角色选择,减少因角色分配产生的矛盾冲突;还要与幼儿一起制定和完善游戏规则,让幼儿增强规则意识;在幼儿游戏遇到问题时,为幼儿提供协商、轮流、合作等不同解决问题的方法。

2.帮助幼儿强化性别角色认知

教师要利用角色的外表特点帮助幼儿强化性别角色认知,比如爸爸、爷爷应该是短头发的,妈妈、奶奶可以穿裙子。同时,教师也要注意开展双性化教育,比如鼓励胆小、内向的孩子多扮

演警察、服务员这类需要频繁与人互动的角色，建议外向、好动的幼儿多扮演厨师、医生等安静的角色。

3. 引入低结构游戏材料

随着中班幼儿思维能力的发展，他们在进行角色游戏时对形象材料的依赖性降低，逐渐可以利用低结构的材料进行游戏，甚至可以"一物多玩"。教师可针对不同的游戏主题，适当减少成型的游戏玩具和操作材料，鼓励幼儿发挥想象力，积极寻找替代品，同时为幼儿提供一些半成品材料，鼓励幼儿自己动手制作游戏玩具。

4. 引导幼儿逐渐学会自己处理冲突

教师要善于观察幼儿游戏进程，及时发现幼儿发生纠纷的原因，以平行游戏或合作游戏的方式引导幼儿逐渐学会自己处理冲突。教师还要通过讲评游戏引导幼儿分享游戏的经验，以丰富游戏的主题和内容。教师还应指导幼儿在实际操作中，学会并掌握交往的技能及相应的规范，以便帮助幼儿进一步与同伴交往，学会在游戏中解决简单的问题。

我们来看下面这个"谁来当'服务员'"的案例。

> 游戏开始了，娃娃家的"爸爸""妈妈"，烧烤店和超市的"营业员"，医院的"医生""护士"等都选择好了，但是，教师发现在"百味小吃"店里还缺一个"服务员"。于是，教师就让孩子们自荐，但没有人愿意当。教师询问原因时，孩子们争着回答："老师，当服务员一点儿也没劲的，没有客人的时候就一直站在那里，没有事情做，也不能到其他地方去！"听了孩子的回答，教师接着说："那服务员在没有客人的时候可以做些什么事情呢？我们一起来想一想。"接下来孩子们开始讨论起来。通过讨论，大家最终决定服务员除了招呼客人之外，还要在空闲的时候做各种小点心。接下来大家又讨论了今天要制作的小点心。这时候，很多小朋友一边举手一边说着："老师，我来！我来！"

中班幼儿在角色游戏中的能力已经有了一定的提升，因此，教师提出问题的时候，他们能积极、踊跃地举手回答，这说明他们在遇到游戏中的问题时，已经能够开始想办法解决了。针对这样的情况，教师要善于观察、发现问题，并及时与幼儿讨论解决问题的策略。在本案例中，教师以讨论的形式，让幼儿自己解决服务员空闲的时候应该做什么的问题，这样的讨论无形中提升了幼儿角色游戏的能力，也培养了他们在游戏中的团结精神，不仅帮助幼儿解决了问题，也充分考虑到了幼儿的自主性。其次，作为教师，应该用敏锐的眼光，随时捕捉孩子的学习发展需要，以"参与者""指导者"的身份积极地解决幼儿游戏中存在的一些问题和矛盾，如此，幼儿的游戏水平才会不断提高。①

---

① 么娜.学前儿童游戏活动与指导[M].北京：北京师范大学出版社，2016：85-86.

三 大班幼儿角色游戏的特点与指导要点

（一）大班幼儿角色游戏的特点

随着身心的发展，大班幼儿对周围成人社会活动的认识越来越精细和完整，体验和理解越来越深刻，社会经验也逐渐丰富。同时，心理能力的提高使其思维和想象开始摆脱对具体事物的依赖，他们更多地通过头脑中的形象进行思维活动，活动的目的性和计划性增强。这使他们在角色游戏活动中具有和中、小班幼儿不同的特点。

1.关注角色的行为是否合乎"规则"，扮演逼真

大班幼儿在生活中对各种人的社会活动进行反复感知以后，会在大脑中抽象出各种人活动的规则，以此来"规范"游戏中角色的活动，并关注"隐性规则"以及角色行为是否合乎生活经验。尽管幼儿对人们活动和行为的合理性的理解仍然是形式上的，却反映了大班幼儿对成人社会活动的认识不再局限于动作和工具、材料等，而是认识到人们的活动与其环境、条件之间的关系，并逐渐注意到各种职业中的社会成员的工作责任和职业规范。

大班幼儿进行角色游戏时对角色的扮演极为投入，对于角色行为的扮演更为形象化、精细化、完整化。他们在角色游戏中也越来越能够呈现出更多的生活细节，角色扮演较小班和中班幼儿更为逼真。比如在"照相馆"游戏中，摄影师给客人照相，告诉客人"先到那边开票"，然后对客人说："请你坐下，先给你打扮打扮。"并且在摄影时要求客人"笑一笑"。由此可见，大班幼儿比中班幼儿能更全面、细致地反映家庭生活中的各种活动，还能反映家庭生活和其他社会机构之间的联系。

2.游戏目的性和计划性增强，游戏内容丰富

大班幼儿游戏活动的自主性、目的性、计划性增强，不再追随同伴、教师的游戏安排，有自己的角色选择意识。他们能在确定游戏主题、选定角色后，根据主题的需要和角色的身份来展开活动，使游戏活动的内容和形式都统一在主题之中。大班幼儿还能大胆地、形式多样地把自己从观察、阅读和听大人讲的故事中汲取的知识运用于游戏，使他们游戏的内容更丰富、充实。如在大班幼儿的"娃娃家"游戏中，不仅有做饭、吃饭、铺床、哄"娃娃"睡觉等情节，还有洗衣服、看电视、到商店买东西、带"娃娃"到医院看病等活动。在带"娃娃"去医院看病时，"妈妈"会告诉"医生"："娃娃感冒发烧了，她怕打针，能开点药吗？"

3.在游戏活动中想象丰富，表现出创造性

大班幼儿想象丰富、思维活跃，出现创造性游戏，能灵活利用游戏环境和材料展现自己的创造力，丰富游戏情节。在角色游戏中，随着游戏情节逐渐展开，大班幼儿的想象不仅在内容上丰富、连贯，而且能充分通过活动和玩具材料来展现，使游戏活动表现出创造性。如在大班幼儿的

"集贸市场"游戏中,一位"顾客"来到"卖肉"的摊位前要买"骨头",而摊位上并没有"骨头","摊主"和"顾客"就找出橡皮泥做"骨头";再如,在"开汽车"游戏中,几个幼儿围坐在一张桌子旁各自做着"开汽车"的动作,一个幼儿站起来建议大家一起来做一个双层汽车,于是,就有另一个幼儿把椅子搬到桌面上去做"双层汽车";又如,在"开军舰"游戏中,幼儿把一些大型积木摆放在地面上拼组成"军舰",一个幼儿站在由三角形积木拼成的"舰首"当"舰长",开了一会儿,另一个幼儿又找来一块三角形积木摆在"军舰"的另一头,同时宣称:"我这里也有船头,这是一艘两头开的军舰。"这些例子说明,大班幼儿在角色游戏中的想象活动丰富而自由,想象的空间较大,且想象的过程富于创造性。

4. 能够与同伴合作游戏

大班幼儿处于合作游戏阶段,喜欢和同伴共同游戏。在角色游戏中,几个幼儿常常在一起玩游戏,有共同的游戏目的,有共同计划的活动,有达到游戏目的的方法,相互之间有分工和合作,常以集体共同的目标为中心,通常有一两个领导者。例如,玩"过家家"游戏,有的幼儿当爸爸,有的幼儿当妈妈,当爸爸的幼儿抱孩子,当妈妈的幼儿做饭等,相互之间结成的玩伴关系可持续较长一段时间。①

视频资料:

扫一扫,观看Maron全美凯瑞航空港幼儿园《汽车美容》角色游戏视频资料。

(二)大班幼儿角色游戏的指导要点

大班幼儿创造性思维能力发展,开始摆脱对具体事物的依赖,对社会生活经验更加丰富,规则意识增强。大班角色游戏的指导要点如下。

1. 丰富幼儿生活经验

教师可通过提问、建议、扮演角色等方式介入幼儿游戏进行指导,同时鼓励幼儿多观察、体验生活中的各种物品,丰富生活经验,运用讨论、观察、统计等多种方法更全面、精细地了解角色特点。教师还要通过游戏讲评,让幼儿充分地讨论问题、分享经验,学会学习和创造,取长补短、开阔思路,不断提高角色游戏的水平。

2. 尊重幼儿教育的主体地位

教师要根据大班幼儿游戏特点,引导幼儿跟教师一起准备游戏的材料及场地,多用语言来指导幼儿的游戏,在游戏中培养幼儿的独立性;观察幼儿游戏的种种意图,给幼儿开展游戏提供练

---

① 彭俊英,魏婷,等.幼儿园游戏活动的组织与指导[M].北京:教育科学出版社,2014:77-83.

习的机会和必要的帮助。教师要尊重幼儿教育的主体地位，鼓励幼儿按照自己的意愿提出游戏的主题，选择游戏的角色，同时为幼儿提供足够的游戏时间，以实现游戏情节的展开。

3.创造合作游戏的条件

教师要丰富角色数量和类别，创造合作游戏的条件，进行角色选择、分配的干预，鼓励幼儿多与他人互动，减少"固定游戏玩伴"现象；还要引导幼儿在游戏中展开更多更深入的相互交往沟通，以便反映现实生活中更复杂的社会关系。

4.鼓励幼儿依据游戏需要自制相关玩具

大班幼儿想象丰富、思维活跃，出现创造性游戏，能灵活利用游戏环境和材料展现自己的创造力，丰富游戏情节。教师要指导幼儿自己创设游戏的环境、准备玩具和操作材料，鼓励幼儿在游戏中有目的地选择和替代游戏玩具，鼓励幼儿依据游戏需要自制相关玩具。

我们来看一个"爱心诊所"的案例。

> "爱心诊所"里有个"治疗床"，在这里"护士"给"病人"打针，"医生"给"病人"治病检查，给"伤者"做手术。今天的值班"医生"是佳佳，佳佳整天乐呵呵的，小朋友们都喜欢和他一起玩。今天来到手术室排队的人特别多。
>
> 小伟抢先排在第一个，手里拿着一张"挂号单"，递给了佳佳，因为人太多，佳佳着急没看挂号单，就往废纸篓子一扔，说："上去吧！"小伟马上爬上了"治疗床"。佳佳医生找了一根雪糕棍拿在手里当作手术刀，在小伟身上比画了几下，没一会儿就给小伟做完了"手术"。小伟立即跳下了"治疗床"，一蹦一跳地去玩别的游戏了。排队的幼儿大都拿着"挂号单"兴高采烈地排着长长的队伍等着做"手术"。

角色游戏每个主题都有一定的内隐规则。游戏规则中规定幼儿要先到挂号处挂号，然后去"医生门诊"那儿看病，需要做手术的病人必须持有医生给的手术卡片，而大多数幼儿没有遵守游戏规则。因为生活中，幼儿看病时大多数是吃药、打针、打点滴，很少手术，所以对手术治疗非常感兴趣，一个个都往那儿跑，加上此游戏是刚刚玩，幼儿对自己的角色把握得不是很好，而且幼儿做手术完全没有痛苦表情，反而都是开心的，做完手术马上一蹦一跳地走开了。

在组织幼儿游戏时，教师往往急于求成，摆出游戏的道具，讲解了游戏的规则，就让幼儿自由地参加游戏活动了，这在游戏活动中产生了很大的隐患：幼儿玩游戏没有深度，对游戏不理解，把道具当作玩具玩，等等。这需要我们把每一步工作做细、做到位，从幼儿对角色的理解模仿，到道具的使用及参与过程中的引导都要十分重视。此次游戏后，教师仔细地讲解了游戏规则，让幼儿仔细体会了病人与医生的表情、动作等，在第二次小医院活动中，情况有了很大的好转。[①]

---

① 范明丽，朱学英.幼儿游戏与指导[M].北京：北京师范大学出版社，2017：71.

项目小结

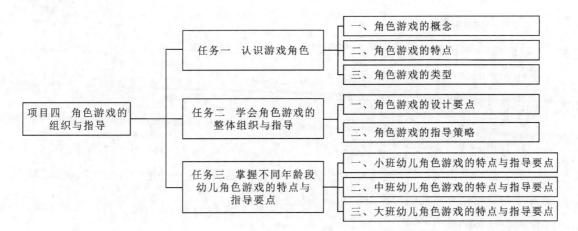

角色游戏是幼儿期最为活跃的游戏。教师要重视角色游戏在幼儿发展中的重要价值，充分了解角色游戏的特点和类型，积极为幼儿开展角色游戏创造条件，依据各年龄段幼儿的不同特点，科学合理地指导幼儿角色游戏的开展，真正发挥角色游戏对幼儿成长的价值。

第一，角色游戏是幼儿期最受欢迎的游戏之一。角色游戏是指幼儿根据自己的兴趣和意愿，通过扮演角色，运用想象和模仿，创造性地反映个人生活印象的一种游戏。

第二，角色游戏有其自身特点，主要包括自主性、社会性、创造性、表征性等。幼儿角色游戏过程的假想会出现以人代人、以物代物、以物代人、以人代物等表征特点。

第三，角色游戏作为幼儿喜欢的创造性游戏具有多种角色，如机能性角色、对应性角色、关联性角色、同一性角色、想象性角色等。通过扮演多种角色，幼儿可以摆脱自我中心，促进同伴交往，认识社会角色，学习遵守社会规则，培养良好的个性品质。

第四，角色游戏的设计要点。角色游戏一般由主题、角色、材料、动作和情境、规则等组成。角色游戏能否顺利开展与游戏主题、角色扮演、游戏材料的假想、游戏动作和情境的假想、游戏的规则等的设计有着密切的联系。

第五，教师应注意做好幼儿角色游戏的指导工作。角色游戏的指导主要是丰富幼儿生活经验，为幼儿提供角色游戏的基本条件（包括时间、空间和游戏材料等），尊重幼儿的游戏意愿，鼓励幼儿确定主题、分配角色、适时参与到游戏中，促进幼儿游戏情节的发展，选择时机自然愉快地结束游戏等。

第六，幼儿年龄不同，教师指导方法也有所区别。幼儿年龄不同、生活经验不同，游戏层次和水平也有区别。比如小班幼儿的角色游戏以简单的动作模仿为主，中班幼儿的角色游戏主题丰富，大班幼儿的角色游戏则以创造为主。教师需要根据实际情况，针对各年龄段的幼儿做出相应指导。

思考与练习

1. 单项选择题

（1）幼儿园的"娃娃家"游戏属于（　　）。

A. 结构游戏

B. 表演游戏

C. 角色游戏

D. 智力游戏

（2）让幼儿扮演站岗的哨兵，结果发现，孩子们竟能原地不动地"守卫"很长时间，这在平时是绝对不可能的。这里用的训练方法是（　　）。

A. 环境体验法

B. 行动操作法

C. 角色扮演法

D. 移情法

（3）幼儿通过扮演妈妈体会到母亲的行为以及其和孩子之间的关系，这种游戏是（　　）。

A. 角色游戏

B. 表演游戏

C. 结构游戏

D. 智力游戏

2. 简答题

（1）什么是角色游戏？角色游戏的特点是什么？

（2）简述角色游戏的指导策略。

3. 材料分析题

中班角色游戏中，有幼儿提出要玩"打仗"游戏，他们在材料柜里翻出好久不玩的玩具吹风机当"手枪"、仿真型灯箱当"大炮"，"哒哒哒"地打起来，玩得不亦乐乎。李老师看到此情景非常着急，连忙阻止："这是理发店的玩具，不能这样玩。"

（1）李老师的阻止行为是否合适？请说明理由。

（2）如果你是李老师，你会怎么做？

实践与实训

【实训一】

观察记录某一年龄阶段幼儿角色游戏以及教师对游戏的指导情况。

目的：掌握小、中、大班不同年龄阶段幼儿角色游戏的特点及指导要点，并将其运用于教育实践。

要求：根据幼儿园见习或实习经历，分析幼儿角色游戏的特点、类型及设计要点。

形式：实地观察与分析。

【实训二】

根据见习或实习经验，尝试结合幼儿园各年龄阶段幼儿的不同特点，为小、中、大班幼儿分别设计一个角色游戏。

目的：掌握角色游戏的设计要点，并能够根据不同年龄阶段幼儿角色游戏的特点进行有针对性的指导和评价。

要求：思考不同年龄阶段幼儿的角色游戏的名称、玩法和价值，并用表格或思维导图的方式进行梳理总结。

形式：小组合作。

项目五　表演游戏的组织与指导

◇ **学习目标**

1.初步理解表演游戏的概念，掌握表演游戏的特点及类型。

2.认识并掌握小班、中班和大班幼儿表演游戏的特点及指导要点，并能规范制订表演游戏指导计划。

3.能够尝试设计幼儿的表演游戏，具备组织、指导和评价幼儿表演游戏的基本素质。

◇ **情境导入**

5岁的祺祺每天从幼儿园回家都要看动画片《熊出没》。连续观看一段时间后，祺祺让爸爸妈妈给她买了许多和《熊出没》中光头强、熊大、熊二有关的玩具，以及可以用来模仿动画片中几个角色活动的材料。晚饭后，祺祺最开心的活动就是戴上爸爸从工地上拿回家的安全帽扮演光头强，然后让爸爸扮演熊大，让妈妈扮演熊二，还把许多易拉罐放在茶几上当森林。有时爸爸妈妈忙，不能陪她一起表演，她照样戴上安全帽，拿上塑料电锯、斧头等，自己模仿动画片中的角色，有时甚至自己一个人扮演几个角色，玩得非常开心。

问题：祺祺玩的游戏是角色游戏还是表演游戏？为什么？

任务一　认识表演游戏

幼儿喜欢听故事，喜欢假装自己是作品中的人物，通过扮演作品中的人物满足自己表演的欲望，体现自己对文学作品的解读。童年离不开故事，童年离不开童话，童年也离不开表演游戏。作为深受孩子们喜爱的一种游戏活动，表演游戏丰富了幼儿的生活，在自由自在的想象和创造中带给幼儿快乐而美好的生活体验。幼儿在活动中的游戏体验是最重要的，因此我们要注意将表演游戏的侧重点放在游戏性上，避免"为了表演而表演"，否则幼儿在生活中的快乐体验就会大打折扣。

一 表演游戏的概念

（一）定义

表演游戏是幼儿按照文艺作品（童话、故事、儿歌、歌曲等）中的情节、内容和角色，运用一定的表演技能（语言、表情和动作）对文艺作品进行创造性表现的一种游戏形式。

幼儿在参与表演游戏的过程中，运用语言、动作、表情等对角色进行诠释，这是一种积极主动的创造活动，尽管它的框架是按作品规定的内容进行游戏，但它依然充分体现了幼儿的主动性和创造性。幼儿可以根据想象，增减故事的情节、角色、对话、动作等。总之，表演游戏是幼儿喜爱的游戏之一，它融想象、创造于一体，对幼儿创造能力的培养与发展起着不可低估的作用。表演游戏还能锻炼幼儿的人际交往能力，促进幼儿集体观念的发展和良好个性品质的形成。

（二）表演游戏与角色游戏、戏剧表演的区别

1.表演游戏与角色游戏

表演游戏与角色游戏都属于创造性游戏，在游戏中，幼儿都是通过语言、行为、表情等扮演角色，创造性地再现角色的生活。但是，二者在主题和内容来源、幼儿对角色的塑造以及所含的表演成分方面存在差异。

（1）二者的主题和内容来源不同。表演游戏的主题和内容来源于故事、童话、儿歌、动漫等文艺作品，而角色游戏的主题和内容来源于幼儿的现实生活，反映幼儿在现实生活中的所见、所闻、所想。

（2）在游戏中，幼儿对角色的塑造不同。表演游戏的情节、内容以及游戏中幼儿使用的语言、动作、表情等都受作品的影响，虽然在游戏中幼儿可以对作品内容稍加改造，但总体来说还是离不开作品。角色游戏比较灵活，幼儿事先没有完整的、可以参照的现成游戏模式，在游戏中幼儿根据自己的生活经历与经验自由地决定游戏的内容和情节。

（3）二者所含的表演成分不同。表演游戏虽然也是游戏，但它带有表演的特点。在表演游戏中，幼儿需要运用语言、动作、表情等表演技巧创造性地表现故事中的角色，但角色游戏体现的是幼儿对生活中角色的认知，并不注重表演。

2.表演游戏与戏剧表演

表演游戏和戏剧表演都是幼儿根据一定的作品，运用语言、动作、表情、体态等手段创造性地再现作品的一种活动，二者区别如下。

（1）二者的规则不同。

表演游戏和戏剧表演都依托文艺作品，但是，戏剧表演需要严格按照文艺作品的情节和角色

表演，还要遵循一定的表演程序。而表演游戏则可以给予幼儿较大的自主性和创造性，幼儿根据自己对作品的理解、喜好和社会经验进行表演。

（2）二者的表现形式不同。

表演游戏是一种自娱自乐的游戏形式，而戏剧表演是一种演出，主要是演给观众看的，必须有观众。[1]

二 表演游戏的特点

（一）自娱自乐性

在表演游戏中，幼儿最大的动机是追求表演的满足和快乐，因此，不管在什么场合、有无观众，也不管演出效果如何，都不会影响幼儿的表演，即使很粗糙的表演也能让幼儿体验到极大的满足感和愉悦感。可以说，表演游戏是幼儿自娱自乐的活动，幼儿是因为有意思、好玩而乐此不疲地进行游戏，他们并不是为观众表演，事实上，他们心目中并没有观众，也并不在乎观众是否在观看。自娱自乐性是表演游戏的本质特点。

（二）表演性

在表演游戏中，幼儿以文艺作品为蓝本，通过模仿和想象来扮演角色，并从中获得满足感。从幼儿选择和确定所要表演的文艺作品的那一刻起，表演游戏就有了一个规范游戏者的框架。幼儿在游戏的过程中会自发地在头脑中将自己的言行与作品中的角色、情节联系起来，文艺作品成为幼儿行为表现的框架和评价自己与伙伴游戏行为的尺度。正是这种源于故事或"再现"故事的要求，构成了表演游戏的"表演性"基础，也正是这种"表演性"构成了表演游戏区别于其他类游戏的根本特征。表演游戏如果缺乏"表演性"，也就没有了它自身作为一种游戏类型独立存在的依据。

（三）戏剧性

在表演游戏中，幼儿要以文艺作品中的角色为蓝本，按照作品中的情节、人物、语言、动作等去扮演角色、再现作品的主题和内容。加上舞台的搭建、服装道具的使用、场景的布置等，使得表演游戏呈现出类似于戏剧表演的一些特点。

表演游戏与戏剧表演的本质区别在于：戏剧表演是在教师的组织导演下，严格按照作品的内容、情节、语言进行表演的，而表演游戏则是幼儿自娱自乐的创造性活动。这种创造性表现在幼儿在表演游戏中可根据自己对作品的情节、角色的领悟、理解和体验，对作品进行增添或删减，即对作品进行再创造。

---

[1] 么娜.学前儿童游戏活动与指导[M].北京：北京师范大学出版社，2016：118.

（四）创造性

著名哲学家莱布尼茨说过，世界上没有两片完全相同的树叶，也没有两个完全相同的人。在这个世界上，每个人都是独特的，具有不同的个性特征。表演游戏是一种创造性活动，幼儿的表演是对文艺作品的一种再创造。表演游戏的创造性表现在对角色的表现、对作品情节的增减以及对环境材料的利用等方面。幼儿表演时可根据自己对作品角色、情节的体验，在表现角色的语言、动作上有所增添或改动。于是，在表演游戏中，不同的幼儿对同一作品、同一角色扮演就会产生不同的、富有个性化的表现。

拓展阅读：

扫一扫，阅读《幼儿园表演游戏的特点、指导原则与教学潜能》。

三 表演游戏的类型

（一）根据角色扮演形式的不同分类

根据角色扮演形式的不同分类，表演游戏可以分为自身表演、木偶表演、桌面表演和影子戏表演。

1. 自身表演

自身表演即幼儿以文艺作品为蓝本，通过扮演角色进行表演的游戏活动。在此类活动中，幼儿的表演是极为单纯和朴素的，他们以故事、童话、诗歌等作品为蓝本，按照自己对作品的理解，在游戏中自编自导自演，自娱自乐，非常专注且充满激情，每一遍演出都可能呈现不一样的效果。

2. 木偶表演

常见的木偶有手指木偶、布袋木偶、提线木偶和杖头木偶等几种，还有一种重要的表演形式即人偶同演。手指木偶是在幼儿手指上套上一个简单头饰（见图5-1）或者直接画一个头饰在手指上进行表演。布袋木偶主要是通过幼儿的手指、手掌活动来进行操作表演，故也称"掌中戏"（见图5-2）。提线木偶和杖头木偶的操作、制作都比较复杂，适合成人表演、幼儿观看。而人偶同演则是由人来扮演木偶形象进行表演活动。除此之外，目前广大幼儿园中又出现了借助于各种小瓶制作的简易木偶。

图5-1　手指木偶　　　　　　　　　　　图5-2　布袋木偶

幼儿们很喜欢看木偶表演，因为木偶形象夸张、造型生动活泼而有趣。木偶既是工艺品，又是幼儿喜爱的玩具。同时，他们更喜欢自己操作木偶，自编自演。幼儿游戏用的木偶大多比较简单，以手指木偶和布袋木偶为主，既可以选择市售的布袋木偶玩具，又可以由教师带领幼儿自己动手制作。演出时，只要拉一块幕布挡住操作者即可，非常简便易行，深受幼儿的喜爱。幼儿可用木偶唱歌、跳舞、讲故事，创造性地再现文艺作品的内容，从而形成各种木偶表演游戏。

视频资料：
扫一扫，观看《木偶游戏》视频资料。

3.桌面表演

桌面表演是指幼儿在桌面上以玩具或物体来扮演作品中的角色，运用口头言语（如独白、对白）和操纵玩具角色的动作等形式再现作品的内容。一般来说，桌面表演需要幼儿具有较好的语言表达能力，要求他们在理解作品情节和体会角色情感的基础上，运用不同的语音语调来表现角色的性格特征和情节的起伏变化。这种表现能力一般要到中班下学期才出现，到大班时幼儿桌面表演的能力才较强。

视频资料：
扫一扫，观看《桌面游戏》视频资料。

4.影子戏表演

影子戏表演是根据光学原理，在灯光作用下，利用物体的阴影的活动来表现文艺作品内容的一种表演游戏。皮影戏离奇有趣、变化多端、形象夸张，深受幼儿的喜爱。幼儿玩的影子戏有人影、手影和皮影戏等。人影是以人的身体侧身造型所形成的影子进行表演（见图5-3）；手影则是利用手的动作造型所形成的影子进行表演（见图5-4）；皮影戏具有鲜明的地方特色，即以纸和皮革为材料，制成侧身造型的影子，用杆子或绳子进行操作表演（见图5-5）。皮影戏对幼儿的言语表达能力、眼手协调能力、动手操作能力、协同合作能力都有较高的要求，并且在教师的指导和组织下才能顺利进行，所以一般在大班才出现。

图5-3　人影

图5-4　手影

图5-5　皮影戏

（二）根据游戏内容的不同分类

根据游戏内容的不同分类，表演游戏可以分为故事表演游戏和歌舞表演游戏。

1.故事表演游戏

故事表演游戏是幼儿按照故事中的角色、情节、语言等，进行创造性的表演以再现文艺作品。它可以分以为以下三种类型。

（1）整体表演型。整体表演型要求幼儿在初步掌握文艺作品的基础上，按照故事的情节变化完整而连贯地进行表演。在这种游戏的组织活动中，应注意以下几点：第一，教师讲一两遍故事后，帮助幼儿分析人物形象特征；第二，可不用提前排练，教师组织幼儿自己讨论如何用语言和动作来表现人物的角色特征，以及需要用什么道具；第三，在表演过程中不需要准确复述故事，而是由教师串联故事，引导故事；第四，提供的道具要简单、易于操作，并具有可替代性，不要装饰性过强的道具。

（2）分段表演型。分段表演型是将整个故事分割成若干段落进行表演。这种类型的表演游戏较为简单，适合小班和中班的幼儿。这种表演游戏可以由多人扮演同一角色，允许全班幼儿集体参加，幼儿能够比较轻松地进入角色。教师在对这种游戏进行组织指导时，应注意以下几点：第一，尽管故事被分解成几个段落，教师仍需要组织幼儿讨论，引导幼儿体验角色的发展变化；第二，如果若干幼儿表演同一角色，可组织幼儿协商角色的动作，同时鼓励幼儿做出与同伴不一致的动作，尤其是在每一段结尾的造型动作上；第三，教师在指导幼儿表演的过程中要把握分寸，既不能干预太多，又不能让局面失控；第四，道具应简便、易于操作，能使幼儿较快地进入角色。

（3）区域活动型。区域活动型是指故事表演游戏在活动区（或者语言区、表演区）开展，其特点是自主性强，游戏成分多。

在区域活动中，幼儿自发展开的故事表演游戏存在以下几个特征：第一，目的性角色行为减少，嬉戏性角色行为逐步增加；第二，在游戏过程中，多为一般性表现，生动性表现没有显著增加；第三，同伴交往是故事表演游戏的重要组成部分。

教师在组织幼儿进行故事表演活动时，应注意以下几个方面：第一，帮助幼儿加深对文学作品的理解，并丰富幼儿相关的生活经验；第二，根据作品中的情境变化来布置场景；第三，在表演区多投放一些相关的材料和道具，以进一步拓展幼儿表演的内容；第四，幼儿可大体根据自己的意愿来选择角色的扮演。

2.歌舞表演游戏

歌舞表演游戏可以分为模仿性律动游戏和歌唱式表演游戏。

（1）模仿性律动游戏。通俗地讲，律动是一种动作模仿，其核心是节奏。律动的内容主要取材于人的劳动生活方式、人在日常生活及运动中的动作、动物的动作、自然现象等。其中最受幼儿喜爱的是动物的动作的律动。

（2）歌唱式表演游戏。歌唱式表演游戏即幼儿根据自己对歌曲中词意和曲调的理解，利用肢体动作和舞蹈动作，塑造人物形象。其教育意义主要体现在通过歌唱和舞蹈来培养幼儿的创造性，让幼儿在歌舞活动中获得乐趣的同时陶冶情操。①

视频资料：
扫一扫，观看歌唱式表演游戏《红星闪闪》视频资料。

---

① 范明丽，朱学英.幼儿游戏与指导[M].北京：北京师范大学出版社，2017：76-78.

任务二　学会表演游戏的整体组织与指导

一 表演游戏的设计要点

一般来说，表演游戏由三个基本要素构成，即表演游戏的材料、表演游戏的角色和表演游戏的情节。

（一）表演游戏的材料

材料是幼儿表演游戏不可替代的重要物质支持。表演游戏的材料相对较多，包括舞台和布景、服装和道具等。

1.表演游戏的舞台和布景

幼儿表演游戏的舞台和布景力求简单易行，怎么方便怎么创设。幼儿园的表演游戏不需要专门的舞台，简单用几把小椅子把观众和演员区隔开来，就可以产生舞台的场景，甚至一块幕布也可以营造出舞台的效果。

表演游戏的布景也应简便易得。建议教师结合幼儿园的美工活动，发动幼儿一起制作游戏中需要的材料。比如，创设表演游戏"金色的房子"中有"红的墙、绿的窗、金色的屋顶"的金色房子时，教师可以和幼儿一起在废旧纸箱子贴上或者画上"金色的屋顶、红的墙、绿的窗"，也可以用大型积木搭建一个"金色的房子"，在积木上挂上或者贴上"金色的屋顶、红的墙、绿的窗"。

2.表演游戏的服装和道具

服装和道具是幼儿表演游戏的重要物质材料。它们能吸引幼儿参与表演游戏，使幼儿深深地沉浸在游戏情境里，还能唤起幼儿的角色意识，让其在一定的游戏情境中进行表演。

表演游戏的服装和道具可尽量简单，易于操作，象征性地表现角色的显著标志即可，不一定要购买成套的高级材料或者特别逼真的面具，有时用简单的材料，效果反而更好。在表演游戏中，幼儿经常表演小动物，孩子们很多时候更喜欢自己制作的小动物的头饰或面具，因为买来的头饰或面具虽然更逼真，但孩子们戴上后只露两只眼睛在外面，他们的面部表情和动作都被藏在面具下面，不能正常地表现出来，而且买来的头饰或面具比较厚重，不太透气，自己制作的头饰或面具比较轻便、透气，能够达到同样的游戏效果，使幼儿想象自己就是故事中的角色。此外，制作表演游戏所需材料的过程本身就是一个非常好的学习机会，也是幼儿"玩"的过程。幼儿在这个过程中摆弄纸、盒子、纱巾、披肩、服装、木板等各种原材料，探究各种原材料的性质和用途，学会制作头饰、道具。

3.表演游戏材料的投放

（1）材料的投放时间取决于幼儿的游戏需要。教师提供游戏材料的目的是支持幼儿的游戏活动。游戏材料不是给别人看的摆设，而是实际给幼儿玩的、能为幼儿的表演游戏提供帮助和支持的重要条件。因此，在表演游戏中，什么时候提供什么样的材料取决于幼儿的实际游戏需要。教师不必一开始就把所有的游戏材料、舞台布置、头饰、服装与道具等都准备好。在表演游戏进行过程中，幼儿可能会产生对游戏材料的需要，教师可以和幼儿一起讨论需要什么样的游戏材料，以及可以怎样获得。比如：需要舞台，可以自己搭建；需要头饰，可以自己制作；需要服装，可以寻求家长的支持。有的时候，教师认为非常有必要的游戏材料不一定是幼儿认为必要的游戏材料。所以，表演游戏材料的投放可以完全根据游戏的进程，根据幼儿的表演需要，一步一步创造、投放。

（2）根据幼儿的年龄特点以及幼儿的数量投放材料。丰富多样的游戏材料能够有效激发幼儿参与游戏的积极性，但表演游戏中投放的材料数量应根据幼儿的年龄特点以及幼儿的数量有所不同。比如，年龄小的幼儿看到丰富多样的游戏材料会高兴地去拿，易引发争抢现象。即使教师给每个小组分配了游戏材料，如果一次性出现的游戏材料太多，幼儿就会把自己的注意力放在摆弄游戏材料上，而忘记材料是用来表演游戏的。因此，有经验的教师不会在表演游戏中一次投放太多的材料。在条件允许的情况下，最好把游戏材料放在表演游戏区让幼儿摆弄一段时间，给幼儿充分的与游戏材料接触的经验。我们来看下面这个案例。①

> 第二次活动一开始，幼儿就被颜色鲜艳的皱纹纸和电光纸吸引，纷纷选择了这两种材料。他们自发地两两一对结成小组。两个男孩看到了放在一边的纸箱，于是决定把纸箱切成"洞"。因为要使用大的切刀，老师怕他们割伤手，于是就说："我来帮你们加工吧！你们要怎么弄？"两个幼儿不假思索地指挥老师把箱子的顶、前、后三个面都切去了，切成了一个"U"形。老师帮他们切完后就去观看其他幼儿的活动了。只剩三个面的纸箱怎么也站不稳，两个幼儿尝试着把切下的纸板补上，但每次都以失败告终，他们渐渐失去了兴趣，不得不放弃纸箱转而去用电光纸做"洞"。他们在撕纸时又对透明胶带产生了兴趣，并把它放在地上来回踢着玩。当其他幼儿都做好了自己的"洞"准备表演时，这两个幼儿身边却只有一堆纸条和纸板。

此案例表演材料非常丰富，但在游戏开始时投放过多的游戏材料，反而使幼儿的兴趣从表演游戏转移到对有趣的游戏材料的探索上。游戏中对材料的探索时间过长，也很容易使表演游戏流于形式，因此，教师需要根据幼儿的特点以及表演游戏的需要合理投放游戏材料。

（3）表演游戏的材料尽量简洁、形象，表现角色的显著特点。简洁、形象的材料在幼儿的表演游戏中发挥着重要作用。这种材料能立刻吸引幼儿，激发幼儿参与表演游戏的兴趣，并能在游戏中提醒幼儿按照一定的角色进行表演。比如，表演游戏"小兔子乖乖"和"小红帽"里都有大灰狼的角色，为了让幼儿更快地进入游戏情境，教师可以和幼儿一起制作大灰狼的头饰和尾巴等

---

① 刘焱，朱丽梅，李霞.主体性表演游戏的探索研究[J].学前教育研究，2003（5）：22-24.

体现角色显著特点的材料。投放材料之前也需要教师很好地分析故事中角色的特点，如果随意投放一些布条、纸条等材料充当大灰狼的尾巴，孩子也许并不会把它当作尾巴，而另做他用；即使把它当作尾巴，他们也没办法感受、表现出大灰狼的那条又大又粗的尾巴。[1]

（4）合理规划游戏材料的摆放空间。丰富的游戏材料为幼儿的表演游戏提供了充分选择的自由，但如果管理不当，很容易出现游戏材料多乱杂的现象，让幼儿无所适从。同时，过于杂乱地摆放游戏材料也会给幼儿整理材料带来很多不必要的麻烦。因此，教师需要合理规划游戏材料的摆放空间，分门别类地清楚标示每一种材料的摆放空间，为幼儿的表演游戏提供一个有秩序的空间。

我们来看下面这个关于表演区的案例。

> 在表演区的化妆间里，我们精心为孩子们制作和收集了许多材料，有各种各样的帽子、面具、头饰、假发、项链，有各种款式的角色扮演服装，有形形色色的乐器，还有丰富的道具……孩子们在化妆间里愉快地挑选着、装扮着，每个孩子都使用了好几样材料。瞧！文文扮演森林勇士，他戴着小尖帽，穿着树皮衣，脖子和手腕上还戴着绿色的链子，背后还披了一个斗篷，手里拿着双响锤……每个孩子都这样精心地给自己装扮着。不一会儿，篮子里的材料就所剩无几了。游戏结束后，大家都准备把自己身上的物品放回去。现在，有的篮子里还剩一些材料，有的却是空的，孩子们面对这么多篮子和自己身上的材料，真是无从下手。就这样，化妆间的玩具被整得一塌糊涂！

上述案例中，为什么孩子们会整理得如此困难呢？这些材料都是孩子们喜欢的，材料总的数量是合适的，但是种类太多了，孩子们玩得尽兴，导致结束后的整理令人痛苦。

在这个案例里，教师可以将这些材料分成三大类：一是材料类，摆放在柜子上，并且用绿色的篮子装道具，黄色的篮子装乐器，每个篮子上都配上实物照片作为标记；二是服装类，挂放在架子上，两个绿色的架子挂服装，黄色的架子挂纱巾、绸带等；三是其他类，用一个大篮子把剩下的东西放在一起，让幼儿在大篮子里自由挑选。这样一来，化妆间里虽然有各种各样的材料，但是按照材料的功能分类，加上色彩和摆放位置的区别，幼儿很容易就分好所有类别了。[2]

（二）表演游戏的角色

表演游戏的角色指幼儿在游戏中扮演的角色，如小动物、公主、王子、巫婆、渔夫、金鱼等。在表演游戏中，幼儿通过扮演故事中的角色，以生动的语言、丰富的表情、夸张的动作表达对人物和作品的认识。

---

[1] 邵登玲.优化小班幼儿语言表演游戏的几点策略[J].新课程（教研），2011（11）：29-30.
[2] 彭俊英，魏婷，等.幼儿园游戏活动的组织与指导[M].北京：教育科学出版社，2014：188-189.

(三) 表演游戏的情节

表演游戏的情节可以是文学作品中原本的情节，也可以是对文学作品的改编或续编，还可以是根据幼儿自身生活经历进行的创编。如今，动画片成为幼儿重要的成长伙伴，因而也有很多幼儿的表演游戏的情节来源于他们喜欢的动画片，如《超级飞侠》《熊出没》《小猪佩奇》《汪汪队立大功》等。

拓展阅读：
扫一扫，阅读《幼儿园表演游戏开展的瓶颈与出路》。

表演游戏的指导策略

在当前各大幼儿园中，表演游戏已逐步成为一种较常见的游戏形式。但是，在实际开展的过程中，幼儿园的表演游戏存在重表演、轻游戏的倾向。这具体表现为：教师对幼儿表演游戏的指导和控制程度较高，留给幼儿感知理解作品的时间和机会较少，常常把自己对文学作品的理解强加到幼儿身上；片面追求表演游戏的表演性，即追求表演的结果，而忽略了表演游戏的游戏性和游戏的过程。这直接导致表演游戏变成了单纯的表演，师幼关系也变成了指挥者和被动执行者的关系。

要想改变这种倾向，首先，教师要遵循表演游戏的游戏性先于表演性的基本原则，即教师要先把表演游戏看作游戏而不是表演，要按照游戏活动的本质特点来组织和指导幼儿的表演游戏，要让幼儿在活动中产生游戏性的体验。其次，教师要始终明确自己是幼儿表演游戏的组织者和辅助者，师幼关系应当是一种民主平等的合作关系。最后，在组织和指导幼儿开展表演游戏时，教师应当为幼儿创设宽松自由的游戏环境（包括时间和空间），支持和鼓励幼儿进行主动交往与探索。[①]表演游戏具体的指导策略分为表演游戏前的指导、表演游戏中的指导和表演游戏结束后的指导这三个阶段。

（一）表演游戏前的指导

1. 利用多方资源创设良好的文化氛围

表演游戏的角色、情节、内容等均来源于文艺作品。表演游戏是幼儿在理解这些作品的基础上对其进行的创造性再现，教师应该利用多方资源创设良好的文化氛围，让幼儿在潜移默化中接受文化熏陶。

（1）通过多种活动，帮助幼儿接触各类儿童文学作品。教师可以通过日常教学活动、生活活

---

① 谢应琴，彭涛.学前儿童游戏活动设计与指导项目化教材[M].北京：化学工业出版社，2014：62.

动、游戏活动，以故事欣赏、绘本阅读、儿童剧欣赏等方式，帮助幼儿多接触不同主题和形式的文学作品。

（2）借助家园互动，指导家长科学选择儿童文学作品。教师可以通过家园互动，指导家长抽出时间科学选择优秀的儿童文学作品，并开展亲子阅读、睡前故事活动，在休息时间带幼儿欣赏儿童剧、绘本剧、木偶剧等多种形式的舞台剧，甚至可以在家自导自演满足幼儿的表演欲望。

（3）联合社区资源开展文化演出。教师和家长可以通过与社区合作互动，联合社区资源开展文化演出，让幼儿在更大的舞台上表演，这样可以增强幼儿的成就感和表演兴趣。

2.科学地选择表演游戏主题

文学作品中丰富有趣的故事情节、形象鲜明的角色特点是幼儿表演游戏内容的来源，也是幼儿进行创编、仿编、续编活动的源泉。教师要科学地筛选出优秀的儿童文学作品，帮助幼儿选择表演主题。

（1）作品内容积极健康。教师所选作品内容要积极健康，富有教育意义，既符合幼儿的思维、认知特点，又满足当前社会对幼儿的教育要求，能为幼儿传递积极健康的思想观念。

（2）作品情节丰富。教师所选作品的情节要丰富，有起伏变化，富有童真童趣，情节变化明显且简单易懂。

（3）作品角色形象鲜明。教师所选作品的角色要性格特征明显，形象鲜明，易于幼儿掌握模仿、创编、续编对话和动作，并方便表演展示出来。

（4）作品呈现方式可操作性强。教师所选作品的呈现方式可操作性强，这具体体现在表演游戏中的舞台、布景、服装、道具等布置及表演中所使用的各项材料都具有可操作性。

（5）考虑幼儿当前年龄特点或阶段性心理需求。教师要根据幼儿年龄特点选择适宜的游戏主题。比如，小班幼儿表现能力有限，刚刚从家庭进入幼儿园的集体生活，对妈妈的依恋心理严重，音乐表演游戏"小兔子乖乖"，情节简单又跌宕起伏，人物角色丰富，对话语言模式化，易于熟记，动作形象生动并且在音乐的节奏配合下，降低了表演的难度，非常符合小班幼儿的年龄特点和兴趣爱好。教师在选择故事主题时还要注意尊重幼儿的兴趣、爱好，充分保证幼儿选择的权利，大胆放手，同时鼓励幼儿根据生活经验大胆想象、自编故事和游戏。

3.帮助幼儿理解故事情节以及人物角色特点

教师要在一日生活中重复播放音频、动画、PPT等，通过提问、讨论、仿说句式等方法，帮助幼儿理解文学作品的内容、情节，掌握人物角色的性格特点和行为特点，体验人物角色的心理活动，甚至可以和幼儿讨论角色表演的方法或者故事发展的创编、续编方式等，进一步巩固加深幼儿对角色人物特点的掌握。

4.创设表演游戏的良好环境和心理氛围

良好的环境和心理氛围是幼儿进入角色、提高游戏质量的保证，是表演游戏必不可少的准备工作。对表演游戏环境和材料的准备，教师完全可以根据幼儿的能力和兴趣与其一起布置和投放，这一方面是尊重幼儿的主体地位，增加其责任意识，使其更加爱惜游戏材料；另一方面能锻炼幼儿的思维能力和动手能力，幼儿要自己思考、决定表演游戏需要什么样的场景、材料，以及应该怎样做。特别是对于中大班的幼儿，教师可以鼓励其按照自己的理解和意愿准备简单的道具，装扮角色，布置场地，创设场景。

（二）表演游戏中的指导

有效的观察是进行科学指导的前提。针对表演游戏的不同类型和表演游戏的不同阶段，教师观察的侧重点也不一样。

1.针对表演游戏的不同类型

（1）音乐类表演游戏。音乐类表演游戏中，幼儿肢体动作、语言对话或唱词表现了其对音乐故事、乐曲节奏、音乐角色形象的感受、理解程度，教师应重点观察幼儿的肢体动作、语言对话或唱词是否符合乐曲的节奏，是否符合音乐角色的形象特点。幼儿充分感受、理解音乐非常重要，不仅要熟悉音乐的节奏特点，还要理解音乐的变化、结构关系。教师可以利用故事帮助幼儿理解，利用歌词提示幼儿动作变化。比如音乐类表演游戏"洞口的小兔"，教师可以利用故事帮助幼儿理解，开始时小兔在愉快的音乐中悠闲地休息、玩耍，那么小兔的动作应该是快乐、悠闲的；突然听到猎人的脚步声，小兔害怕得缩紧身体，紧张得不敢动，也不敢发出声音，但是可以有表情动作，如转动眼睛想办法；最后在快节奏的音乐中，小兔快快跑进洞中躲起来。教师要在游戏中注意观察，运用语言提示或动作暗示幼儿，根据不同阶段音乐的节奏变化进行动作、语言的变化。

（2）语言类表演游戏。教师在语言类表演游戏中指导的重点，是观察幼儿对对话内容的熟悉程度，语气、语调的运用情况，相应的心理活动、肢体配合是否到位等。当幼儿对对话内容不熟悉时，教师不应拘泥于作品本身，不能苛刻地要求幼儿完全按照剧本背诵台词，而应该帮助幼儿理解记忆，提示、启发幼儿表达情景中角色的需求，在故事情景中灵活地运用语言，甚至可以自己组织语言来进行创造性表达。同时，教师可使用材料介入，运用道具材料增加幼儿的角色意识，丰富其肢体动作。

（3）形象装扮类表演游戏。形象装扮类表演游戏的主要目的是让幼儿通过按自己的意图和喜好扮演文学作品或想象中的形象角色，比如喜羊羊、小猪佩奇、奥特曼、蜘蛛侠等，满足其穿衣、化妆等角色装扮的活动兴趣和欲望。这种表演游戏形式常见于小班。教师在这种游戏中观察的侧重点是幼儿的参与度、专注度和情绪状态，以及其兴趣是否得到满足，而不应过度追求表演效果。在这类表演游戏中，为避免影响幼儿的表演兴趣，教师可多采取合作游戏的方式进行干预，扮演相关角色，与幼儿互动以实现对幼儿游戏的指导。

2.针对表演游戏的不同阶段

在表演游戏的初始阶段或最初几次，教师观察的侧重点应该是幼儿对游戏内容情节的理解和游戏的兴趣。在游戏过程中，教师可以利用故事、音乐、有趣的道具材料等激发幼儿的游戏兴趣，在幼儿出现选择角色的冲突、台词错误、动作不到位等问题时,教师要以亲切、友好、喜爱等正向情感取向和态度,运用建设性提示,促进游戏的开展,避免挫伤幼儿游戏的积极性。在表演游戏的后期,教师观察的侧重点应该是角色与角色之间的互动、情节的衔接、幼儿对游戏内容的拓展和创造,以及即兴发挥式的创编和续编。教师的指导重点应放在提高幼儿表演、表现能力和创造能力上,并且多鼓励幼儿合作协商克服困难、解决问题。比如,在几次表演音乐游戏"拔萝卜"后,幼儿已经基本掌握了游戏要领,教师就可以带领幼儿回顾之前的游戏"小熊请客"经验,引导幼儿集体讨论续编拔萝卜后,老爷爷、老奶奶怎样制作各种萝卜美食,怎样与小动物们分享等情节,进而增加幼儿的游戏经验。

不论教师通过哪种方式介入和指导幼儿游戏,都要注意把握指导的"时机"和"度"的问题,既不可过度指导,也不能过度放手。

政策法规:
扫一扫,阅读《幼儿园教师专业标准(试行)》全文。

(三)表演游戏结束后的指导

1.表演游戏材料的整理、回收

不同于可反复使用建构多种造型的结构游戏材料,表演游戏的材料性质、规模等差异较大,重复利用率不高,同样的道具材料可能只适用于某种表演游戏,因此我们鼓励不以班级而以幼儿园集体为单位进行表演材料的管理,各班级之间可以交替使用。游戏结束后教师要引导幼儿将服装、道具、材料按不同的性质特点进行整理、清洁,并回收放置在固定位置,比如按角色分类,小兔子、大灰狼、小狗等的道具分类存放;按用途分类,背景材料、角色道具分类存放。教师可提前做好图片标签,贴在不同地方,训练幼儿自主分类的思维能力和动手能力。

对于发现破损的材料,教师也可以抓住教育契机引导幼儿讨论破损的原因、爱护材料的方法,并对材料共同修补维护,这个过程也可以与评价环节相结合。

2.分享与评价过程的指导

有质量的游戏交流与评价是丰富幼儿表演经验和能力的有效手段,幼师可以从不同的角度出发评价游戏中的不同方面。

(1)对表演游戏内容、情节进行是非价值观的讨论评价。

表演游戏是基于对文学作品的理解而延伸的游戏,我们要挖掘、利用文学作品的内涵、价值,这种评价不仅包含礼仪教育、科学常识教育,还包含安全教育、性格养成等。但这种评价不应该是抽象的、幼儿难以理解的,而应该从具体的言行或者特定的故事背景展开,比如评价《孔融让梨》中孔融的谦让行为，延伸到生活中要对谁谦让、谦让什么，而不是一味口头说教抽象的谦让精神。

(2) 对活动中幼儿表演行为的讨论评价。

游戏活动中应鼓励幼儿把自己在游戏中的体验、感受表达出来，让幼儿理解他的"不当"行为对他人以及整个游戏造成什么样的影响，进行移情换位思考。比如讨论《三只小猪》中"猪小弟"该上场了，可是他还在玩弄手中的玩具，这样做对不对。同时可利用游戏前制定好的游戏规则，引导幼儿对照规则要求评价，一般我们可以将感性的体验分享和理性的规则判断二者结合起来综合评价。

(3) 对整体舞台效果的评价。

表演游戏结束后对整体舞台效果的评价，对提高幼儿整体欣赏水平，表演能力的技巧有一定的帮助。教师可运用现代化技术手段拍下游戏片段重复放映，或者请幼儿现场再现，有目的、有针对性地引导幼儿进行评价。[1]

任务三　掌握不同年龄段幼儿表演游戏的特点与指导要点

幼儿的发展既有连续性，又具有明显的阶段性，不同年龄段幼儿的生理、心理发展各个方面存在很大的差异。小、中、大班的幼儿各有其明显的年龄特点，同时，各年龄段幼儿又由于身心发展水平、生活经验的不同，在表演游戏中可能会出现语言表达能力、合作游戏能力、角色扮演能力的差异，因此教师应针对幼儿的年龄特点与游戏发展的不同阶段来组织与指导幼儿的表演游戏。

一、小班幼儿表演游戏的特点与指导要点

（一）小班幼儿表演游戏的特点

根据皮亚杰的认知发展阶段理论，小班幼儿思维的发展正从只能对当前知觉到的事物施以实际的动作向从具体动作中摆脱出来，凭借象征性格式在头脑里进行表象性思维转变。同时，小班幼儿语言的发展处于简单句阶段，虽然能用基本的主谓语讲清自己的想法，但语言还远远不够丰富和完善。因此，小班幼儿在表演游戏活动中表现出以下特点。

1. 多用动作进行表达

在幼儿发展过程中，动作发展先于语言发展，因此幼儿年龄越小，越倾向于用动作来表达自己。在表演游戏中，这一特点也体现得特别明显。在小班幼儿的表演游戏中，教师会发现，幼儿

---

[1] 张娜.幼儿游戏与指导[M].武汉：武汉大学出版社，2015：196-198.

不仅表演得很简单，而且动作表现远远超过语言表达。他们会兴致勃勃、乐此不疲地一遍又一遍地重复一个简单的动作。我们来看下面这个案例。

> 在表演游戏"拔萝卜"中，小班幼儿对故事的情节以及对话可能记不太清楚，不能完全表演出来，但几乎所有的幼儿都喜欢"拔萝卜"这一环节，特别是最后萝卜拔出来了，大家都跌倒在地这一情节。每到这个环节，幼儿就会要求再来一遍。

2.对故事内容理解能力有限

小班幼儿的思维发展是表面的、零散的，他们能够对正在面前的物体产生动作，形成思考。但如果事物不在面前，幼儿就很难在脑海中进行想象。此时的幼儿只能把自己的注意集中在有限的信息上，还不能同时注意同一物体的不同方面，这使幼儿不能同时思考不同维度的问题。所以，这一时期的幼儿对故事内容理解能力有限，不能完整认知故事的内容情节，通常只对故事中重要的或有趣的片段有印象，喜欢简单重复这些片段里的主要对话和动作。

3.喜欢表演重要角色

小班幼儿的关注点通常在文学作品中的重要角色，对其他角色关注少，因此他们喜欢表演文学作品中的主角，对主角的对话、动作更熟悉，而对其他角色则较为陌生、表演兴趣低，这可能导致幼儿间角色选择的矛盾。

4.同伴互动较少

美国学者帕顿从幼儿社会行为发展的角度，把幼儿游戏分为无所事事或偶然的游戏、旁观游戏、单独游戏、平行游戏、联合游戏和合作游戏。小班幼儿的游戏基本上是无所事事或偶然的游戏、旁观游戏、单独游戏和平行游戏的结合。因此，在小班幼儿的表演游戏中，如果没有教师的指导，幼儿基本上不会有合作，只是各自演各自的动作，演完自己的动作表演就结束了。所以，受社会性发展水平的限制，小班幼儿的表演游戏行为中合作互动较少，常常是单独表演，简单、机械地重复文学作品中的对话和语言。小班幼儿对表演游戏的整体感知有限，情节衔接不到位，需要他人提示出场时机，且常常一次性表演完自己的内容就结束了。

视频资料：
扫一扫，观看小班表演游戏"拔萝卜"视频资料。

（二）小班幼儿表演游戏的指导要点

教师在了解小班幼儿表演游戏的水平后，应根据小班幼儿表演游戏特点，掌握一些更具针对性的指导方法。教师对小班幼儿表演游戏的组织与指导，应注意多鼓励和支持，并给予适当的引导，帮助幼儿认清游戏目的，提高游戏水平。

1.帮助幼儿理解故事内容

教师应尊重幼儿意愿，帮助幼儿选择主题明确、内容简单、活泼有趣的作品。在游戏前期，教师要有意识地利用生活活动、过渡环节等，通过讲故事、回忆故事、讨论剧情，创设良好的氛围，帮助幼儿理解故事内容。在语言类表演游戏中，教师最好选择内容简单易懂、有情节起伏的故事脚本，可以多选择语言简洁且有韵律感的童谣、儿歌等富有趣味性的作品。在音乐类表演游戏中，教师要选择篇幅简短、故事性强、段落重复的音乐，例如《洞口的小兔》故事有趣、篇幅短小，《小兔子乖乖》段落重复有助于幼儿理解记忆，都非常受小班幼儿欢迎。

此外，有重复、朗朗上口的童谣式对话的故事，也非常受幼儿欢迎，这类故事比较适合幼儿进行表演游戏。《拔萝卜》是幼儿特别喜欢的一个表演故事，其表演语言主要如下。

> 拔萝卜，拔萝卜，嗨哟嗨哟拔萝卜！嗨哟嗨哟拔不动！
> 老婆婆，快快来，快来帮我拔萝卜！
> 拔萝卜，拔萝卜，嗨哟嗨哟拔萝卜！嗨哟嗨哟拔不动！
> 小姑娘，快快来，快来帮我们拔萝卜！
> 拔萝卜，拔萝卜，嗨哟嗨哟拔萝卜！嗨哟嗨哟拔不动！
> 小花猫，快快来，快来帮我们拔萝卜！
> 拔萝卜，拔萝卜，嗨哟嗨哟拔萝卜！
> 嗨哟嗨哟拔不动！小花狗，快快来，快来帮我们拔萝卜！
> 拔萝卜，拔萝卜，嗨哟嗨哟拔萝卜！嗨哟嗨哟拔不动！
> 小老鼠，快快来，快来帮我们拔萝卜！

在"拔萝卜"的上述表演语言里，幼儿每一段的语言都只有角色（老婆婆、小姑娘、小花猫、小花狗、小老鼠）的变化，其他的部分，如"拔萝卜，拔萝卜，嗨哟嗨哟拔萝卜！嗨哟嗨哟拔不动！……快快来，快来帮我们拔萝卜"全都是一样的。对于幼儿来说，重复的语言会降低表演的难度，增强他们在表演中的控制感，让幼儿获得更多的游戏乐趣。与"拔萝卜"类似的对话语言重复、顺口的故事都深受小班幼儿的欢迎。①

2.通过多种方式开展各角色特征的讨论

小班幼儿还不能够有意识地分配角色，教师可以指定角色。个别幼儿经常扮演主角，教师可以采用动员、轮流的方式让幼儿变换不同的角色。在游戏前期讲解故事内容的时候，教师可以多引导幼儿展开各角色特征的讨论，强调不同角色各自的职责及重要性，之后改编、精炼角色的语言、动作，增强趣味性，便于幼儿记忆、表演。

---

① 彭俊英，魏婷，等.幼儿园游戏活动的组织与指导[M].北京：教育科学出版社，2014：175.

3.教师在游戏前应亲自示范

小班幼儿处于独自游戏、平行游戏的高峰期，还不会玩表演游戏，但他们对模仿成人动作很感兴趣，所以教师生动形象的示范会直接影响幼儿对于表演游戏的喜爱程度和表演意愿。教师可以有针对性地选择与幼儿生活经验有关的短小故事，通过与幼儿共同表演的方式隐性地向幼儿示范如何进行表演游戏。通过由易到难的游戏过程，幼儿可以学习如何进行表演游戏，为中、大班时期进行创造性的表演游戏积累经验。

我们来看对小班幼儿的表演游戏进行指导的一个案例"小兔乖乖"。

小兔乖乖①

一、目标

1.学习按照故事的情节进行表演。

2.感受与同伴共同游戏的乐趣。

3.尝试在集体中大胆表现。

二、准备

音乐音频、兔子和大灰狼的头饰、小棒、简单的场景等。

三、玩法

教师指导幼儿复习故事中兔妈妈和大灰狼的对话，加深幼儿印象；引导幼儿一起学小兔、兔妈妈和大灰狼的动作，看谁学得最像；请全班幼儿分别扮演故事中的不同角色，引导、提醒幼儿按照故事情节进行表演；让幼儿来说说谁表演得最好，怎样表演更好。

四、评析

"小兔乖乖"的表演游戏幼儿玩得比较尽兴，在分配角色时，幼儿仍然喜欢争着扮演兔妈妈和小兔子，只有几个幼儿愿意扮演大灰狼。不过小班的幼儿在教师的动员下，很容易改变决定，所以基本上每个角色都有幼儿扮演。扮演兔妈妈的幼儿比较认真，能把角色的对话和动作基本上做出来，而由于扮演小兔的人数太多，有的幼儿在游戏时淘气，没有认真进行游戏，也有的幼儿在玩布置的场景。小班的幼儿在进行表演游戏时需要教师的指导，无法自主进行游戏，在以后的游戏中，可以把幼儿分成几组，利用班级的区角，在教师的带领下扮演角色开展游戏。

二 中班幼儿表演游戏的特点与指导要点

（一）中班幼儿表演游戏的特点

相较于小班幼儿，中班幼儿的语言、动作、认知、社会性等各方面都有所发展。在表演游戏中，他们表现出如下特点。

---

① 么娜.学前儿童游戏活动与指导[M].北京：北京师范大学出版社，2016：130-131.

1. 表演游戏的目的性、计划性不强

中班幼儿有一定的表演经验，表演游戏更加自主、大胆，但常常容易被表演游戏的道具、头饰材料等吸引而转移注意力，出现因无所事事或嬉戏打闹导致游戏中断的现象，忘记自己的目的是游戏，而把道具材料等当作目的，满足于表演的娱乐性，需要教师提醒才能记起游戏主题，将游戏进行下去。这说明中班幼儿以娱乐性为游戏的目的，在游戏中任务意识薄弱。

中班幼儿的表演游戏带有很强的边计划边开展的特点。他们一边协商角色、材料、规则、情节、动作、对白等诸多内容，一边开展游戏。但要达成共识并不是一件容易的事情，在协商过程中，因为意见不统一，有的幼儿会脱离集体，独自游戏。所以，中班幼儿的表演游戏看起来很松散，计划性不强，一般需要较长时间开展。我们来看下面这个案例。

> 在表演游戏"小熊请客"中，"小熊"为参加自己生日的第一个客人"小猫"开门，然后请"小猫"吃食物，"小熊"自己也跟着"小猫"一起津津有味地大吃起来，忘记了还有其他小动物站在门口。这时，教师扮演"小鸟"及时介入："小熊，你还请了哪些客人来参加你的生日呀？"如此引导"小熊"去给别的"小动物"开门。

在这个表演游戏"小熊请客"中，幼儿玩着玩着忘记了游戏的主题，教师非常机智地扮演了一只原来作品中没有的"小鸟"，临时进入游戏情境，通过提问"你还请了哪些客人来参加你的生日呀"提醒幼儿游戏的目的、任务，把偏离游戏主题的幼儿拉回游戏。

2. 角色意识和表演能力有限

中班幼儿在表演游戏中主要以日常的语言、动作和表情来表现故事内容，不能完全进入角色的情境进行表演。另外，受幼儿语言能力和移情能力的影响，中班幼儿的角色扮演能力和技巧普遍不强，角色意识和表演能力不够，缺乏舞台经验，语言和动作表现接近日常生活，说话语气平淡无奇，动作幅度不够，表情也不能很好地和角色匹配。

3. 创造性思维能力有限

中班幼儿创造性思维能力有限，主要表现为不能灵活运用道具材料，刻板、单调地使用道具材料。同时，受语言能力发展的限制，他们不能用自己的语言大胆地进行作品剧情的续编、创编，表演的灵活性和创造性大打折扣。

4. 游戏评价能力有限

中班幼儿能感受、理解文学作品中表达的情感、艺术氛围，但是评价、表达能力有限，特别是自我评价方面。教师要运用现代多种教学手段创造丰富的机会，带领幼儿欣赏经典儿童文学作品的舞台展现，鼓励幼儿大胆表达自己的想法。

（二）中班幼儿表演游戏的指导要点

1.选择作品中任务意识强的角色

针对中班幼儿表演游戏的目的性、计划性不强的特点，在游戏开展阶段，教师应帮助幼儿提高角色表现意识，可以参与幼儿的表演游戏，为幼儿提供示范。教师也可以选择用任务意识强的角色激发幼儿的表现欲、游戏欲和任务意识，例如在"鲸鱼回家了"表演游戏中，孩子们喜欢扮演帮助鲸鱼的小螃蟹、小乌龟、小狗，因为他们聪明、能干、乐于助人。同时，教师要注意在游戏前烘托游戏氛围，让幼儿熟悉游戏材料，避免注意力被游戏道具等无关刺激吸引。

2.提高幼儿表演游戏的参与度

中班幼儿的表演游戏以在游戏中提高能力为主，教师可以通过帮助幼儿理解作品的情节，分析角色的动作、表情、心理，以及教师自身有选择地参与、示范，引导幼儿共同游戏，提高幼儿的表演游戏参与度，并使其在参与中提高表演能力。教师还可适当创造机会让幼儿观看、欣赏优秀表演，促进幼儿游戏能力的提升。

3.制作或再加工低结构游戏材料

教师应与幼儿一起制作或再加工简单的低结构材料，在游戏前期鼓励幼儿大胆想象，说一说这些材料可以被当作什么道具，打破其对特定形状道具的刻板印象。教师要多选择接近幼儿生活的文学作品，让幼儿可以在表演游戏中结合自己的生活经验来创编、续编故事，例如对于《小猪胖胖去野餐》《小熊看外婆》等故事，幼儿大多有野餐和看望外婆的经历，能结合自己的生活经验进行续编。

4.帮助幼儿学会评价

中班教师可以在一定的基础上，适当发挥幼儿的自主性，以讨论等形式对幼儿的表演游戏进行总结和评价。教师可参与每个小组活动，营造宽松自由的交流气氛，鼓励幼儿把游戏中自己的感受和想法说出来，比如，游戏中应该怎样运用语音、语调、语气、表情、动作等来表现角色特点等，引导幼儿开展幼儿互评、小组互评，从而提高幼儿的角色表现意识和能力。

我们来看对中班幼儿的表演游戏进行指导的"三只蝴蝶"案例。

三只蝴蝶[①]

一、目标

1.欣赏故事《三只蝴蝶》，会认真观看同伴的配乐故事表演。

2.知道《三只蝴蝶》故事的主要角色对话，理解团结、友爱、互助的精神。

[①] 么娜.学前儿童游戏活动与指导[M].北京：北京师范大学出版社，2016：132-133.

3.喜欢参加"三只蝴蝶"的表演游戏活动，能用不同的语气、动作和外形特征来表现红、白、黄蝴蝶与红、白、黄花朵之间的角色对话。

二、准备

1.知识准备：熟悉故事《三只蝴蝶》。

2.物质准备：蝴蝶、花朵、太阳公公、乌云、雨等人物的头饰，手偶及有关道具，故事光盘等。

三、玩法

教师出示手偶激发幼儿活动的兴趣；引导幼儿观看表演，逐步帮助幼儿掌握表演的内容；引导幼儿跟着故事录音，进行同步自由表演，尝试模仿故事中各个角色的口吻；简单讲评幼儿的表演情况（情绪、表演投入情况）。

四、评析

幼儿对这个故事很感兴趣，都可以在比较短的时间内掌握故事情节和对话。教师以观看情景表演的形式，充分激发了幼儿表演的兴趣，幼儿观看后争先恐后地想要参与到表演中来。于是教师请一些能力强的幼儿尝试进行表演，个别幼儿能模仿其角色的特征进行表演。但大部分幼儿的表情、动作还比较生硬，动作、表情、语气还不够大胆、不够形象，需要继续加强。下阶段教师将重点指导主要角色的对话、表情、动作等，加深幼儿对故事情节的理解。同时，教师会在区角提供手偶，让幼儿练习角色对话，使幼儿较快地掌握角色对话。

三 大班幼儿表演游戏的特点与指导要点

随着生理和心理的发展，大班幼儿的语言越来越丰富、流畅，动作越来越熟练，对周围人、事、物的观察力越来越强，这些都使得大班幼儿能够把表演游戏与现实生活相联系，同时能将表演游戏与现实生活进行一定的区分。

（一）大班幼儿表演游戏的特点

1.游戏目的明确，计划性强

大班幼儿表演游戏中的嬉戏性行为少于中班幼儿，游戏过程中无所事事的行为也明显减少。一般来说，大班幼儿能够在表演游戏前集中协商游戏的情节、出场顺序、规则，进入游戏角色后能自觉表现故事内容，关注游戏的进展。个别幼儿还能够随时关注同伴的行为和游戏的表演情况，及时提醒没有进入游戏情境的小组成员。大班幼儿表演游戏的目的明确，能按照游戏目的和游戏的计划围绕表演内容进行游戏，再现故事情节。

2.角色意识强

大班幼儿能够独立完成角色分配任务。他们会积极选择道具，穿好服装，形成角色认同，随后进入游戏计划、协商的阶段。大班表演游戏中的同伴交往主要集中在规则、动作、对白等方面，经常进行表演游戏的幼儿在角色分配、情节、材料分配等方面一般能够达成一致，表演意识较强，不需要大量的时间进行协商，并能自觉地耐心地等待自己上场的时机，甚至能关注同伴的表演行为和整体的表演效果，对同伴做出场提示或表演指导。

3.表演能力提高

随着大班幼儿表演经验的丰富，其表演意识和能力得到较大的提升，他们开始注意语气、语调、动作与日常行为、语言动作的区别以及表演过程中的变化，并根据自己的理解进行表演、再现故事。大班幼儿也能注意用相对符合角色的语气、语调和表情进行表演，比如大灰狼是恶狠狠的，小兔子是温柔的，狐狸是狡猾的。这些行为表明，大班幼儿已具有一定的表演技巧。但如果没有教师的指导，大班幼儿也不能自如地综合使用夸张的语气、逼真形象的动作等一系列表演技巧来表现角色。因此，要使幼儿的表演游戏更加生动有趣，教师需要适时介入指导。

同时，大班幼儿的创造能力有了一定的发展，能根据日常生活经验发挥表演，有一定的创编、改编故事并进行表演的能力。

4.有一定的表演鉴赏、评价能力

大班幼儿参与了很多表演，也欣赏过一定量的优秀表演，因此具备一定的鉴赏能力，同时语言表达能力的提高也帮助其能简单评价自己和他人的表演情况。

拓展阅读：

扫一扫，阅读《大班表演游戏中教师指导行为的研究》。

（二）大班幼儿表演游戏的指导要点

1.鼓励幼儿积极参与表演游戏

教师要创设良好的表演环境，营造积极的心理氛围，鼓励幼儿积极参与表演游戏。教师要特别关注表演能力弱、表演目的和计划性不强的幼儿，请其他幼儿多带动这些幼儿进行游戏。

2.提高幼儿表现故事、塑造角色的能力

教师应及时给幼儿提供反馈，以提高幼儿表现故事、塑造角色的能力。教师反馈的重点应该在如何塑造角色上，最好用讨论的方式帮助幼儿注意运用语气、语调、夸张的动作、生动的表情

来塑造角色。同时，教师要引导幼儿学会与同伴协作商议、分配角色进行合作游戏，积极正确地处理游戏中的纠纷。

3.尝试放手让幼儿自主开展表演游戏

大班幼儿已经具备独立开展表演游戏的能力，如果教师过多干预往往会限制幼儿主体性的发挥。教师可以在活动前期引导幼儿充分熟悉故事内容，讨论理解故事角色的特点，之后适当放手，尊重幼儿的主体地位，以幼儿的自主探索为主，给幼儿充分的探讨、协商和表演的自由空间，以平等的地位（如游戏者身份）指导幼儿游戏。教师可以让幼儿自主布置游戏场地、制作游戏材料、分配表演角色等，以使幼儿的自主创造性得到充分发挥。

4.鼓励幼儿创造性地使用替代材料

教师可以为幼儿提供较多种类的游戏材料，以促进幼儿进行多样化探索，并鼓励和支持他们进行各种表演游戏。同时，教师可根据实际情况适当放手，让幼儿自主设计游戏场景，学做简单道具，鼓励幼儿创造性地使用替代材料。教师还要引导幼儿根据自己对作品的理解，发挥想象、大胆创编，同时注重对角色的塑造，从语言、动作、表情等方面大胆表现角色的特征。

5.引导幼儿从多角度展开游戏评价

教师要运用多种现代化教学手段，创造丰富的机会，科学引导幼儿欣赏经典儿童文学作品的舞台展现，提高幼儿的鉴赏能力，并利用活动后的评价环节鼓励幼儿自评、他评，引导幼儿从故事剧本、情节发展、服装道具，以及角色的语言、动作、表情等多角度对游戏展开评价。

下面我们来看对大班幼儿的表演游戏进行指导的一个案例。

星光T台秀[①]

一、目标

1.能够伴随音乐模仿台步、造型、表情。

2.提高肢体协调能力和音乐节奏感，在节奏中享受快乐。

3.在游戏中培养解决问题的能力，同时学会欣赏同伴，向同伴学习。

二、准备

1.知识准备：教师引导幼儿观看职业模特的表演视频，和他们讨论模特的台步、亮相、摆造型以及表情等。

2.物质准备：不同风格的音乐作品，幼儿喜爱的衣服、帽子、饰品等装扮材料。

3.环境创设：在活动室开设表演区——星光T台秀，设计舞台背景，铺设地毯布置成T台形状。

[①] 么娜.学前儿童游戏活动与指导[M].北京：北京师范大学出版社，2016：136.

三、玩法

教师引导幼儿选择自己喜欢的服装、饰品进行装扮；组织装扮完成的幼儿走到T台一侧，可引导他们回忆视频中模特走秀的台步、造型、表情等；播放走秀音乐，幼儿开始登上T台，随着音乐的节奏，迈出合拍的台步，走到台前或台中时摆自己喜欢的造型亮相；引导幼儿在走秀游戏结束时，将装扮材料整理归位；引导幼儿尝试评价自己和同伴的走秀表演。

四、评析

该游戏在观察的时候，教师要重点关注幼儿参与活动的状态是否积极；走秀时幼儿是否大胆、自信，台步是否合拍，能否摆出不同的造型姿态；能否与同伴协商解决游戏中的矛盾冲突。走秀的表演游戏让部分幼儿克服了羞怯、胆小的心理，增强了自信，并且发展了幼儿的表演才能，提高了他们的肢体协调能力和音乐节奏感，让他们沉浸在美的享受中。此外，这样的装扮形象游戏也锻炼了幼儿解决问题的能力，让他们学习处理同伴间的矛盾冲突，也让他们发现了同伴身上的闪光点，懂得了欣赏小伙伴。

项目小结

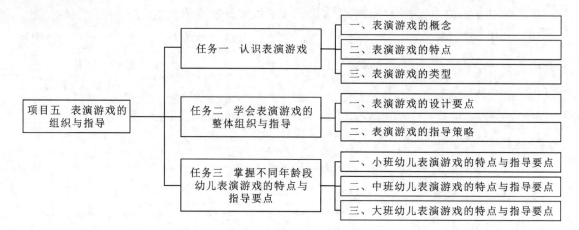

表演游戏是幼儿喜爱的游戏之一，它融想象、创造于一体，对幼儿创造能力的培养与发展起着不可低估的作用。表演游戏还能锻炼幼儿的人际交往能力，促进幼儿集体观念的发展和良好个性品质的形成。

表演游戏是幼儿按照文艺作品（故事、儿歌、歌曲等）中的情节、内容和角色，运用一定的表演技能（语言、表情和动作等）对文艺作品进行创造性表现的一种游戏形式。

表演游戏的特点有自娱自乐性、表演性、戏剧性、创造性。

根据游戏中角色扮演形式的不同，表演游戏可划分为自身表演、木偶表演、桌面表演和影子戏表演；根据游戏内容的不同，表演游戏可分为故事表演游戏和歌舞表演游戏。

表演游戏能否顺利开展与表演游戏的材料、表演游戏的角色和表演游戏情节等的设计有着密切的联系。

教师应注意做好幼儿表演游戏的指导工作。表演游戏具体的指导策略分为表演游戏前的指导、表演游戏中的指导和表演游戏结束后的指导这三个阶段。

幼儿因身心发展水平、生活经验不同，参与表演游戏时也会有一些不同的行为表现，因此教师要根据幼儿的年龄特点组织与指导幼儿的表演游戏。

思考与练习

1. 单项选择题

（1）幼儿通过塑造角色表现文艺作品内容的游戏是（　　　）。

A.角色游戏

B.结构游戏

C.智力游戏

D.表演游戏

(2) 下列游戏中，属于创造性游戏的是（　　）。

A. 智力游戏

B. 音乐游戏

C. 表演游戏

D. 体育游戏

(3) 幼儿在游戏中作为集体成员，学习相互理解，共同遵守规则，学会与人相处，促进了幼儿（　　）的发展。

A. 社会性

B. 创造力

C. 认知

D. 情绪

2. 简答题

(1) 幼儿园表演游戏、角色游戏和戏剧表演的区别是什么？

(2) 不同年龄段幼儿表演游戏的特点及指导要点有哪些？

3. 活动设计题

大班的江老师出差两天回来以后，孩子们都过来告亮亮的状，说亮亮总是"搞破坏"。亮亮说："我不是在搞破坏，我是孙悟空，我在打妖怪。"晶晶说："我不是妖怪，我是唐僧！"其他孩子也说自己不是妖怪，有的说自己是玉皇大帝，还有的说自己也是孙悟空。孩子们七嘴八舌，早就忘记了告状这件事，都在讨论自己要扮演什么。

请设计谈话活动，从"孙悟空"的行为目的和意义开始，将幼儿的破坏性扮演行为引导成为表演性游戏行为（要求写出活动名称、目的和过程）。

实践与实训

【实训一】

观察记录某一年龄段幼儿表演游戏以及教师对表演游戏的指导情况。

目的：掌握小、中、大班不同年龄段幼儿表演游戏的特点及指导要点，并能将其运用于教育实践。

要求：根据幼儿园见习或实习经历，分析不同年龄段幼儿表演游戏的特点、类型及设计要点。

形式：实地观察与分析。

【实训二】

根据见习或实习经验，尝试结合幼儿园各年龄段幼儿不同特点，为小班、中班或者大班设计一个表演游戏。

目的：掌握表演游戏的设计要点，并能够根据不同年龄段幼儿表演游戏的特点进行有针对性的指导和评价。

要求：根据不同年龄段幼儿认知发展的特点及活动设计的实施方法设计表演游戏。

形式：小组合作。

项目六 智力游戏的组织与指导

◇ **学习目标**

1.认识幼儿智力游戏的概念、特点和类型。

2.掌握智力游戏的设计要点和指导策略，学会通过智力游戏与幼儿互动，从而促进幼儿的发展。

3.熟悉不同年龄段幼儿的认知发展需求，并能为其提供有针对性的智力游戏方案和评估策略。

◇ **情境导入**

智力游戏可以在幼儿玩的过程中不自觉地开发其智力。研究显示，经常玩智力游戏的人，比不玩智力游戏的人平均智商高出11分左右，且大脑开放性思维能力较强。

一个人的智商水平由一整套神经认知检查方法来测定，包括词汇记忆、即时和短期记忆、图像、时空概念及分析、推理能力等方面。一般人智商在100分左右。伦敦大学认知生物科学家凯西·皮埃希教授指出，在智商方面，20个点数的变化是非常大的。假如一个人的智商从110分上升到130分，那这个人就从普通人上升为高智人行列。反之，假如一个人的智商从104分下降为84分，那他就从普通人的智商降为低智人群。皮埃希教授的这项研究主要是针对大脑的可塑造能力，他在12—20岁的青少年中进行了为期四年的跟踪调查，还获取了功能磁共振脑图像资料，最终证明智商的变化是和大脑的结构变化相关联的。最近社会上出现许多在50—70岁的群体之间进行的类似研究，也得出了同样的结论。这就表明大脑的可塑造能力持续一生。也就是说，无论一个人现在处于什么年龄，其智商和记忆力都可以得到提高。而智力游戏可以帮助成人提高智力，我们所感受到的成年人经过年龄增长智力下降，很大一部分原因可能是其没有用脑，导致大脑机能渐渐萎缩。相反，在学生时代，人们每天都在接受新知识，要用自己的思考将知识内化，因此在学校时期，智力开发占很大一部分比重。

不同的智力游戏是辅助幼儿认识世界的有效工具，智力游戏帮助幼儿配合身上各种感官的反应，来接触和认知各种新奇的事物。

苏联教育家克鲁普斯卡娅认为，对幼儿来说，游戏是学习，游戏是劳动，游戏是重要的教育形式。法国教育家卢梭也认为幼儿在游戏活动中所获得的智能百倍于教育中的正式学习。因此，游戏是幼儿智力发展的动力，也是教育的一种重要形式，它能帮助幼儿构建对这个世界的认识，通过手、耳、口、眼的协调合作来训练幼儿的敏捷性和协调能力，这对他们这一生的发展都是极其有利的。

任务一　认识智力游戏

智力游戏是根据一定的智育任务设计的，以生动有趣的游戏形式使幼儿在自愿参加的愉快的活动中增进知识、发展智力的有规则的游戏。如"猜猜我是谁""接龙卡片""打电话""记忆棋"等智力游戏，以生动有趣的游戏形式，引导幼儿在轻松愉快的游戏中学习知识、发展智力。智力游戏是当前幼儿园教育中普遍运用的一种教学手段。

从科学角度来看，进行智力游戏有助于幼儿发展语言能力、解决问题的能力、社交能力等；从教育角度来看，进行智力游戏可以帮助幼儿更好地理解语言、发展创造性思维和理解抽象概念，从而提高幼儿的学习能力。此外，进行智力游戏也有助于幼儿提升自信心、情绪管理能力以及情感社会发展能力。

幼儿的智力开发在0—6岁是一个关键的阶段。在这个阶段，幼儿身心发展最快，非常善于模仿和学习。这个阶段是幼儿养成良好习惯的关键阶段，其中包括学习习惯和生活习惯的养成。这个阶段也是对幼儿进行心理健康教育的关键阶段。这一阶段的幼儿自我控制能力差，意志力薄弱，因此需要家人和教师不断引导，使得他们养成正确的是非观和价值取向。大量实验数据表明，如果将17岁智力成熟看作100分的话，那么一个人50%的智力是在4岁以前获得的。由此可见，幼儿的智力教育是非常重要的。

一　智力游戏概述

智力游戏是旨在提高幼儿的智力水平、培养幼儿解决问题的能力的游戏。智力游戏与其他规则类游戏有相同之处，都是主要由游戏目的、游戏玩法、游戏规则和游戏结果四部分构成。

智力游戏一般具有一定的抽象性，要求幼儿在比较短的时间内，按照规则灵活地运用手中的游戏元素，思考出一个有效的解决方案。智力游戏的乐趣在于在寻找最优解、实现最优解决方案的过程中，幼儿能够不断发现新的游戏方式，开辟更多的思考空间。智力游戏以生动、有趣的游戏形式，使幼儿在轻松愉快的活动中增长知识、培养能力，是帮助幼儿认识事物、巩固知识、发展智力的有效方式之一。

（一）幼儿智力

幼儿的智力发展遵循从简单到复杂的规律。在早期，幼儿大脑的处理能力比较薄弱，处理方式比较单一，他们看待事物、问题时，只能看到突出的、明显的表面，而注意不到其中比较细小的、隐藏式的问题。随着年龄的增长，幼儿大脑不断发育，观察能力和思维能力逐渐完善，处理问题的能力越来越强，处理方式也变得多种多样。

打一个简单的比方，我们可以把人的大脑看作一台计算机用的CPU（中央处理器）。CPU的内存发展经历了从128M到256M到512M，再到2G、4G，再到现在的16G，甚至还有更高的。随着内存的扩大，计算机的计算能力不断提高，处理信息的速度由原来的每秒数千次提升到现在的每秒上亿次。同时，从原来一次只能处理一个任务发展到现在一次可以处理多个任务。

人类大脑的发育跟CPU的发展类似，从较小的处理内存发展到更大的、更复杂的、更多元化的处理内存，同时还有情绪、思维、思考的多元进阶。皮亚杰设计了一系列守恒实验，其中最著名的是液体守恒实验。实验者当着幼儿的面，向两个大小完全相同的A杯和B杯中注入相同高度的水，并问幼儿两个杯子中的水是否一样多；在得到肯定的答复后，由实验者或幼儿将B杯的水倒入另一个较高且细的C杯中，再问幼儿A杯和C杯中的水是否一样多（见图6-1）。通过这个实验，我们了解到幼儿的思维发展是由原来只能从一个角度（杯中水的高度）思考问题，到后期发展到可以同时从多个角度（兼顾杯子的高度和粗细）来思考问题。人类智力的发育会带来各种能力的相应提高，是幼儿各种发展的基础。

图6-1　皮亚杰的液体守恒实验

（二）智力游戏的教育作用

智力游戏对幼儿的发展有重要意义，其教育作用主要包括以下几点：有助于促进幼儿智力的发展；有助于促进幼儿语言能力和动作技能的发展；有助于幼儿形成良好的品质，促进其社会化发展；有助于幼儿增长知识，培养对学习的兴趣。智力游戏一般要求幼儿善于和同伴合作，共同遵守游戏规则，完成游戏任务，这有助于幼儿形成控制自己行为的习惯，有利于他们良好品德的形成。

1.有助于促进幼儿智力的发展

有趣、适宜的智力游戏，能使幼儿产生愉悦的情绪，激发幼儿探索和思考的主动性和积极性，提高他们完成任务的信心及思维的灵活性和敏捷性，有助于幼儿形成乐于动手、动脑的好习惯，有效地促进幼儿智力的发展。智力游戏分为发展、感知、注意、记忆、思维等不同类型，每一种智力游戏的任务不同，所具有的教育价值也不同，但总体来说都是发展幼儿智力的有效途径。

2.有助于促进幼儿语言能力和动作技能的发展

智力游戏离不开语言和动作的参与。幼儿在游戏时，时而自言自语，时而与同伴交流，一边游戏一边不停说话，在这个过程中，幼儿的语言表达能力得到发展。很多智力游戏离不开幼儿的动作，如拼图、涂色等，因此在游戏过程中幼儿动作的灵活性也可以得到锻炼，动作技能得到发展。

3.有助于幼儿形成良好的品质，促进其社会化发展

在智力游戏中，规则是核心，幼儿要约束自己的言行，遵守游戏规则，相互之间进行监督，杜绝违规行为，锻炼自身的自律能力和自我控制能力，在游戏中形成良好的个性品质，促进自身社会化发展。

4.有助于幼儿增长知识，培养对学习的兴趣

智力游戏与教学内容紧密相连，幼儿在玩的过程中可以学习数字、几何、形状、颜色、加减运算等知识。这种"玩中学、学中玩"的方法，可以让他们感到快乐和有趣，获得学习新知识的成就感，激发求知欲望，培养对学习的持久兴趣。

总的来说，智力游戏可以促进幼儿的身体发展、智力发展和情感发展。在促进身体发展方面，智力游戏不仅可以让幼儿的肌肉得到锻炼，从而提高幼儿的身体素质，还可以增强他们的耐力，提高他们的体能，从而改善他们的健康状况。此外，智力游戏还能提高幼儿的灵敏度，促进幼儿视觉、听觉、触觉和机动能力的发展。

在促进幼儿智力发展方面，智力游戏可以让幼儿学习如何与他人相处，培养他们的社会能力。此外，智力游戏还可以让幼儿学会思考、分析和解决问题，培养他们的独立思考能力，从而提高他们的智力。

在促进幼儿情感发展方面，智力游戏可以让幼儿学会表达情感，提高情感素质。智力游戏还可以让幼儿学会尊重他人，形成团队协作精神，增强社会交往能力。

教师和家长应努力为幼儿创造有利于智力游戏的环境，让他们在游戏活动中得到充分的发展。

拓展阅读：
扫一扫，阅读《不同类型的智力游戏对幼儿多元素质提高的促进》。

二 智力游戏的特点

幼儿的智力游戏主要是通过训练脑力培养幼儿的学习、观察和思考能力，发展幼儿的智力，提升幼儿解决问题的技能。智力游戏能够让幼儿更好地发挥创造力，增强思维能力，提高解决问题的能力，增强记忆力，更好地理解和接受新的知识和技能。智力游戏的特点主要有趣味性与智力性、规则性与任务性、挑战性与竞赛性。

（一）趣味性与智力性

智力游戏是根据教学内容和幼儿兴趣设计的。智力游戏的设置要具有趣味性，要新颖、生动、活泼，这样才能引起幼儿的好奇和注意，让幼儿有玩下去的欲望，保持游戏的吸引力。智力游戏可以帮助幼儿提高观察和思考能力，因为它可以增强大脑的反应能力，提高专注力和注意力，促进逻辑思维和分析能力。例如：拼图游戏可以让幼儿仔细观察图案，记住关键细节，并分析它们之间的联系，从而提高幼儿的观察能力；字谜游戏要求幼儿分析字谜中的字词，思考其逻辑关系，因此能提高幼儿的思考能力。同时，智力游戏由各种各样的与智力活动有关的动作组成，如看一看、听一听、想一想、猜一猜等，这些活动发展了幼儿的感知、注意、记忆、想象、思维等智力品质，具有智力性。趣味性和智力性是智力游戏的主要特点。智力游戏训练脑力的过程如表6-1所示。

表6-1　智力游戏训练脑力的过程

过程一	学习：学习智力游戏的规则，了解游戏的步骤及玩法
过程二	练习：通过不断的练习，逐渐提升自己的智力水平，让思维更加敏捷
过程三	调整：在游戏中及时调整自己的策略，针对不同的情况采取最合理的解决方案
过程四	总结：根据自己的游戏经验，进行总结，更好地应对未来的游戏挑战

（二）规则性与任务性

智力游戏是根据一定的智育任务设计的以意志力活动为基础的一种有规则的游戏。规则是幼儿在游戏过程中所要遵守的指导或禁止幼儿游戏中某些行为、动作的具体要求。智力游戏的任务性就是智力游戏要达成一定的目标，它是结合幼儿不同年龄的智育要求，根据其认知和智力水平来确定的。

（三）挑战性与竞赛性

智力游戏具有一定的挑战性，游戏任务和内容要符合或适当超出幼儿的能力水平，同时还要能激发幼儿在完成任务后继续游戏的愿望和兴趣。智力游戏可以通过提供有趣的挑战性活动，帮助幼儿学习理论知识，训练思维技巧，提高学习能力和创造力，增强逻辑思维和分析能力，提高解决问题的能力。同时，智力游戏具有竞赛性，这种竞赛性能够激发幼儿参与游戏的积极性，并通过游戏结果让幼儿获得满足感和成就感。

三 智力游戏的类型

智力是指人们认识、理解客观事物并运用知识、经验解决问题的能力，包括观察力、记忆力、注意力、思维能力、想象力和实践活动能力等。因此，根据培养能力方向的不同，智力游戏可以分为以下几种类型。

（一）分辨声音特征、判定声源方位的听觉游戏

听觉游戏（见图6-2）有助于提高幼儿的语言能力和认知发展能力。大脑处理听力信息的步骤包括：听力分析，即将听到的声音分解成不同的声音特征；记忆存储，即将听到的声音特征存储在大脑中；认知理解，即将听到的声音特征结合起来组成完整的句子；反应表达，即根据听到的信息做出适当的反应或表达。

图6-2　听觉游戏

（二）分辨颜色和图形的视觉游戏

视觉游戏（见图6-3）可以帮助幼儿发展视觉技能，这有助于他们更好地解析周围环境中的细节和物体。大脑处理视觉信息的步骤包括：感受，即视觉系统接收到周围环境的刺激；分析，即视觉系统分析接收到的刺激；识别，即视觉系统把接收到的刺激与已知的物体进行比较；行动，即大脑根据接收到的刺激和识别结果，采取相应行动。

（三）触摸辨物、触摸分类、触摸造型、触摸动作等触觉游戏

触觉游戏（见图6-4）可以促进幼儿大脑的发育，使大脑更好地感知信息，从而构建复杂的思维过程。触觉游戏可以增强幼儿的触觉反应，让幼儿根据不同的触觉信号，进行有针对性的反应。大脑处理触觉信息的步骤如下：第一步，皮肤感受触觉刺激；第二步，皮肤细胞将信息传递

到神经元；第三步，神经元将信息传递到大脑；第四步，大脑接收信息并进行分析；第五步，大脑给出反馈，指导行为。

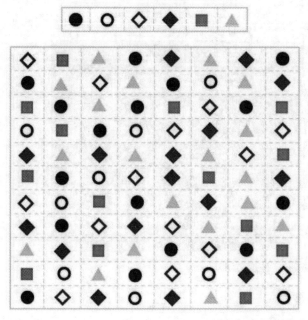

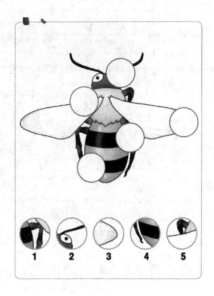

图6-3 视觉游戏

图6-4 触觉游戏

（四）发展注意稳定性、提高注意分配能力的注意力游戏

注意力游戏（见图6-5）可以帮助幼儿集中注意力，提高幼儿的记忆力、分析力、逻辑思维能力等，有效提升幼儿的整体学习能力。注意力游戏的必要条件包括：注意力游戏有趣，并且有一定的挑战性，可以激发幼儿的兴趣；游戏过程有一定的规律性，比如逐渐提升难度，不让幼儿感到枯燥或难度过大；对幼儿给予及时的鼓励和表扬，鼓励幼儿完成游戏并取得进步；游戏中教师运用有效的技巧进行正确的指导。

注意力游戏能够提升幼儿的学习效率，让幼儿在有限的时间内取得更大的进步，在完成任务时能更快、更准确，也能增强幼儿的记忆力，让幼儿更容易记住所学习的知识，还能增强幼儿的创造力，让幼儿拥有更多的想象力和创造力。这些都有助于幼儿的成长。

图6-5　注意力游戏

（五）再认、再视的记忆力游戏

记忆力游戏（见图6-6）对幼儿大脑发展起着重要的作用。它不仅能够提高幼儿的记忆力，还能够提升幼儿的注意力和智力水平。研究表明，经常玩记忆力游戏的幼儿，记忆力会比其他幼儿更强。要提高幼儿的记忆力，教师可以从以下方面入手：一是引导幼儿建立良好的学习习惯；二是引导幼儿学会良好的记忆技巧；三是充分利用记忆力游戏；四是鼓励幼儿多参加实践活动。记忆力的提高会带来多方面的好处，可以提高幼儿的学习能力，同时有助于提高幼儿的创造能力，还有助于提高幼儿的表达能力。

图6-6　记忆力游戏

（六）发挥联想和想象的创造性游戏

创造性游戏（见图6-7）对幼儿的大脑发展有很多好处，可以使幼儿有更强的解决问题能力、沟通能力、自学能力以及创新能力。教师要为幼儿的创造性游戏提供一定的环境，首先，在游戏中为幼儿提供多种材料，这有利于幼儿通过探索接受丰富的感官刺激，利用不同的材料去替代和想象，大大增加幼儿通过联想和想象进行创造的机会；其次，鼓励幼儿积极参与游戏设计的过程，使幼儿体验自主设计的快乐，享受成功的喜悦；再次，用亲切的态度为幼儿营造安全可信赖的轻松愉快的游戏心理环境，与幼儿形成民主、亲切、平等、和谐的师幼关系；最后，在游戏中，不过多地支配、干涉幼儿，更不能教幼儿如何做或代替他们做，而是积极地合作和支持，鼓励和引导幼儿构思，协助幼儿创作。

图6-7 创造性游戏

任务二 学会智力游戏的整体组织与指导

一 智力游戏的设计要点

智力游戏是以幼儿完成一定的智力活动任务为目的的规则性游戏，因此在设计智力游戏时，教师应遵循幼儿认知发展各个阶段的特点和需求。

智力游戏的针对性很强，而适应面较窄，因而编选智力游戏时，既要符合幼儿智力发展的水平，又要照顾到幼儿智力发展的个体差异。教师应使尽可能多的幼儿适应游戏，或创设适合的游戏。游戏设计既要有一定的难度，又要循序渐进，要将难度控制在幼儿经过一定的努力能够成功的程度以促使幼儿积极地思考和探索。当幼儿克服一定的困难、完成一定的游戏任务时，他们的自信心就会更高，游戏的积极性会更强，智力训练的效果也会更显著；反之，如果游戏的任务对幼儿来说能够轻易完成或者过于困难，就会使他们不感兴趣，失去积极性，达不到预期的效果。

总之，一个好的智力游戏应该训练目的明确、玩法新颖、内容多变并逐步复杂化、规则简单易行，能够激发幼儿积极参与的意识。

拓展阅读：

扫一扫，阅读《幼儿园区域活动中智力游戏的开发策略》。

（一）游戏前的准备工作

智力游戏前的准备工作主要包括选择游戏内容、制订活动计划、进行活动准备等。

1. 选择游戏内容

智力游戏是依据一定的智育任务设计的一种有规则的游戏。它以生动、新颖、有趣的游戏形式，使幼儿在轻松愉悦的活动中完成增进知识、发展智力的任务，是帮助幼儿认识事物、巩固知识、发展智力的一种十分有效的手段。智力游戏的结构包括：游戏的任务，即在游戏中要求幼儿认识的内容和智力训练的任务；游戏的玩法，即在游戏中对幼儿动作和活动的要求；游戏的规则，即确定和评定幼儿的游戏动作和活动是否合乎要求的标准；游戏的结果，即幼儿在游戏中努力达到的目的，它是判断游戏任务完成与否的标志。

2. 制订活动计划

不同年龄阶段的幼儿，其智力游戏的特点是不同的。小班的智力游戏比较简单，游戏任务容易理解、容易完成，游戏玩法具体、简单，游戏规则一般比较少，开始时对全体幼儿几乎是同一规则要求。中班幼儿的游戏任务比小班复杂得多，游戏的动作逐渐多样化，游戏规则带有更多的控制性，游戏中除了运用具体实物和教具外，还增加了一些语言的智力游戏和竞赛的因素。大班幼儿智力游戏的任务、内容都较为复杂，要求幼儿在智力游戏中进行较多的智力活动。游戏动作要求较高，主要是比较复杂的、相互联系的、连贯又迅速的动作，同时游戏规则的要求也提高了，幼儿不仅要严格控制自己，遵守游戏规则，还要迅速、准确地执行游戏规则。

3. 进行活动准备

智力游戏往往需要各种游戏材料，教师应根据游戏的实际需要，为幼儿选择、制作各种具有探究性和引导性的游戏材料。

此外，教师在准备游戏活动时，需要考虑幼儿的发展水平，对智力游戏进行有趣的、合理的设计，让幼儿愿意参与其中；还要准备好游戏所需要的器材，安排好游戏的场地；同时做好包括游戏时间和过程在内的细节安排和组织工作。

（二）游戏中的组织与指导

1.教会幼儿游戏的玩法和规则

每个游戏都有特定的规则和内容，教师需要根据不同年龄阶段幼儿的特点，采用不同的方式，帮助幼儿了解游戏的玩法和规则。对于小班幼儿，游戏的玩法和规则讲解要生动、形象、简单，并与示范相结合，可以采取教师与幼儿共同示范的方式，在游戏过程中逐步提出游戏规则；对于中班幼儿，游戏的玩法和规则讲解要以语言讲解为主，必要时进行示范，同时强调在游戏中严格遵守游戏规则，在游戏结果中体现竞赛性，鼓励幼儿相互监督并努力争取好的游戏结果；对于大班幼儿，游戏的玩法和规则讲解可以直接采用语言讲解形式，要求幼儿独立进行游戏，严格遵守游戏规则，并能对游戏的结果进行评价，培养幼儿游戏的策略意识。

2.引导幼儿积极参与并进行有针对性的指导

（1）为幼儿进行智力游戏创造条件。幼儿进行智力游戏往往需要各种玩具、教具及其他材料。教师应根据教育要求和幼儿的实际需要，为幼儿选择、制作各种玩教具。玩教具在室内摆放的位置，要以便于幼儿自由取放为原则，同时要注意玩教具的更换和增加。对于新的玩教具，教师要教会幼儿玩的方法，然后让幼儿自己玩。

（2）教会幼儿正确地游戏。每个智力游戏都有一定的教育任务，而教育任务要通过游戏的玩法与规则来实现，因此，幼儿必须通过学习掌握游戏的玩法。教师可以用生动、简明的语言及适当的示范，向小组或者个别幼儿介绍游戏的目的、要求、玩法以及规则。如果是有操作练习的游戏，还应事先教会幼儿必要的技能。幼儿之间也可以互教互学。在游戏进行中，教师要根据幼儿进展的情况，随时给予指导，督促幼儿遵守规则，要求他们按既定的玩法和步骤认真地完成游戏任务，逐步能独立地进行各种智力游戏。由于年龄的差异，在指导小、中、大班幼儿时，要有一定的侧重点。小班的智力游戏多是利用教玩具进行的，教师首先要考虑如何通过游戏玩教具激发幼儿的游戏兴趣。在游戏中教师的讲解要生动、简单、形象，有些讲解可以和示范动作相结合，以吸引幼儿的注意力，同时要不断提醒他们遵守游戏的规则。教师对中班幼儿的指导仍需要注重示范和讲解游戏的玩法和规则。游戏中，教师应注意检查他们对游戏的玩法的掌握情况以及执行游戏规则的情况，使幼儿明白只有遵守游戏规则，游戏才有趣味。教师要鼓励幼儿关心游戏结果，并努力争取好的游戏结果。教师对大班幼儿智力游戏的指导，主要是通过语言进行的，教师讲解游戏玩法、要求幼儿独立地进行智力游戏并严格遵守游戏规则，争取最好的游戏结果。教师还可以要求幼儿对自己的游戏结果进行适当的评价。

（3）注意对个别幼儿的照顾，鼓励每个幼儿积极参加各种智力游戏。教师应当按幼儿的不同需要，提出共同的要求，进行不同的练习。对于能力差的幼儿，教师应更多地鼓励、吸引他们参加智力游戏，及时肯定他们的进步，增强他们的自信心，提高他们的游戏能力。

（4）广泛地利用智力游戏向幼儿进行教育。智力游戏条件简便、方式灵活，游戏时间、课堂上及日常生活中都可以采用。教师要更多地利用这种游戏形式来巩固幼儿所学的知识技能，还可以利用它来对幼儿进行个别教育。

（三）游戏的评价工作

对游戏进行评价的目的是了解幼儿的发展需要，为幼儿提供更加适宜的帮助和指导。智力游戏的评价分为游戏过程中的评价和游戏结束后的评价。游戏过程中的评价是灵活的、有针对性的，目的是把握游戏的方向和进程，增强幼儿参与游戏的积极性，提高游戏水平；游戏结束后的评价是总结性、概括性的，目的是让幼儿感受到成就感，保持对游戏的兴趣。教师需要对幼儿游戏中的行为进行深入、具体的分析，不能含糊、笼统地说"你真棒"，而需要具体说出哪里做得好，如方法策略得当、遵守游戏规则、与同伴配合默契等。在游戏中，对于较难完成任务的幼儿，教师要帮助他们找到自身的不足之处，引导他们解决问题，顺利完成游戏。此外，在评价的过程中应注意评价工作的具体内容、重点、手段、方法，评价结果的准确性、可靠性、合理性。

二 智力游戏的指导

（一）智力游戏的指导策略

智力游戏的指导策略在很大程度上取决于游戏的类型和幼儿的能力水平。一般来说，智力游戏的指导策略包括以下几个方面。

1.创造让幼儿感兴趣的游戏环境

教师可以通过提供有趣的、有挑战性的游戏或者鼓励幼儿参与游戏的方式来创造一个有趣的游戏环境，还可以尝试创造互动性强的游戏环境，比如让幼儿进行小组竞赛、团体游戏、模拟游戏等，也可以根据幼儿的年龄特点，提供简单的游戏设施或者制作简单的游戏卡片。

2.帮助幼儿了解游戏规则

教师可以跟幼儿一起玩游戏，这样不仅可以让他们更好地理解游戏规则，还能帮助他们形成正确的游戏习惯。每个智力游戏的教育任务都要通过游戏的玩法与规则来实现，因此，幼儿必须掌握游戏的玩法和规则。教师可以用生动、简明的语言及适当的示范，向小组或者个别幼儿介绍游戏的目的、要求、玩法以及规则。

3.设定游戏目标

教师在设定游戏目标时需要考虑设定的目标是否具有明确性、可衡量性和可实现性，同时应当了解游戏的特点和玩家的特点，以便设定有效的目标。教师可以参照《3—6岁儿童学习与发展指南》的相关要求和本班幼儿的实际能力水平与发展需求，设定合理的游戏目标，以帮助幼儿得到更好的发展。在游戏中，教师可以根据幼儿的水平适当提高游戏难度，以增强幼儿的游戏兴趣。

4.在游戏中适当提示

当幼儿陷入困境时,教师可以提供一些提示,帮助幼儿解决问题。教师要鼓励幼儿去思考、发现解决问题的新方法,培养幼儿的创造力。

5.给予幼儿奖励

教师可以使用不同的奖励来激励幼儿,让他们更加积极地参与游戏,并达到预期的目标。教师要注意的是,奖励要合适,不要低于孩子们的期望;奖励活动要有趣,可以激发孩子们的兴趣;奖励要有延续性,不要仅限于一次;奖励过程要及时,让孩子们及时得到反馈。

6.评估幼儿的表现

游戏结束之后,教师可以对幼儿的表现进行评估,以便更好地指导幼儿,同时对游戏设定形成优化的改进措施。幼儿的表现评估应该包括认知发展、情感发展、社交技能发展、身体发展、语言发展、行为发展以及学习能力发展等。

拓展阅读:
扫一扫,阅读《学前教育专业数学智力游戏区域活动教学分析》。

(二) 智力游戏的指导原则

1.适宜性原则

由于不同年龄阶段的幼儿智力发展水平不同,教师在选择智力游戏时,要根据幼儿的年龄特点选择合适的游戏内容。游戏内容既不能太难,也不能过于简单。游戏太难,幼儿经过努力仍不能完成,其注意力就会转移,甚至还会产生挫败感;游戏过于简单,幼儿轻易就能通过,游戏就失去了挑战性,幼儿体会不到成就感,对游戏就不会感兴趣。

2.因材施教原则

不同年龄段的幼儿心理特征和操作能力存在差异,同一年龄段的幼儿各方面能力也存在个体差异。在智力游戏中,教师要根据幼儿智力水平的差异提出不同的要求,采取不同的指导方法。教师可以把同一游戏划分为若干等级水平,分别对应于不同水平的幼儿,再采取分组或个别指导的方式为幼儿提供有效的引导,使每个幼儿在同一游戏中都能获得发展。

3.寓教于乐原则

智力游戏既是游戏,又是幼儿园日常活动形式。在游戏过程中,教师要牢记智育目标任务,不能放任幼儿去"玩",也不能把智力游戏变成一种讲授式的没有游戏趣味的知识传授课程。教师要引导幼儿在游戏中发现问题、获取知识,从而真正做到寓教于乐。

4.循序渐进原则

任何年龄段的幼儿都需要在智力游戏的过程中去观察、思考。教师要耐心、细致、适当地鼓励、引导幼儿完成任务,而不能手把手地教,要学会等待时机,采用提问、动作或语言暗示等方式,让幼儿体会到自我的价值,激发其参与游戏的积极性。

拓展阅读:

扫一扫,阅读《幼小衔接下大班幼儿规则性游戏指导研究》。

任务三 掌握不同年龄段幼儿智力游戏的特点和指导要点

一 小班幼儿智力游戏的特点与指导要点

(一)小班幼儿智力游戏的特点

小班幼儿智力游戏的设计要注重趣味性,让幼儿在玩耍中潜移默化地接受知识、得到教育。小班幼儿智力游戏要与生活结合,让幼儿在游戏中体验到生活的乐趣。例如,通过制作手工,让幼儿学习到不同的材料、工具和制作方法。

1.智力游戏比较简单

小班幼儿大脑发育还不够完善,但可以接受一些规则简单的智力游戏。小班幼儿智力游戏的难度应不大,以让幼儿在有成就感的游戏过程中保持游戏兴趣。

2.游戏任务容易理解、容易完成

小班幼儿智力游戏具有较强的可操作性,让幼儿在游戏中体验到成就感,从而激发他们的兴趣。游戏方法简单具体,游戏规则一般不复杂。小班幼儿智力游戏的种类很多,包括拼图、积木、分类、穿针引线等。这些游戏可以满足幼儿的不同需求,提供多样化的智力训练。

3.开始时对全体游戏者几乎是同一规则要求

小班幼儿具有爱模仿的特征,因此,为了增加游戏的互动性,可选择统一规则、相同操作方法的游戏,帮助幼儿增强兴趣。

(二)小班幼儿智力游戏的指导要点

第一,游戏的难度和内容要符合3—4岁幼儿的接受能力。

第二，要选择规则简单、形式新奇、趣味性较强的游戏，对少数能很快完成游戏难度挑战的幼儿，可以适当增加一些难度。

第三，教师要熟悉智力游戏的目的、难点、重点、规则和游戏涉及的内容，要以有效提高幼儿智力为主要目的。在游戏过程中，教师不可因为幼儿完成得慢或者无法完成而判定幼儿"笨"，而要适当调整游戏难度，帮助和鼓励幼儿逐渐适应游戏。

二 中班幼儿智力游戏的特点与指导要点

（一）中班幼儿智力游戏的特点

中班幼儿智力游戏的形式多种多样，既有大型活动游戏，如跳绳、拔河等，也有小型桌面游戏，如积木拼图、拼音卡片、数字卡片等。这些多样的游戏形式可以满足幼儿的不同需求，也能激发他们游戏的兴趣和热情。这对于幼儿的自尊心和自信心的培养有很大的帮助，也能促进他们的思维和语言发展。

1.游戏任务比小班要求高一些

中班幼儿应能独立地玩熟悉的游戏，教师只需要在必要时给予指导。中班幼儿智力游戏的内容通常与幼儿生活和常识紧密相关，如认物品、找图案、数数等。这些游戏既有趣味性，又能帮助幼儿认识周围的事物，促进幼儿认知能力的发展。

2.游戏种类逐渐多样化

中班幼儿的智力游戏种类逐渐多样化，幼儿可以从中得到多动作的锻炼。在幼儿完成一定难度的游戏挑战后，教师可适当地丰富游戏的元素。

3.增加了一些语言方面的智力游戏和竞赛因素

中班幼儿的表达能力逐渐增强，他们能够用语言表达自己的意愿和想法。同时，他们逐渐学会倾听和理解他人的言语，并能进行简单的回答。因此，这个阶段的幼儿增加了一些语言方面的智力游戏。中班幼儿的兴趣会变得多样化，他们会有越来越多的爱好，并且能够较长时间地专注于某项活动。适当增加游戏的竞赛性可以帮助幼儿产生更多的对游戏的兴趣。中班幼儿智力游戏的难度适中，能够让幼儿在游戏中感受挑战性和有成就感。此外，中班幼儿智力游戏通常需要幼儿与其他幼儿或成人进行互动，如组队比赛等。这种互动性能够促进幼儿社交能力和情感交流能力的发展，也能增强幼儿的团队协作精神。

（二）中班幼儿智力游戏的指导要点

第一，教师要创造一个能够使幼儿情绪愉快、愿意积极参与的游戏氛围，以培养其坚持性、思维敏捷性和灵活性。

第二，教师要有意识地培养幼儿动手动脑的习惯，以帮助发展幼儿智力为最终目的。

第三，教师要注意智力游戏的难易适中，游戏的安排要循序渐进，由易到难。

我们来看下面这个"造火车"的案例①。

> **造火车**
>
> 适合年龄：4—5岁。
>
> 游戏准备：苹果、书本、眼镜、尺子、树、电视机等物品的图片。
>
> 游戏方法：一名幼儿做"火车头"，"火车头"拍手念儿歌"嗨嗨，我的火车就要开"。其他幼儿就要问："哪里开？""火车头"回答："××小朋友那里开。"被"火车头"点到名字的幼儿就要马上到黑板前翻一张图片并快速说出图片上的物品，前面还要加上数量和单位，如五头牛等。说对的幼儿站在"火车头"后做一节"车厢"，说错的幼儿坐回座位，"火车头"重新寻找"车厢"。
>
> 指导建议：教师尽可能多准备一些图片，让游戏可以玩得连贯；可以适当分组游戏，并且组与组之间进行交换游戏。

三、大班幼儿智力游戏的特点与指导要点

（一）大班幼儿智力游戏的特点

大班幼儿智力游戏的设计要符合幼儿的认知特点，通过游戏的方式引导幼儿学习。例如，通过拼图游戏来培养幼儿的观察力和手眼协调能力，通过记忆游戏来培养幼儿的记忆力和思维能力。

1. 游戏具有互动性

大班幼儿智力游戏应该具有互动性的特点，因为互动可以让幼儿更好地理解游戏规则和要求，还可以增强幼儿与他人的沟通交流能力。

2. 任务和内容多相互联系、迅速而连贯

大班幼儿的神经系统比中班和小班幼儿成熟许多。与此相对应，幼儿的自我控制能力明显提高，这既表现在他们对动作准确性的控制上，又表现在他们对自己行为的控制上，如规则意识、坚持性的增强等。

3. 游戏规则的严格程度提高

大班幼儿的规则意识逐步形成，他们开始学习控制自己的行为，对在活动中违背规则的行为，幼儿常常会"群起而攻之"。但这一时期的幼儿对于规则的认识还没有达到自律水平。规则对幼儿来说还是外在的，幼儿在规则的实践方面还会表现得以自我为中心。

---

① 30个幼儿园中班智力游戏[EB/OL].[2023-06-01].https://zhuanlan.zhihu.com/p/112194293.

（二）大班幼儿智力游戏的指导要点

第一，教师要注意增强游戏本身的趣味性和吸引力。

第二，智力游戏的内容应有一定的难度，增加一定的挑战性有益于激发幼儿的兴趣。

第三，教师主要通过语言讲解游戏，要求幼儿独立完成。教师对幼儿游戏的引导多于指导，要耐心地与幼儿进行沟通。

第四，教师需要给予幼儿一定的空间和实践机会，允许幼儿自己制定新规则。

我们来看下面这个"我是速记王"的案例[①]。

我是速记王

【设计意图】

《3—6岁儿童学习与发展指南》数学认知领域目标1明确提出"初步感知生活中数学的有用和有趣"。大班幼儿对于数字1~9已了然于胸。那么，怎样将数字玩得更有创意呢？根据孩子们的年龄特点，教师特设计了"我是速记王"这个游戏。

【活动目标】

1.感受游戏带来的趣味，体验与同伴合作游戏的成就感。

2.清楚游戏玩法，能根据玩法和规则准确判断输赢。

3.尝试运用多种方法，快速记住数字。

【活动重难点】

1.重点：引导孩子掌握游戏的玩法，知道和同伴合作游戏的方法。

2.难点：乐意挑战不同难度的游戏，能和同伴分工合作快速记忆长串数字。

【活动准备】

1.经验准备：熟知数字、有记录表格的经验。

2.物质准备：数字卡片、贴纸、数字纸杯。

【活动过程】

1.出示数字卡片，初步了解游戏玩法。

师：今天，我们又要和数字来玩游戏了，这个游戏的名称叫"我是速记王"，听游戏名称就知道是考验我们的记忆力，游戏怎么玩呢？请你仔细听。

玩法：由出题者抽数字卡，请幼儿当挑战者。游戏开始，出题者倒计时5秒，请挑战者在5秒之内观看并记住数字，5秒后出题者将数卡翻过去，请挑战者将刚才所记住的数字排列出来。

---

① 教案分享：《大班智力游戏：我是速记王》——第十四届大赛获奖作品展播[EB/OL].（2019-09-18）[2023-06-01]. https://www.sohu.com/a/341827273_657535。

规则：出题者必须在5秒后马上将数字卡翻过去，不让挑战者再看到；挑战者快速排出刚刚看到的数字，排列正确数量最多者为胜。

总结：出题者5秒计时要匀速，不能太快也不能太慢；挑战者迅速排列所记住的数字，如果挑战者都排列正确，则排得快者获胜。

2.幼儿分组游戏，巩固游戏玩法。

师：4人一组，一起商量谁先当出题者，哪三个小朋友当挑战者，每次游戏获胜者可得一枚贴纸；再次游戏时角色可以更换，游戏反复多次进行。

总结：出题者不仅要计时，还要观察挑战者排列的正误以及速度，来评判谁是获胜者；比赛过程中挑战者不能窥看别人操作，否则算违规。

3.增加数字，小组合作挑战，梳理快速记住数字的方法。

师：刚才你们已经熟悉了游戏玩法，接下来，我们要分组进行挑战赛。老师当出题者，你们来当挑战者，看哪一组能够团结合作快速记住数字。

师：你们是用什么方法来快速记住这些数字的？你觉得哪种方法最好？

总结：快速记忆数字原来也是有窍门的，可以单个重复记，也可以分段连贯记。

4.运用多种方法合作挑战游戏，增加数字的同时缩短时间。

师：我们刚才梳理总结了这么多快速记忆的方法，接下来我要缩短记忆时间，你可以运用这些方法来记忆，有信心来挑战吗？

5.游戏结束。

【活动反思】

1.游戏选材适宜。

这个游戏主要考验的是孩子的快速记忆能力，同时发展孩子的观察能力、合作能力、记忆输出能力、思维模式。通过该活动，孩子们可以获得快速记忆的方法，例如单个数字重复记忆、数字分段记忆等。游戏既具有趣味性、挑战性，又有一定的价值，比较适合大班幼儿。

2.游戏目标明确。

游戏目标根据孩子们的发展水平、经验和需求来确定，依次确立为：感受游戏带来的趣味，体验与同伴合作游戏的成就感；清楚游戏玩法，能根据玩法和规则准确判断输赢；尝试运用多种方法，迅速记住数字。根据今天的游戏情况来看，目标定义较为科学、明确，且得到了较好的达成。

3.螺旋上升式游戏过程。

游戏过程可以从环节设计、游戏中幼儿发展、教师指导三个方面进行分析。今天的游戏中教师共设计了4个环节，过程从易到难、由浅入深，呈螺旋上升式。低、中、高三级分层明显，即由游戏玩法介绍及体验到小组自主游戏再到小组合作竞赛（增加数字）最后到分为2组决赛（增加数字的同时缩短时间）。在整个过程中，教师注重环节紧扣，清楚环节目标，及时提炼总结，较好地完成了预设任务。在游戏中幼儿发展方面，幼儿获得的最直接经验便是运用多种方法快速记忆以及与同伴合作，我们可以看出，幼儿水平不同，对游戏掌握程度也有一定差异，我们常说，活动不能只适应孩子发展的现有水平，而应适应其"最近发展区"，从而推动其达到新的发展水平，这在此游戏中就有所体现。在教师指导方面，较好地做到了理解幼儿行为，尊重接纳幼儿个体差异，及时鼓励能力较弱的孩子，并给予孩子们宽裕的自主时间（例如在小组自主游戏环节，教师观察并适时指导、充分给予孩子时间探索，不催促、不焦急）。

4.不足

（1）教师在每个环节结束后的总结语还需要更加精简、到位。

（2）活动中教师对孩子的游戏行为过于担心，应该放手让孩子们去自主游戏、探索，并且允许孩子犯错，因为孩子犯错的过程也是学习的过程。

项目小结

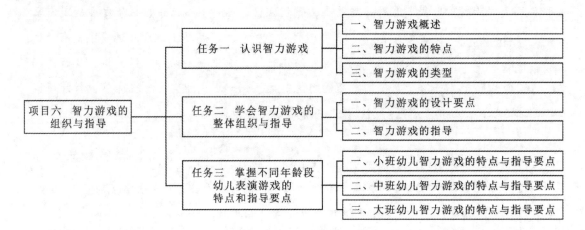

智力游戏对于幼儿的成长发育有很大的影响。智力游戏是幼儿智力发展的动力，它能激发幼儿的求知欲与创造力，并且可使幼儿掌握一些知识技能，形成对待事物的正确态度，促进幼儿全面发展。

幼儿正处在生长发育的重要时期，他们身体各器官和组织尚未成熟。这个时期，如果幼儿进行大量的运动性的智力游戏，比如跑、跳、爬、攀登等，能够加快自身血液循环，促进身体的新陈代谢，进而增强体质，促使自身动作更加协调。再如，幼儿在玩沙子、绘画、拼图等游戏时，他们的手指、手腕的灵活性，以及手眼协调能力都会得到很好的锻炼。我们知道游戏中人的大脑与身体运动和肢体动作密切相关，幼儿在游戏中反复练习各种基本动作的时候会刺激大脑的运动中枢，使神经细胞功能得到迅速发展。在游戏中，幼儿的各种感知觉、注意、记忆、思维、想象等都被积极调动起来。

智力游戏对幼儿的发展有重要意义，其教育作用主要是：有助于促进幼儿智力的发展；有助于促进幼儿语言能力和动作技能的发展；有助于幼儿形成良好的品质，促进其社会化发展；有助于幼儿增长知识，培养对学习的兴趣。智力游戏一般要求幼儿善于和同伴合作，共同遵守游戏规则，完成游戏任务，这有助于幼儿形成控制自己行为的习惯，有利于他们良好品德的形成。

幼儿的智力游戏主要是通过训练脑力，培养幼儿的学习、观察和思考能力，发展幼儿的智力，提升幼儿解决问题的技能。智力游戏能够让幼儿更好地发挥创造力，增强思维能力，提高解决问题的能力，增强记忆力，更好地理解和接受新的知识和技能。智力游戏的特点主要有趣味性与智力性、规则性与任务性、挑战性与竞赛性。

小班幼儿智力游戏的设计要注重趣味性，让幼儿在玩耍中潜移默化地接受知识、得到教育。小班幼儿智力游戏要与生活结合，让幼儿在游戏中体验到生活的乐趣。例如，通过制作手工，让幼儿学习到不同的材料、工具和制作方法。中班幼儿智力游戏的形式多种多样，既有大型活动游戏，如跳绳、拔河等，也有小型桌面游戏，如积木拼图、拼音卡片、数字卡片等。这些多样的游戏形式可以满足幼儿的不同需求，也能激发他们游戏的兴趣和热情。这对于幼儿的自尊心和自信心的培养有很大的帮助，也能促进他们的思维和语言发展。大班幼儿智力游戏的设计要符合幼儿的认知特点，通过游戏的方式引导幼儿学习。例如，通过拼图游戏来培养幼儿的观察力和手眼协调能力，通过记忆游戏来培养幼儿的记忆力和思维能力。

思考与练习

1. 单项选择题

（1）下列不属于智力游戏的是（　　）。

A. 摆放拼图

B. 搭积木

C. 跳舞

D. 看图猜词

（2）以下哪项不属于智力游戏的目的（　　）。

A. 培养孩子的社交能力

B. 提升孩子的注意力

C. 发展孩子的想象力

D. 增强孩子的竞争能力

（3）"听连线"游戏中，幼儿要在一定时间内将所听到的声音连线，此游戏主要锻炼孩子的（　　）。

A. 视听能力

B. 记忆能力

C. 思维能力

D. 注意力

（4）"数字拼图"游戏中，幼儿需要根据数字要求，将正确的数字拼接到正确的位置上，此游戏主要考验幼儿的（　　）。

A. 视听能力

B. 记忆能力

C. 数学能力

D. 注意力

2. 简答题

（1）简述智力游戏对幼儿发展的益处。

(2)简述智力游戏的设计要点。

(3)简述智力游戏的类型和作用。

3.案例分析题

幼儿姓名：毛奕涵（化名），年龄：5岁，班级：中三班

镜头一：语言活动"小蚂蚁和蒲公英"开始了，老师提问时，毛奕涵小朋友一直在其他小朋友的后面附和，并没有自己主动举手来回答。

镜头二：活动还在继续，可毛奕涵一会儿把腿伸直了摸摸脚，一会儿摸摸裤管，还把手塞到嘴巴里。

请问：如何通过智力游戏帮助毛奕涵小朋友？

实践与实训

【实训一】

结合有关幼儿园实训经历，收集一个见习过程中观察到的智力游戏活动，对该游戏活动的特点进行分析。

目的：掌握智力游戏的特点，并能将其运用于教育实践。

要求：根据幼儿园见习经历，从游戏场地、游戏材料、游戏时间、游戏目标、游戏反思等多方面分析幼儿智力游戏活动。

形式：实地观察与分析。

【实训二】

运用智力游戏相关理论分别为小班、中班、大班幼儿设计一个智力游戏。

目的：领会智力游戏的设计方案和实施策略，并能将科学的游戏理念灵活运用于教育实践。

要求：以小组为单位，根据不同年龄段幼儿认知发展的特点及活动设计的实施方法，设计3个适合不同年龄段的智力游戏。

形式：小组合作。

项目七　音乐游戏的组织与指导

◇ 学习目标

1.认识幼儿音乐游戏的定义、特点及类型。
2.掌握幼儿音乐游戏的指导方法，并能针对不同年龄段幼儿设计适宜的音乐游戏。
3.在实际教学过程中，能够灵活运用相关的教学理论指导实践。

◇ 情境导入

《小手拍拍》是一首通俗易懂、节奏感强，多由叠字组成的歌曲。它运用音乐的形式，具体形象地引导幼儿用手指出眼睛、鼻子、嘴巴、耳朵、眉毛等部位，让幼儿在娱乐中认识自己的五官。

在小班课堂上，教师伴随音乐带着小朋友玩"小手拍拍"这个游戏，不断地要小朋友指认"眼睛在哪里""鼻子在哪里"。小朋友兴奋地蹦蹦跳跳，跟随教师的引导快速指出要求指出的身体部位，然后，教师增加了难度，随机改变歌词，加入"膝盖""头发""小脚"等新部位，以更具挑战性的要求带动幼儿积极性，整个课堂氛围轻松愉悦，在游戏的形式下，很好地实现了预期教学目标。

幼儿天生喜爱音乐，这种游戏和音乐相结合的形式能够更好地激发幼儿的学习主动性和参与度。通过本项目的学习，我们可以了解如何设计与指导幼儿音乐游戏。

任务一　认识音乐游戏

作为幼儿园实施美育的主要途径和特殊手段，音乐教育经历了一段漫长又曲折的发展过程，在这段过程中，音乐教育逐渐走向成熟，音乐教育课程不断得到丰富和完善。1952年，在苏联专家戈琳娜的指导下，我国先后颁布了《幼儿园暂行规程（草案）》《幼儿园暂行教学纲要（草案）》，这两个草案明确规定了幼儿音乐教育的具体目标和幼儿音乐教育的任务、内容及教学计划。1954年，教育部委托北京师范大学学前教育教研室编写了《幼儿园工作指南》。该指南规定唱歌、舞蹈、音乐游戏和听音乐都是幼儿园音乐教育的内容，并指出音乐教育应当指向每一个幼儿。我国幼儿园的音乐教育就这样在苏联专家的帮助下与我国幼儿园自身的实践摸索中逐渐得到发展。改革开放在打开国门的同时也引进了国外先进的音乐教育体系，如奥尔夫音乐教学法、铃木教学法、柯达依音乐教学法等。这些先进的教学法为中国所吸收、接纳，中国幼儿音乐教育已进入多层次、多元化的发展阶段。与此同时，"游戏"这一概念也被提到幼儿园工作指导和教育纲要中。2001年教育部印发的《幼儿园教育指导纲要（试行）》指出：幼儿园教育以游戏为基本活动。我国2016年施行的《幼儿园工作规程》提出：幼儿园应当将游戏作为对幼儿进行全面发展教育的重要形式。这些规程确立了游戏在我国幼儿教育中的地位。①

一 音乐游戏的概念

音乐游戏目前已成为幼儿音乐教育的重要教学手段，是一种以发展幼儿音乐能力，并且通过音乐促进幼儿身心全面发展为目标的集体教学活动，是音乐教育中不可缺少的形式和内容。音乐游戏一般是指以音乐为背景，或在音乐伴奏、歌曲伴唱的同时，幼儿以个人、多人合作或集体的游戏方式，用歌唱、舞蹈、律动或欣赏等形式来表现和体验音乐的性质、内容和形象，以此来培养和发展诸如感受、鉴赏、表现和创造等艺术能力的音乐教育活动。在音乐游戏中，音乐和游戏是相互促进、相辅相成的。它将教育教学的要求以生动有趣的游戏形式表现出来，帮助幼儿更具体、形象地感受和理解音乐，获得一定的情绪、情感体验，使孩子们在乐此不疲的游戏和玩耍中掌握音乐知识和技能，渗透品德教育和审美教育。

游戏对成人来说是一种消遣娱乐，但对幼儿而言，它更多的是一种学习或情绪发泄。在游戏过程中，幼儿只有通过思考、感官动作的协调、实际生活体验的融合，才能在游戏过程中感受乐趣，并满足学习的需要。幼儿音乐游戏，本质上应是让幼儿自发产生、自由选择、弹性发展、乐在其中，可广泛地包括各种自发性的音乐探索活动。

音乐游戏具有突出的教育作用，集中地体现了音乐的艺术性、技能性，与幼儿的年龄特点和发展水平之间呈正相关关系。以前，在分科教学的影响下，音乐与游戏常常被单独教授，或者无意识地融合，近几年，幼儿园音乐游戏逐渐有意识地走向融合，体现了极大的优越性。如今，音乐游戏是幼儿园中最常见的教学形式之一，它将音乐与游戏有机结合，使二者相得益彰。幼儿在适当的音乐背景下，进行与音乐的内容、情绪、节奏等相吻合的游戏活动，让他们在游戏的情境中感受音乐，在音乐的氛围中进行游戏。这将促使幼儿拥有轻松、积极的学习心态，达到理想的教学效果。

---

① 董丽.幼儿园音乐游戏设计与指导[M].上海：复旦大学出版社，2018：76.

项目七 音乐游戏的组织与指导

二 音乐游戏的特点

音乐游戏是以歌唱、舞蹈、律动或欣赏等手段为主要形式的音乐教学活动，它将音乐和游戏紧密地结合在一起，以游戏的方式学习音乐，以音乐的内容进行游戏。在不同的音乐情境中，游戏与联想使幼儿身临其境，在游戏中获取情趣和美感。教师在游戏中教，幼儿在游戏中学，教学过程浸润在生动、活泼、童趣盎然的氛围中，不仅使得幼儿感受和接近艺术，还大大提高了幼儿的学习兴趣，使艺术教育摆脱了技能型训练的枯燥与乏味，积极主动的学习愿望会使幼儿在教学活动中更大限度地接近艺术、创造艺术。因此，较之其他的艺术教学，音乐游戏有其自身的独特性，其特点主要表现在以下六个方面。

（一）音乐性

音乐是声音的艺术，是通过声音的高低、长短、强弱、音色等要素，构成节奏、节拍、速度、力度、旋律、音区、音色、调式、和声、织体、曲式等音乐的基本表现手段和组织形式，来表现人的内心情感，反映社会生活的艺术。

音乐是音乐游戏的灵魂，贯穿音乐游戏教学活动的始终。幼儿在音乐游戏中，感受音乐并伴随音乐的流动、旋律的起伏、节奏的跳跃、音色的异同、情绪的变化与发展，用手中的乐器或自己的身体外化音乐、表现音乐，或在教师的启发下进一步欣赏和感受音乐。从接触音乐到感受音乐、认识音乐、表现音乐、发展音乐……整个音乐游戏都是以音乐为轴心进行发展和变化的，所以音乐性是音乐游戏活动的重要特征。

（二）趣味性

心理学研究表明，人有先天性的行为趋势倾向，趋向积极的情感体验，回避消极的情感体验。幼儿更是如此，如果让他们感到快乐和获得成功体验，幼儿就会投入强烈的兴趣，表现出不凡的创造力。所以，要想让幼儿自觉、快乐地投入游戏，有效率地达成学习目标，游戏必须具有趣味性。趣味性也是音乐游戏的根本特征。

从歌词到音乐、从体裁到形式、从结构到风格……音乐游戏要贴近幼儿生活，体现幼儿情趣，接近幼儿的关注点。如在音乐欣赏游戏中，对幼儿来说，选择过于悲伤或者情绪变化较大、结构较复杂的音乐会显得不适宜，相对来讲，情绪较积极、节奏较明显的音乐更适宜幼儿，容易被幼儿接受。当然，其他多样性的音乐也可以有少量的涉及，这就要求教师找到一个幼儿感兴趣的切入点引导幼儿欣赏和理解，所以音乐游戏内容的趣味性是极为重要的。

同时，教学环节的趣味性也是音乐游戏活动成败的关键。在游戏环节的设计上，教师需要运用游戏的教学手段或情节化的语言带领幼儿由一种（语言）意境自然过渡到另一种（音乐）意境中。游戏环节精心设计、环环相扣，抓住幼儿游戏化的情绪体验，才会使幼儿在教师的引导下一步一步地接近教学的目的，完成教学的计划。

(三) 阶段性

对于幼儿来说，年龄是能力的决定性因素。幼儿处于人体发展的初期，心理和生理的变化非常大，不同年龄段幼儿的能力也有明显的差异。所以音乐游戏的创编一定要考虑到幼儿的实际音乐能力与最近发展区，对幼儿的教学完成情况做不同的要求。例如我们进行打击乐器的演奏活动，根据不同的年龄特点，教师应设计不同程度的内容与教学要求。在小班阶段，我们可以先以大肌肉的（手臂）动作、单一多重复的节奏型为主，到中班阶段逐步增加手眼配合的动作，并加入多种节奏型活动，到大班阶段，引导幼儿双人配合完成较复杂的节奏型活动。

(四) 多样性

幼儿的稳定性比较差，比较不喜欢长时间重复相同或相似的事物。为了吸引幼儿的注意力，让他们对音乐游戏产生兴趣，用多样化的游戏形式和多样化的游戏内容去建构音乐游戏的最佳方案，让他们成功地体验音乐是教学中尤为重要的一环。同一个主题、同一种类型的音乐，有时甚至是同一首音乐，我们都可以找到不同的切入点，用不同的教学形式进行教学。

同时，音乐游戏的多样性来自音乐的多样性。多样的音乐组成多彩的音乐世界，多彩的音乐世界为幼儿带来了多样的音乐游戏，让幼儿从不同风格的音乐中感受不同的文化，从不同节奏的音乐中感受不同的心情，通过不同的游戏形式感受不同的快乐。

(五) 综合性

音乐是综合的艺术，音乐不是以单一形式存在的，不仅仅是用嘴巴唱或用耳朵听，它是有机结合动作、舞蹈、语言的整体。这种结合是人与生俱来的本能，是源于生命开端的、心灵最自然的表露。同样，音乐游戏也不仅仅是音乐中各元素的结合，更重要的是多种艺术形式在游戏中的综合体现。当前幼儿园课程改革更是鼓励教师运用开放的理念，寻找音乐与各门艺术以及艺术之外的各门学科间的联系，让幼儿在更为宽泛的艺术领域学习音乐、理解艺术、体验世界。音乐游戏正是综合性学习方式的体现。

(六) 社会性

音乐游戏具有多种社会性特征，如音乐游戏能潜移默化地培养幼儿主动参与游戏的能力和习惯。皮亚杰提出的"自我中心"理论证明幼儿是以自我为中心的，因此在新入学的幼儿中往往出现以自我为中心而产生的问题，比如参加游戏时具有随意性、缺乏明确的目的性等。而有趣的音乐游戏能有效地激发幼儿参加集体游戏的兴趣，吸引他们主动地参与游戏活动，让幼儿能够自然地从家庭生活过渡到幼儿园集体教育教学活动，适应社会生活。

另外，音乐游戏能够培养幼儿遵守游戏规则的能力和习惯。在音乐游戏中，幼儿要遵守相应的游戏规则，如果游戏者不遵守规则，就会影响游戏的进行，使游戏失去趣味性，进而影响游戏的顺利进行。规则意识在日常的生活常规中是教师不断强调的问题，幼儿往往带着不情愿的心情去遵守幼儿园的各种常规，而音乐游戏采用游戏的形式，让幼儿带着愉快的心情去顺从游戏的规则和要求，从而加强对自己的约束，并且在游戏过程中会得到其他幼儿的提醒和督促，从而使其有效地矫正自己的行为，养成遵守规则进行游戏的良好习惯。

拓展阅读：
扫一扫，走进"奥尔夫音乐教育体系及教法"。

拓展阅读：
扫一扫，了解"奥尔夫音乐教学法简介"。

三 音乐游戏的类型

音乐游戏的活动形式主要分为音乐听觉游戏、律动游戏、歌唱游戏、舞蹈表演游戏四大类。四种不同的游戏方式发挥着不同的作用，每一种游戏方式都有独特的价值，同时各领域的内容相互渗透，从不同的角度促进幼儿的知识、技能、情感、态度、能力等方面的发展。这里对这几种活动形式进行分析、研究，并提供大量教学实例，供学前教育工作者借鉴。

（一）音乐听觉游戏

在音乐听觉游戏中，幼儿用耳朵充分欣赏自然产生的和人为创作的各种音乐效果，从音乐的旋律、音色、节奏等方面感受音乐之美。音乐欣赏的过程就是感情体验的过程，也是欣赏者自己的情感经验与音乐的情感表现相互交融、产生共鸣的过程。欣赏能力作为一种重要的音乐能力，在幼儿的音乐活动中起着极其重要的作用。任何音乐活动的开展都要建立在幼儿会欣赏的基础上。音乐欣赏活动不仅可以愉悦幼儿情绪、启迪幼儿智慧、发展幼儿思维，更能激发他们的想象力、创新力和创造热情。

一般的音乐听觉游戏可以分为两步：一是聆听与感受；二是分析与理解。在幼儿的音乐听觉游戏中，聆听与感受是主要内容，对音乐的分析与理解是让幼儿在游戏的基础上潜移默化体验的。对于小班幼儿来说，主要是通过游戏让幼儿辨别各种人、物体以及简单打击乐发出的声音，培养听音辨音的能力。教师让他们闭上眼睛坐好之后，可以播放一些幼儿平时熟悉的声音，例如钥匙串的声音、警笛声、玻璃碰撞声、关门声、冲水声等，让幼儿辨别这是什么东西发出的声音。

对于中、大班幼儿来说，主要是通过游戏在培养幼儿音乐听觉能力的基础上，发展幼儿感受音乐情绪、理解音乐的能力。教师可选择各种不同情境的音乐，例如舒缓的音乐、欢快的音乐、悲伤的音乐等，让幼儿闭眼欣赏聆听，接着邀请小朋友上台讲述自己在音乐中感受到的情绪、脑海中浮现出怎样的画面等。

（二）律动游戏

"律动"这两个字是从希腊语变化发展而来的，原有"美好、均衡、调整、富于节奏"等意思。它是指在音乐伴奏下，根据音乐的性质、节拍、速度、力度等时间间隔，有规律地、反复地进行某一动作或某一组动作的活动。也可以说，律动游戏就是根据音乐情绪的起伏做有规律的韵律动作，以身体各部位的动态来感受音乐、理解音乐、表现音乐。

幼儿园的律动游戏一般是指在音乐或节奏乐器的伴奏指导下，幼儿运用形体的动作感受和再现音乐的高低、强弱、长短、快慢、音色、性质的变化，或运用形体动作模仿某种形象、事物，抒发某种情趣的富有游戏性的活动过程。它是幼儿表达情感的一种最直接、最自然的方式。当幼儿随着音乐做简单自由的律动时，那是一种自我表现，也是幼儿在与人沟通和交往中进行情感表达的方式。

在律动游戏中，小班幼儿以模仿为主，教师主要引导其体验稳定律动、感受节拍，动作设计简单、重复率高；中班幼儿思维具体形象，动作多样且形象，教师要鼓励孩子自主选择游戏主题；大班幼儿各方面发展水平均有所提升，教师要注意提高游戏难度和挑战性，可进行多声部律动活动。

我们来看下面这个案例。

"A ram sam sam" 的音乐律动

一、导入，引出音乐

小朋友们好！今天老师请来了一位客人，你们看看是谁呀？原来是绵羊宝宝啊！绵羊宝宝今天是带着一个小任务来的——他想开场演奏会。可是他一个人开不了，所以需要你们的帮忙，我们一起帮帮他吧！但是我们需要练习才能开这场演奏会哦！老师这里有演奏会的音乐，我们先来听听吧！

二、播放音乐，设计动作

1. 幼儿跟着音乐做自己喜欢的动作（跳、拍头、拍肩、拍腿、摇头、跺脚等）。
2. 教师根据幼儿做的动作选出几个动作来跟着音乐进行一次律动。
3. 请幼儿自己跟着音乐进行律动（可重复）。

三、教师设计动作，幼儿学习

1. 教师话题引导："刚刚我们学习了你们自己设计的动作，现在请小朋友们也来学一学老师的动作吧！"
2. 教师跟着音乐做一遍律动，幼儿跟着一起做。
3. 幼儿与教师一起跟着音乐进行律动（教师根据幼儿熟悉度来，可重复）。

四、进一步熟悉音乐及律动

1. 刚刚我们学了两种动作，那我们现在一起来比一比，看哪个小朋友做的动作既好看又跟得上音乐节奏哦！

2.前半段音乐，做教师教的动作，后半段音乐，幼儿做自己设计的那组动作。

3.交换或者重复进行。

五、跟着音乐律动做动作

幼儿跟随音乐走，渐渐围成一个大圆圈，教师在前面做各种不同的动作，幼儿也可随意拍肩、摸头、摸耳朵、拍手、拍腿、跺脚等做自己喜欢的动作，但是要跟着音乐做三拍子的律动。

六、结束

教师拿着积木打节奏拍子，告知幼儿除了拍打身体，我们还可以用任何能发出声音的东西来玩这个律动游戏。现在我们就跟着音乐去找一找那些可以发出好听声音的物品吧！

视频资料：

扫一扫，欣赏3—6岁音乐节奏游戏"A ram sam sam"。

（三）歌唱游戏

歌唱是运用人体器官进行发声的艺术实践，可以使人们体验节奏、音高、速度、力度等音乐要素的特点，真切感受歌曲的情感意境，从而达到培养音乐素养、感受音乐美的目的。歌唱也是人类自然的愿望，是人类表达喜、怒、哀、乐各种复杂感情的一种有力手段。歌唱在幼儿生活中也有着重要意义，在幼儿园我们经常可以看到幼儿在搭积木、玩娃娃家、拼胶粒时，自发地哼唱；在角色游戏中，幼儿多喜欢扮演老师，领着小朋友上音乐课；出外郊游、参观时，幼儿一坐上汽车就情不自禁地高声歌唱……歌唱也是幼儿表达内心的激动、兴奋、快乐的一种手段。对幼儿来说，歌唱不仅给生活带来无穷乐趣，还具有重要的教育价值。幼儿通过歌声表达欢快、愉悦等心情，感受音乐的艺术魅力。

歌唱游戏是通过游戏的方式让幼儿享受歌唱乐趣的活动形式。在幼儿园中，幼儿歌唱材料有成人创作的儿童歌曲、传统的童谣以及幼儿自由创编的歌谣等。幼儿歌唱材料一般具有以下特点：歌曲内容简单有趣、歌词易记且能为幼儿所理解熟悉，节奏和旋律比较平稳；歌曲速度适宜，结构简单，多重复部分，适合幼儿自发、自由编唱；适合幼儿用动作表现歌曲内容等。

歌唱游戏需要和平时的音乐课区分开来，游戏中宜选择幼儿熟悉的音乐，避免在课堂上花时间进行歌曲教学。常见的歌唱游戏有对歌游戏、赛歌游戏、歌曲接龙游戏、夺标唱歌游戏。

1.对歌游戏

对歌游戏是通过一问一答的固定旋律和歌词结构唱歌的游戏。问答双方可以是师幼、亲子和男女幼儿等。例如，教师唱着问："我爱我的小羊，小羊怎么叫？"幼儿唱着答："咩咩咩，咩咩

咩，咩咩咩咩。"或教师唱："两个小娃娃呀，正在打电话呀，喂喂喂，你在哪里呀？"幼儿唱着回答："哎哎哎，我在幼儿园。"

2.赛歌游戏

赛歌游戏是两组幼儿进行歌唱比赛，一组唱一首完整的歌曲或只唱其中的一句，另一组也是如此，不能重复，直到哪一组没有歌唱，则为负方，另一方为胜方。例如，教师提出主题，今天围绕太阳唱歌，哪一组小朋友唱得多则为胜方。小朋友可以唱"太阳光晶亮亮，雄鸡唱三唱""太阳当空照，花儿对我笑"等。

3.歌曲接龙游戏

歌曲接龙游戏有两种形式：一种是由不同的幼儿一人一句接龙完成同一首歌，这种游戏又叫"开火车"唱歌；另一种是歌词顶针（音同字不同或发音接近即可），不同歌曲联唱的唱歌游戏。例如，一个幼儿唱"门前大桥下，游过一群鸭，快来快来数一数，二四六七八"，下一个幼儿马上接"爸爸总是对我说'爸爸妈妈最爱我'"，再下一个幼儿马上接"我是一个粉刷匠，粉刷本领强"。若觉得这种难度大，可以将其变成两组竞赛形式。前一种形式在小班即可进行，后一种形式要求较高，可在大班后期进行。

4.夺标唱歌游戏

夺标唱歌游戏，又叫抢标唱歌游戏、夺麦克风游戏等，这是一种有趣的唱歌游戏。比赛双方听到歌曲的前奏后想到这是什么歌，就马上跑到指定的放有"麦克风"（用手工纸做的玩具麦克风）的夺标区摘下红花，手持红花站在"麦克风"前唱歌。如听到《上学歌》的前奏就开始唱"太阳当空照，花儿对我笑"。有的幼儿想到了是哪首歌，但没有第一个跑上夺标区，有的抢先跑上台但唱不上歌曲来。所以，这种游戏不仅考验幼儿对于幼儿歌曲的储备量，还考验幼儿身体反应的敏捷性和速度，以及良好的心理素质。这是一种很有趣的音乐和体育相结合的游戏。①

需要注意的是，幼儿连续唱歌的时间要把控好，以保护幼儿声带。一般来说，小班幼儿连续唱歌时间不超过7分钟，中、大班连续唱歌时间不超过15分钟。

（四）舞蹈表演游戏

舞蹈表演游戏是以舞蹈动作为主要形式和内容的游戏。这种游戏在使幼儿获得快乐的同时，还能使幼儿的肢体动作更加协调、优美。人们通常将舞蹈表演游戏和舞蹈教学课混为一谈，其实二者的重点并不一样。舞蹈教学课注重动作的教学和编排，而舞蹈表演游戏则选择一些简单的动作或者幼儿曾经学过的动作，在课堂上更注重游戏的部分。

舞蹈表演游戏可以是一人以上、七人以下幼儿组合在一起，进行载歌载舞的舞蹈表演。它是以歌为主、以动作为辅的游戏形式，如"白雪公主和七个小矮人""数鸭子"等。

① 姜晓燕.学前儿童游戏教程[M].3版.北京：教育科学出版社，2020：88.

舞蹈表演游戏也可以进行集体舞表演,参加人数不限,一般选用短小活泼的舞曲,幼儿在歌曲伴奏下进行简单的集体舞游戏,例如"找朋友""跳跳糖"等。

小班的舞蹈表演游戏宜选择简单、节奏感强烈的音乐,让幼儿能够感受游戏的快乐。中、大班的舞蹈表演游戏要适当提升游戏难度,可增加一些趣味挑战的环节。

我们来看下面这个"好吃的跳跳糖"案例。

> 教师首先出示跳跳糖让幼儿品尝,并询问这是什么,吃在嘴里有什么感觉,并启发幼儿思考和想象跳跳糖在嘴巴里是怎样跳舞的(提示幼儿可用身体动作表现)。
>
> 幼儿边品尝跳跳糖边与同伴交流吃跳跳糖的感受。
>
> 幼儿欣赏有关跳跳糖的歌曲,边听边思考跳跳糖在干什么,它是怎样跳的,最后它会变成什么。
>
> 幼儿创编跳跳糖跳舞的姿态。教师从幼儿创编的动作中提取有创意的动作,鼓励大家一起模仿学习,注意要有节奏,体现出跳的感觉。

视频资料:
扫一扫,欣赏幼儿园优质课"会跳舞的跳跳糖"。

任务二　学会音乐游戏的整体组织与指导

一　音乐游戏的设计要点

幼儿期被认为是培养幼儿音乐潜能的最佳时期。用游戏的形式对幼儿进行早期音乐教育,不仅可以培养和提高幼儿对音乐的兴趣和爱好,还能够陶冶幼儿情操,培养幼儿的审美能力,激发幼儿感受美、表现美的情趣,丰富他们的审美经验,促进幼儿对美好事物的喜爱和对美好生活的向往。

作为幼儿教师,我们应当具备先进的教育思想及教学理念,以人为本,认真贯彻执行《幼儿园教育指导纲要(试行)》的要求,并做好以下两个方面。

(一)明确材料选择

音乐游戏都是围绕音乐进行的,所以对音乐的选择至关重要。在制订教学计划时,我们需要从多个角度进行思考,例如文化背景、主题、风格、情节、是否具有挑战性等。如果音乐欣赏活动选择的材料是歌曲,那么歌曲的内容、形象、情绪应该是幼儿熟悉、喜爱和愿意接受的,歌曲中的歌词应该是幼儿能够理解的；如果选择的材料是器乐曲，则应选择有标题的音乐，以阐述一定的内容和情节，这样的音乐具有一定的图画性和戏剧性，有助于幼儿进行想象和联想，也便于教师在设计教育活动时找到幼儿熟悉和喜爱的形象。当然，有一些器乐曲，虽无标题，但旋律优美、节奏鲜明、结构单纯工整、长度适中，也可能受到幼儿的喜爱。

（二）做好活动的编排

一堂音乐活动课往往由好几个环节组成，具体到每一部分的编排应该注意音乐活动的关联性、计划性和灵活性。

音乐活动每一部分的设定最好有一定的关联性，并有共同的教学目标。例如在"我的朋友在哪里"中出现的各种动物，要使幼儿充分了解动物的形象以及声音，并在第二部分的提问与互动中继续深化。随后教师提问与角色相关的问题，引导幼儿对这一主题进行想象与思考。在第三部分的演唱及乐器演奏环节，让幼儿重拍手鼓去感受重音。第四部分的音乐律动游戏则是让幼儿在同一重拍位置用力跺脚发声，起到再次深化重音概念的作用。音乐活动每一部分内容承上启下的逻辑顺序及教学目标的一致性，有助于提高幼儿的学习效率及专注力。

计划性体现在音乐启蒙课堂常分为几个部分，包括了解音乐背景、歌唱、律动、提问等，每一环节的时间需要细致把控，以防秩序混乱。

当然，课堂活动的进展往往不会跟计划一样顺利，教师在面对幼儿时，课堂上使用的教学手段也要具有灵活性。例如，随时注意每个环节的时长，通过缩短或者删减部分环节来控制时长，在每节课后及时回顾与反思，找出教学上的不足，修正和完善自己的教学方法，在设计课程时，针对不同年龄阶段的幼儿，设置不同难度的教学目标等。

二 音乐游戏的指导策略

在具体的游戏指导上，教师应合理安排教学步骤，采用多种趣味十足的教学方法，激发幼儿参与活动的兴趣。

（一）语言导入法[①]

语言导入法是幼儿音乐欣赏活动中常见的方式，即教师用一段有趣的语言或者抒情性的描述来引发幼儿对音乐活动的兴趣。教师设计的语言与情节尽可能和接下来的活动相呼应，使幼儿在这一环节中对音乐的轮廓有大致的了解，为幼儿欣赏音乐打下基础。同时教师应留出空间，让幼儿反复体验、欣赏音乐中的规律和变化，完善音乐形象，这样既能激发幼儿欣赏音乐的兴趣，又能尽快将幼儿带入设计的音乐情节中。

---

① 陈一诺，陈赛.幼儿园音乐游戏设计与指导[M].重庆：西南大学出版社，2022：136.

（二）视听结合法

视听结合法是指在听的基础上，教师加入视觉感受去帮助幼儿提高学习效率。例如，在教学过程中加入画面、图片、玩具、工艺品等材料，使抽象的音乐作品形象化，帮助幼儿感受音乐作品的旋律、节奏、乐句、音色、力度等要素。这一方法特别适合运用于对较难理解的主题、不熟悉形象的音乐作品的欣赏。

（三）主题提示法

主题提示法是将幼儿直接带入音乐作品的主题中，以此来激发幼儿参与欣赏活动的积极性。教师通过讲解、说明和提示，引导幼儿探索音乐中的某段旋律是如何代表某个特定形象的。这种方式适用于音乐结构比较简单或音乐形象十分鲜明、有主题的音乐作品。

（四）对比欣赏法

在幼儿音乐欣赏活动中，教师可以引导幼儿聆听不同的音乐作品，辨别音乐的不同情感和风格，以发展幼儿的听辨能力和审美能力。此类教学法适用于较大年龄段的幼儿。

（五）串联教学法

串联教学法是将音乐欣赏活动的过程设计成不同的游戏环节，每一个环节重点解决某一方面的问题，当全部环节完成之后，幼儿便自然地了解了所欣赏的音乐作品，同时获得了其他方面的有益经验。

一堂完整的音乐活动课，除了要做好充分的课堂准备、灵活的课间进行，还要有不可缺少的课后指引。针对低幼年龄段幼儿的特点，为保障教学质量及效率，教师应在课后给予幼儿一定的学习指引。教师要鼓励幼儿倾听日常生活中的音响，如花园与公园各种设施的声音、厨房中锅碗瓢盆的声响、马路上各类交通工具的声音、动物园里各种动物发出的声音、建筑工地上各种建筑机械的声音等。教师还要鼓励幼儿多聆听优秀的音乐作品，如优质的少儿歌曲、篇幅较短的器乐曲、童话音乐剧片段、中外著名音乐作品片段等。在家校的相互配合下，让幼儿达到较好的音乐启蒙学习效果。

任务三　掌握不同年龄段幼儿音乐游戏的特点与指导要点

一　小班幼儿音乐游戏的特点与指导要点

小班幼儿刚从婴儿期步入幼儿期，一方面，他们不免带有一些婴儿的"痕迹"；另一方面，由于身心发展迅速，他们开始具有一些幼儿期的显著特点。

（一）小班幼儿音乐游戏的特点

1. 具有强烈的情绪性

情绪对3岁左右幼儿的支配作用很大。他们容易激动，而且一激动起来就难以控制。他们对成人表现出强烈的依恋，初次离开父母，会表现得极为不安。小班幼儿不仅依恋成人，伙伴之间的交往对他们的情绪也有很大影响。他们的认识主要受外界事物和自己的情绪支配，他们的许多活动也都是情绪化的。音乐的易感性可以帮助幼儿沉浸在游戏中，感受积极的情绪体验。

2. 爱模仿

小班幼儿喜欢模仿老师、家长和伙伴，他们在模仿中学习、成长。模仿可以成为他们的学习动机，也可以成为他们学习他人经验的过程。幼儿模仿并不是消极被动的临摹，他们在模仿中同样有创造，有自己个性与情感的表达，在音乐游戏中，有多种音乐动作能够让幼儿进行模仿。

3. 思维仍带有直觉行动性

小班幼儿正处于直觉行动思维到具体形象思维的过渡阶段，他们的认识在很大程度上依赖于行动。同时，3岁幼儿的口语表达和人际交往能力与中班、大班相比还较差，他们也常常通过自己的行动表达需求。

（二）小班幼儿音乐游戏的指导要点

针对小班幼儿的典型特点，我们在音乐游戏的参与过程中，要注重把控全场情绪，因为幼儿容易在欢乐的音乐中激动，导致场面失控。此外，教师需要注重动作的实用性，设计简洁简单、生动直观、易于幼儿模仿学习的动作。小班幼儿擅长大而整体的动作、单纯的动作和不经常变换位置的动作，这和小班幼儿的动作发展特点相吻合。同时，教师还要注意环节的趣味性，这样才能更好地维持幼儿的兴趣水平和注意力时长。按照小班幼儿的注意力持续时间，在进行音乐游戏的过程中，时间安排在10~15分钟为宜。

二、中班幼儿音乐游戏的特点与指导要点

中班幼儿年龄一般为4—5岁，这个年龄阶段的孩子行为有意性提高，注意力也变得更加集中，并且开始学会控制自己的情绪，会进行自我安慰，情绪相对稳定。中班的幼儿开始排队洗手、主动说"谢谢"，这都是规则意识的萌发。

同时，中班幼儿开始愿意和小朋友们分享，掌握了简单的社会交往技巧。他们在日常生活中体力明显增强，身体动作更多、更完善，并且积极地动用自己的感官去感受世界；此外，他们的想象力依旧丰富，且理解游戏的能力增强，游戏水平提高。

（一）中班幼儿音乐游戏的特点

1.爱玩、会玩、活泼好动

随着身心的发展，中班幼儿对周围的生活更熟悉，他们总是不停地看、听、摸、动，见到新奇的东西，总喜欢去拿、去摸，甚至还会放在嘴里咬咬、尝尝，或者放在耳边听听、凑到鼻子前闻闻，他们会积极地运用感官去探索、去了解新鲜事物。他们常常喜欢寻根刨底，不但要知道"是什么"，还要探究"为什么"，如鸟为什么会飞、洗衣机为什么会转动等。在音乐游戏中，中班幼儿会更加主动，愿意参与教师组织的活动。

2.思维具体形象

中班幼儿的思维具有具体形象的特点，他们在理解成人语言时，时常凭借自己的具体经验，如在教师说"一滴水，不起眼"时，幼儿有时候会理解成"一滴水，肚脐眼"。这时期的幼儿在已有感性经验的基础上，能初步对具体事物进行概括分类，但概括的水平还很低，分类依据通常是具体事物的表面属性（如颜色、形状）、功能或情景等。比如：他们把苹果、桃、梨归为一类，认为这些水果可以吃，且吃起来水分多；把太阳、卷心菜归为一类，认为这些都是圆形的；把玉米、香蕉归为一类，认为这些都是黄色的。这样的思维能更好地帮助他们理解歌词的意义。

3.开始接受任务

中班幼儿能接受成人的指令，完成一些力所能及的任务。在幼儿园里，他们可以学当值日生，为班级的自然角浇水，帮助教师摆放桌椅等。在家里，他们能够收拾自己的玩具、用具，并能帮助家人收拾碗筷、折叠衣服等。这些表明此时的幼儿已出现最初的责任感。

4.开始自己组织游戏

有人说，4—5岁是儿童游戏活动的黄金时期。此时的幼儿不仅游戏兴趣显著增强，而且游戏水平大大提高，他们能够自己组织游戏，选择主题、自行分工、扮演角色等。他们经常自行组织游戏，不需要教师的参与。

5.同伴关系开始占主导地位

中班幼儿喜欢和同伴一起玩，在活动中他们逐渐学会了交往，会与同伴共同分享快乐，还获得了领导同伴和服从同伴的经验。此时他们开始有了嫉妒心，能感受到强烈的愤怒与挫折感。有时，他们还喜欢炫耀自己所拥有的东西。当然，在集体活动中他们也了解和学会与人交往及合作的方式。游戏中，可以增加一些社交与互动，帮助幼儿更好地发展社会性。

（二）中班幼儿音乐游戏的指导要点

中班幼儿处在游戏的高峰期，他们不仅爱玩而且会玩游戏。因此在音乐游戏中，教师可以鼓励幼儿自行确定游戏主题、安排角色。活动中，教师可以引导幼儿，培养幼儿的艺术感受能力，在平时的课堂中,可以做一些简单的舞蹈训练,例如,模仿小动物走路的样子,乌龟爬爬、小兔子跳跳等。

中班幼儿的动作比起小班也有了很大的进步,由此,我们可以在活动中增加难度,可以由单一舞步通过节奏变化做一些稍微复杂的连续移动作,如"错步""交替步""秧歌十字步"等,并教会幼儿认识脚的位置,如一位、二位、五位等;还可以引导幼儿做一些双脚的小跳动作,在跳的腾空动作过程中保持重心和平衡。

中班幼儿的心理活动水平、神经系统等方面得到进一步发展,兴奋和抑制过程都有较大的改善,这主要表现在幼儿不像以前那么容易感到疲劳,集中精力从事游戏活动的时间也比小班有所延长。他们在音乐游戏中的持久性、目的性和专注性也有了比较明显的提高。研究表明,中班幼儿音乐游戏时间以安排15~20分钟为宜。

三、大班幼儿音乐游戏的特点与指导要点

随着身体的成长和神经系统的日益成熟,大班幼儿的思维水平比小、中班的幼儿有所提高,虽然他们的思维还是以具体形象思维为主,但出现了抽象逻辑思维的萌芽。在此阶段,大班幼儿有以下特点。

(一)大班幼儿音乐游戏的特点

1.好学好问

大班幼儿在智力活动中,有强烈的求知欲。他们喜欢学习,愿意上课,会因为学到一些新的知识或技巧而感到满足,并且喜欢对别人讲述这些新的知识或技巧,他们能够坚持稍长一段时间的智力活动。在课堂上,他们喜欢各种新课,喜欢一些需要动脑筋的活动,如计算活动、编故事或其他创造性的活动。在课外,不少幼儿热衷于下棋、猜谜或其他智力游戏。他们很喜欢提问,经常问各种充满童趣的问题,如"星星为什么眨眼睛""太阳公公为什么是男的"等。这样的特点能帮助幼儿更快地理解教师的要求,在音乐游戏中,以更积极的态度去接受挑战。

2.对挑战性的任务充满兴趣

小班、中班幼儿偏向于接受教师的安排,而大班的幼儿则要求任务更具挑战性,同时强调自主性。在针对大班幼儿的音乐游戏中,教师需要设置更多的关卡及要求,提高游戏难度。尤其是活动中,最好增加一些竞技性的任务,使大班幼儿参与度更高。

3.开始掌握认知方法(记忆、想象、意志、动机)

大班幼儿开始有意地自学控制和调节自己的心理活动。在认知活动方面,他们无论是观察、注意、记忆过程,还是思维和想象过程,都有了自己的方法。大班幼儿进行有意记忆时也会运用各种方法,在运用思维解决问题时,他们会事先计划自己的思维过程和行动过程。他们会先在头脑中构

思以确定有意想象的目标，做出行动的计划，然后基本上按计划去行动。大班幼儿不仅在认知活动中能够根据行动计划和行动方法进行活动，在意志行动中也往往能够用各种方法控制自己。

4.个性初具雏形

大班幼儿的思想情感已经不那么外露，对自己的行为会产生顾虑。幼儿的各种心理活动紧密地联系在一起，先前的心理活动、先前形成的态度，直接影响着后来的心理活动和对事物的态度。心理活动系统的方向开始逐渐稳定。大班幼儿的个性开始形成，这是和幼儿认识活动抽象概括性的发展，以及各种心理活动有意性的发展相联系的。幼儿的心理活动不再是孤立的零碎的，而是在心理系统背景下进行的系统活动，各人有自己的特色。不过，应该着重指出的是，这个时期的幼儿个性只具雏形，还具有相当大的可塑性。我们应根据大班幼儿不同的个性类型，布置不同的游戏任务，做到因材施教。

（二）大班幼儿音乐游戏的指导要点

针对大班幼儿的年龄特点，在音乐游戏中，教师对于音乐的选择，范围可以在轻快柔和的经典音乐、儿童音乐、中国风音乐基础上，增加一些特定风格的中国音乐（如藏族音乐、新疆音乐等），同时可选用一些具有异域风情的外国音乐或者部分情绪健康的成人音乐作品。大班幼儿对新异的音乐形式有浓厚的兴趣，可以接受的音乐体裁和题材都更加广泛。

在大班幼儿的动作选择上，尽量以生动形象为主，因为大班幼儿在肢体变化方面要强于小、中班幼儿，所以在基本动作的基础上可以增加一些生动的表情或更具挑战性的动作。

游戏中，教师要强调规则意识，可以让大班幼儿自己提出游戏规则，同时，还可增加游戏的难度，满足大班幼儿对挑战性的需求。

我们来看看下面针对小班和中班幼儿设计的不同案例。

小班音乐游戏案例"小手拍拍"

一、活动目标

认知目标：了解和掌握《小手拍拍》这首歌曲。

能力目标：幼儿能够跟着歌曲的节奏打节拍。

情感目标：通过本堂课的学习，幼儿能感受音乐之美，同时对儿歌产生浓厚兴趣。

二、设计思路

音乐是幼儿的天性，而且小班幼儿喜欢用简单的动作表现自己的身体部位，教师充分利用幼儿的这种好奇心，设计了"小手拍拍"的音乐游戏，运用音乐的形式，让幼儿更感兴趣地去指认自己的五官。这首儿歌非常适合小班幼儿。小班大部分幼儿已能够完整地演唱短小的歌曲，但还不能准确地唱出长音，故而教师将准确地唱出长音作为本节课乃至后期的重点。鉴于小班幼儿的思维以直觉行动思维为主，教师在活动中尽量让幼儿通过体验来获取知识，即采用幼儿思考在前、教师示范在后的方法。

三、课前准备

物质准备：手鼓、沙锤、音乐《小手拍拍》。

经验准备：孩子已经在前面的学习中熟悉了这首歌，并会跟唱。

四、活动过程

1. 创设情境，引出主题

教师："小朋友们，前面的音乐课我们学习了《小手拍拍》这首歌，现在老师想考考你们，我们的小手都有什么本领呀？"

幼儿发挥想象，自主举手回答。

教师："你们说的都很棒！老师给你们竖一个大拇指！今天，咱们用《小手拍拍》这首歌来一起玩一个好玩的游戏，想玩的小朋友拍拍你们的小手！"

2. 活动展开

教师播放《小手拍拍》的音乐，教小朋友找到歌曲里的节奏，用小手轻轻在桌面打拍子。接着，教师给小朋友发手鼓、沙锤，先让小朋友感受乐器的声音和节奏。等小朋友熟悉手里的乐器后，教师让小朋友在听到"拍拍""在哪里""在这里"这些歌词时，就拍打或者摇晃手里的乐器。

小朋友们听得很专注，很认真，每到需要拍打或者摇晃乐器的时候就很兴奋。

3. 拓展游戏

当小朋友熟悉这个游戏之后，由教师演唱，小朋友伸出手指来指向自己的五官，教师随机变换歌词，例如"膝盖在哪里""胳膊在哪里"，让幼儿快速反应，找到不同的身体部位。

4. 游戏结尾

欢乐的游戏结束了，教师收好教具，让小朋友们在座位上坐好，进行今天的游戏总结，点评游戏中幼儿的行为，并进行表扬和鼓励。

中班音乐游戏案例"熊和蜜蜂"

一、活动目标

1. 让幼儿初步熟悉乐曲旋律，通过熊行走、喝蜜、躲藏等游戏情节了解乐曲结构。
2. 让幼儿根据游戏情境，借助角色暗示，知道"蜜蜂"进行追捕时，小熊应躲避不动。
3. 让幼儿乐于参与游戏，愿意在集体面前大胆表现自己，体验游戏的快乐。
4. 让幼儿在活动中倾听音乐，大胆地进行游戏表演。
5. 让幼儿感到快乐、好玩，在不知不觉中学习知识。

二、活动准备

1. 音乐《海琼斯小夜曲》。

2.课件、图谱。

3.红包、狗熊妈妈胸饰、蜜蜂胸饰。

三、活动过程

1.带领幼儿复习歌曲。

2.展示课件,让幼儿了解游戏的故事情节。

3.出示图片。

师:孩子们,你们看这是什么?(熊)这个呢?(蜜蜂)

小熊和蜜蜂之间发生了一件有趣的事,我们一起来看一看吧!

4.完整欣赏乐曲,引导幼儿进一步感知乐曲的旋律和节奏,理解每段音乐所表现的不同情节。

师:这件有趣的事藏在一段音乐里,我们一起来听听哪里是熊出来了,哪里是小熊喝蜂蜜,哪里是蜜蜂飞来了,以及哪里是小熊跑回家了。

5.分段感知乐曲,创编角色游戏动作与图谱。

(1)师:如果你是小熊,肚子饿的时候是怎么走路的?我们跟着音乐一起来走一走吧!(幼儿自由行走)

师:刚刚有几个小朋友走得很像,我们一起来看一看。

师:他们是怎么走的?有这样走的,嗯,还有这样走的。肚子很饿,能不能走得快?

师:我们一起跟这个小熊学一学。

师:我们跟着音乐,一起来做一做。

师:熊宝宝,我们去找一找吃的!

(2)师:瞧!好大一罐蜂蜜呀!熊宝宝,你们是怎么喝的?还会怎么喝?

师:啊!小熊喝了蜂蜜,感觉怎么样?

师:我们回忆一下,小熊喝蜂蜜,做了哪些动作?

师:我们跟着音乐来做一做。

(3)师:哎呀!不好了!蜜蜂来了!小熊该怎么办?

师:只能蹲在那儿不动。但是蜜蜂飞来飞去,他会有什么样的感觉?(很害怕)

师:我们来看看这个熊宝宝怎么表示害怕的。

师:熊宝宝们,你们听……

(4)师:熊宝宝们,我们什么时候才能逃回家?听好,蜜蜂打哈欠啦!让我们一起逃回家吧!

(5)回忆4个游戏环节,完整做2遍动作。

师:刚刚老师把这个有趣的故事画了一张图谱。我们听着音乐,看着图谱,在座位上再来做一做吧!

师:这一次不看图谱能不能玩?我们一起来试一试。如果你不记得动作了,可以看看图谱。

6.分角色表演,完整地跟随音乐做游戏。

师:这是个好玩的游戏"熊与蜜蜂",小熊在玩的时候,如果最后被蜜蜂蜇到了,就要去做小蜜蜂,明白了吗?

师:坐了半天,肚子好饿,宝宝们,快跟熊妈妈找东西吃吧!(完整游戏第一遍)

师:哎呀……这个熊宝宝身上怎么多出一个大包?(被蜜蜂蜇了)哎,我可怜的孩子!

师:其余熊宝宝要注意了啊!大家好像没吃饱?我们再去找点吃的吧!(完整游戏第二遍)

师:今天被蜜蜂追了那么多次,熊宝宝们都气喘吁吁的了,让我们一起听着音乐,休息一会儿吧!

活动中利用图谱帮助幼儿合拍表现熊走路以及创编几种表达喝蜂蜜满足感的动作。

项目小结

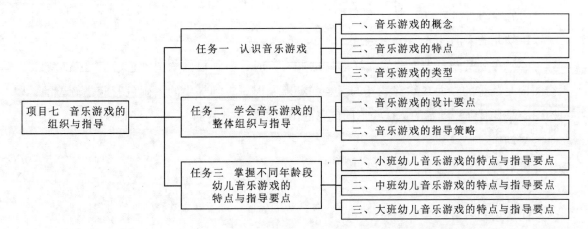

音乐游戏一般是指以音乐为背景，或在音乐伴奏、歌曲伴唱的同时，幼儿以个人、多人合作或集体的游戏方式，用歌唱、舞蹈、律动或欣赏等形式来表现和体验音乐的性质、内容和音乐形象，以此来培养和发展诸如感受、鉴赏、表现和创造等艺术能力的音乐教育活动。

音乐游戏的类型主要有音乐听觉游戏、律动游戏、歌唱游戏以及舞蹈表演游戏，教师要注意根据不同的教学任务设置不同的游戏形式。

在音乐游戏的设计上，教师不仅要注意材料的选择，还需要做好各环节的编排，根据幼儿的接受度设置不同的游戏难度及游戏时间。

最后，音乐游戏的设计还需要符合幼儿的年龄特点，做到因材施教。

思考与练习

1. 单项选择题

（1）有人曾经在小班做过这样一个试验，让幼儿听着音乐跟着教师进行动作模仿，几乎所有的幼儿都很容易分辨出鸭走、兔跳、小鸟飞等动作的音乐，并做出相应的动作。这说明音乐可以促进幼儿（　　）的发展。

A. 听觉

B. 记忆力和注意力

C. 想象力思维

D. 语言

（2）教师戴上鸡的头饰，装扮成一只鸡，一步步走出来，捉捉虫、喝喝水、抖抖翅膀。这让幼儿看得入神，自己也迫切地想模仿老师做一只鸡。这位教师是靠（　　）来引起幼儿兴趣的。

A. 教具

B. 用儿歌故事等引路

C. 教师的表演

D. 幼儿的表演

（3）在欣赏柴可夫斯基的《洋娃娃的葬礼》时，教师提供的图画色彩应是灰暗的，构图应是凝重的；而在欣赏聂耳的《金蛇狂舞》时，教师提供的图画色彩应是辉煌的，构图应是具有强烈动感的。这些不同色彩的图画是音乐欣赏的（　　）辅助材料。

A. 动作

B. 语言

C. 视觉

D. 音乐

2. 简答题

（1）简述音乐游戏的概念及类型。

（2）简述针对中班幼儿的年龄特点，我们应该怎样指导中班幼儿的音乐游戏。

3. 材料分析题

小班的王老师正在带着幼儿玩"洋娃娃和小熊跳舞"的游戏，孩子们尽情地在游戏着，音乐停了，马上不动，音乐响起，又继续游戏，直到剩最后一个小朋友，坚持到最后的就成了冠军。教师为冠军贴了个五角星，大家都想得到五角星，都在努力做到最好。在第二次游戏时，最后有两个小朋友难分上下，老师就都奖励了他们五角星。但是在游戏过程中，也存在很多问题：个别幼儿规则意识不强，明明已经被小熊抓到了，过一会儿，又过来做游戏了；有的幼儿一直坐在椅子上不动，没有参与到游戏中来；还有的幼儿在游戏中开小差，玩着玩着就去摸别的玩具了。

请从幼儿的年龄特点角度分析我们可以怎样完善今天的游戏。

实践与实训

【实训一】

结合有关幼儿园见习经历，收集一个见习过程中观察到的幼儿音乐游戏课程，对该游戏课程的特点进行分析。

目的：掌握幼儿音乐游戏的特点，并能将其运用于教育实践。

要求：根据幼儿园见习经历，从游戏场地、游戏材料、游戏时间、游戏生活、游戏反思等多个方面分析这节课程。

形式：实地观察与分析。

【实训二】

设计一堂中班幼儿音乐游戏课，运用相关游戏理论针对他们的年龄特点进行合理设计。

目的：领会音乐游戏相关理论，并能将本章节课程相关理念灵活运用于教育实践。

要求：以小组为单位，写好教案，准备相关游戏材料和音乐类型，在第二节课进行翻转课堂，上一节中班音乐游戏课，游戏主题自拟。

形式：小组合作。

项目八　体育游戏的组织与指导

◇ **学习目标**

1.认识体育游戏的概念、特点，理解体育游戏的分类和目的；

2.掌握设计、组织与指导体育游戏的基本要点和策略，能根据幼儿的身心发展特点和动作发展要求设计体育游戏，能按一定的格式规范编写体育游戏教案；

3.领会各年龄段幼儿体育游戏发展的特点，树立科学、正确的游戏观，并能将科学的游戏指导理念灵活运用于实践，促进幼儿身心全面和谐发展。

◇ **案例导入**

户外活动开始了。教师对小朋友说："丁丁、美美，你们可以去玩抛接球游戏，小雨、欣欣，你们可以去玩滚轮胎游戏……"不一会儿，操场上到处都是幼儿玩耍的身影。抛接球游戏里，丁丁总是把球抛偏，有时还抛得很低，动作不规范，但是他们玩得很开心。心宝只是在一旁开心地笑着，并没有参与进来。他转身跑到轮胎区玩了起来，他滚动轮胎，嘴里喊着"嘀嘀嘀嘀……"，俨然一个小司机。这时，大家一个跟着一个在心宝后面蹲着走，好像小乘客。①

那么，什么是体育游戏？它有什么特点？幼儿园教师该如何组织与指导幼儿的体育游戏呢？学习完本项目，你就可以找到上述问题的答案了。

任务一　认识幼儿体育游戏

幼儿期是个体身体生长发育和心理健康发展的关键时期。良好的身体素质是幼儿全面发展的前提和基础。我国颁布的一系列政策法规明确将幼儿健康放在首位，并提出了幼儿园健康教育的目标、内容与要求，为幼儿园教师开展体育游戏指明了方向。

---

① 周艳霞,郑妍,黄锐.学前儿童游戏与指导[M].长沙：湖南大学出版社,2021：119.

项目八 体育游戏的组织与指导

一 体育游戏的概念

体育游戏也称运动性游戏或活动性游戏，是规则性游戏的一种。《教育大辞典》是这样描述体育游戏的：体育游戏旨在发展幼儿走、跑、跳、攀登、钻爬、平衡、投掷等基本动作和技能，不仅能锻炼身体，促进生长发育，还能发展智力，陶冶情操。[①]我国还有学者对体育游戏做了进一步概括，认为体育游戏有三层含义：第一，以各种身体动作的练习为主要内容，包括各种基本动作练习、提升身体素质的练习以及运动技术动作的练习（如拍球、踢球等）；第二，一般具有一定的情节、角色、规则、娱乐性和竞争性；第三，以发展幼儿的身体素质和基本活动能力为主要目的。[②]

综上所述，体育游戏是幼儿通过走、跑、爬、跳跃、投掷、平衡等基本动作、有一定的情节和角色、有严格的规则、有明确的结果，以发展幼儿身体素质和心理素质为目的的一种活动性游戏。体育游戏是幼儿体育活动的基本形式之一。

二 体育游戏的特点

奔跑在大自然里，徜徉于游戏的世界，体育游戏作为一种体育活动形式，内容丰富、形式多样、趣味性强、生动活泼，容易唤醒幼儿热烈、高昂的情绪，并且能为幼儿感知世界积累经验，培养幼儿坚毅的品质和勇于创新的精神，体育游戏为幼儿的成长和发展提供了无限可能。

（一）教育性

2001年教育部印发的《幼儿园教育指导纲要（试行）》明确指出：幼儿园必须把保护幼儿的生命和促进幼儿的健康放在工作的首位；幼儿园要开展丰富多彩的户外游戏和体育活动，培养幼儿参加体育活动的兴趣和习惯，增强体质，提高对环境的适应能力。可见，体育游戏是幼儿园体育教育最基本的组织形式，也是幼儿园一日活动的重要内容。

幼儿园体育游戏的任务主要是通过以下两种途径来完成的：一是注重锻炼功能的体育活动（包括早操、体育课以及户外体育活动等常规锻炼方式）；二是除了锻炼功能以外，还具有趣味和竞技属性的体育游戏（包括幼儿自主体育游戏和教师组织的体育游戏）。[③]与一般的体育活动相比，体育游戏能够更全面地促进幼儿身心发展。

我们一起来看一个游戏活动"快乐的小青蛙"的目标。

---

① 顾明远.教育大辞典[M].上海：上海教育出版社，1990：223.
② 刘馨.学前儿童体育[M].北京：北京师范大学出版社，1997：90.
③ 杨枫.学前儿童游戏[M].3版.北京：高等教育出版社，2018：157.

> 1. 尝试用身体表现各种动作，获得新的运动经验，并体验成功的乐趣。
> 2. 练习从高处往下跳，发展腿部肌肉力量。
> 3. 能够根据指令做出反应，加深对不同颜色的认知与分辨能力。

从上述目标中，我们不难发现，幼儿园的体育游戏具有鲜明的教学意义。体育游戏将基本的动作练习寓于趣味性、规则性很强的游戏活动中，幼儿在空气清新、阳光充足的环境中完成跳跃、投掷、追逐、躲闪、滚、爬、吊、拉、推、平衡等基本动作练习，既能锻炼多种运动技能，又能培养协作意识、规则意识和探究能力。

（二）趣味性

喜爱体育游戏是幼儿的天性。体育游戏多在户外开展，于幼儿而言，体育游戏就是一种满足自身好动性格与探究欲望的活动。

体育游戏的趣味性主要体现在游戏情节的多样性和游戏材料的丰富性上。大多数体育游戏都被赋予活泼生动的故事情节和逼真形象的角色，这也正满足了幼儿爱表现、爱模仿的多种需要。活泼生动的故事情节能够最大限度地调动幼儿参与游戏的积极性，抓住幼儿的兴趣点。比如：在体育游戏"动物赛跑"中，幼儿戴上不同小动物的名牌，更容易进入游戏的情境，他们穿越不同的障碍，很好地锻炼了走跑、跳跃、平衡等综合技能；在体育游戏"调皮老鼠与大象"中，幼儿扮演小老鼠，开着飞机来到大森林，走过独木桥，抵达大象哥哥家，幼儿很自然地进入活动并全身心投入地扮演角色，体验到走跑、跳跃、绕、抬等动作的乐趣。

幼儿活泼好动，对新鲜事物有着强烈的探索欲望。体育游戏中丰富多样、玩法百变的游戏材料，如球、软垫、体能棒、轮胎、沙包等，能很好地激发幼儿参与体育活动的兴趣。如在体育游戏"蚂蚁搬家"中，幼儿选取"粮食"（绒布衣、粘球衣），再绕过"小树林"（单元桶和体能棒），爬过"草地"（协力伞和软垫）等。同时，幼儿在体育游戏中能产生积极、愉悦的情绪情感体验。

（三）健身性

体育游戏不同于角色游戏、表演游戏和建构游戏，它是以走、跑、跳、攀登、钻爬、平衡、投掷、追逐、躲闪等基本身体动作为核心，以游戏为主要活动形式，以增强体质、促进身体健康为主要目的的一种活动性游戏。幼儿在体育游戏中能够规范基本动作要领，有助于幼儿身心和谐健康发展。

体育游戏中有诸多运动和动作信号，能够锻炼幼儿的神经系统，也能完善和平衡幼儿的兴奋和抑制过程。比如在"捕鱼"游戏中，作为"小鱼"的每个幼儿都必须注意"渔网"的动作，当"渔网"靠近的时候，幼儿必须迅速地跑开，感到自己安全了，才放慢速度，停住；当"渔网"

又靠近时，幼儿又得加快速度跑开。①多数体育游戏都有这种改变运动和动作信号的特征，只是有的很清楚，有的较为隐蔽。

（四）规则性

幼儿年龄越小，规则意识越弱，不能很好地将规则与自己关联起来，时常处于"不知道要干什么"的状态。而在体育游戏中，规则是幼儿安全参与活动的基础，只有引导幼儿遵守已建立的规则或师幼共同探讨如何建立规则，才能使幼儿在体育游戏中感受到乐趣。我们一起来看下面这个体育游戏案例。

> 在中班体育活动"练习单脚跳"中，教师首先让幼儿掌握基本动作要领及游戏规则。所有幼儿都学会单脚跳后，教师用启发式语言说："如果采用比赛的形式，我们该怎么玩呢？"有的小朋友反应较快，直接说分成两组，教师又继续问："你们认为应该分成两组玩吗？"小朋友们异口同声地说："应该！"教师快速将幼儿分成相同的两组，又问小朋友接下来该怎么办。小朋友们说在终点放一个标志，每组成员返回时跟下一个要跳的成员击掌后站到队尾。

这个案例中，师幼共同探讨游戏规则。征得幼儿的同意后进行游戏活动，幼儿的参与性更强，自觉性有所提升，游戏进展得也很顺利。体育游戏是幼儿身心充分释放、尽情舒展的过程。教师只有充分理解幼儿对规则的认知特点，才能帮助幼儿认识规则、理解规则、遵守规则，从而培养幼儿的规则意识。

《幼儿园教育指导纲要（试行）》对于幼儿园健康教育提出了如下内容与要求。

> 1. 建立良好的师生、同伴关系，让幼儿在集体生活中感到温暖，心情愉快，形成安全感、信赖感。
> 2. 与家长配合，根据幼儿的需要建立科学的生活常规。培养幼儿良好的饮食、睡眠、盥洗、排泄等生活习惯和生活自理能力。
> 3. 教育幼儿爱清洁、讲卫生，注意保持个人和生活场所的整洁和卫生。
> 4. 密切结合幼儿的生活进行安全、营养和保健教育，提高幼儿的自我保护意识和能力。
> 5. 开展丰富多彩的户外游戏和体育活动，培养幼儿参加体育活动的兴趣和习惯，增强体质，提高对环境的适应能力。
> 6. 用幼儿感兴趣的方式发展基本动作，提高动作的协调性、灵活性。
> 7. 在体育活动中，培养幼儿坚强、勇敢、不怕困难的意志品质和主动、乐观、合作的态度。

---

① 杨枫.学前儿童游戏[M].2版.北京：高等教育出版社，2014：110.

三 体育游戏的分类

体育游戏内容丰富多样，形式生动活泼，为了便于我们有针对性地选用合适的体育游戏，可以将体育游戏按照一定的维度进行分类。

（一）发展动作类体育游戏

体育游戏以发展幼儿的基本动作为内容，主要发展的是以下五类动作：第一，基础动作，如走、奔跑、跳跃、攀登、钻爬、抛、投掷等基本动作和提高身体素质的动作；第二，有简单运动技术的动作，如绳类、球类、体操等运动项目的基本动作；第三，体育游戏本身特有的动作，如抛球、夹包、踢毽子、跳皮筋等游戏中的动作；第四，模拟动作和简单的舞蹈动作，如压肩、踢后腿、推脚背组合等；第五，生活动作，如穿衣、系鞋带、梳头发等动作。[1]我们一起来看下面这个中班体育游戏"捕捉小鱼"的游戏目标。[2]

> 发展目标中的游戏目标是"练习在一定范围内躲闪跑"，幼儿为了保证自己能继续游戏，就必须灵活躲闪，其身体素质目标是"锻炼身体的灵活性和协调性"，因为躲闪时要求迅速跑步、转身、设法躲避，并不碰撞其他幼儿。

拓展阅读：
扫一扫，阅读《基于动作发展视角下幼儿体育游戏分类方法比较研究》。

（二）一物多玩类体育游戏

顾名思义，"一物多玩"就是一种物体多种玩法。一物多玩类体育游戏主要有四种：第一，圈或球类体育游戏；第二，软式套绳类体育游戏，如隔空跳方格等；第三，轮胎类体育游戏，如翻轮胎、双人平衡踩、双脚跳、崩山羊、滚轮胎等；第四，盒（纸、垫、积木）类、袋子类、塑料瓶类体育游戏；第五，彩虹伞类体育游戏，如"大风小风""鲨鱼来了""大转盘""指令跳"等。

（三）按体育游戏有无情节分类

根据体育游戏有无情节，可将体育游戏分为主题游戏和无主题游戏。主题游戏即从幼儿现实生活中的片段和童话故事中提炼主题，构思体育游戏的情节，如"汤姆猫酷跑""森林跳跃大赛"

---

[1] 丁海东.幼儿园游戏组织与指导[M].长沙：湖南大学出版社，2015：169.
[2] 全国幼儿园教材编写组.幼儿园教材（试用本）体育[M].北京：人民教育出版社，1982：28.

"调皮老鼠与大象""大战病毒"等。无主题游戏则是没有主题、情节和角色,主要包含幼儿感兴趣的基本动作或是有竞赛性质的游戏,如"接力障碍跑""抓尾巴"等。

(四)按体育游戏活动形式分类

按体育游戏活动形式,可将体育游戏分为接力游戏、追逐游戏、争夺游戏、角力游戏和猜摸游戏。

接力游戏是以接力的形式进行各种走跑、跳跃、攀登、钻爬、球类、轮胎类等活动的分组竞赛的游戏,如"种瓜接力赛""球球接力跑""垒柱子"等。追逐游戏一般指游戏者追逐他人或球,提高幼儿的奔跑能力,锻炼幼儿灵敏性和反应能力的竞争性游戏,如"地雷爆炸""大鱼来了"等。争夺游戏是为一定的物品或位置进行的一种斗智比速游戏,如"篮球大作战""快乐抢椅子""宝藏争夺战"等。角力游戏是游戏者相互比较力量、斗智斗勇的对抗性游戏,如"斗鸡""快乐拔河"等。猜摸游戏是游戏组织者蒙住游戏者的眼睛,使其利用听觉、触觉、平衡感来进行运动和猜物的游戏,如"盲人摸鱼""捉迷藏"等。

(五)按体育游戏是否使用器械分类

按体育游戏是否使用器械,可将体育游戏分为器械类游戏和徒手游戏。幼儿体育游戏的器械一般分为常规器械、传统民间器械、感觉统合器械、自制器械、利用原材料的废旧器械等类别。其中,常规器械有大型组合器材、沙包、轮胎(见图8-1)、平衡木、呼啦圈、皮球、篮球、足球、乒乓球、海绵垫、泡沫板、淘气堡、攀岩墙、跳绳、滑滑梯、龙秋千(见图8-2)等;传统民间器械有投壶、套圈、舞龙、毽子、轿子等;感觉统合器械有大陀螺、羊角球、滑车、平衡触觉板等;自制器械有纸箱、竹竿、高跷、降落伞、布袋等;利用原材料的废旧器械有闲置的奶粉罐、月饼盒等。此外,器械还有其他本土资源,如竹、木、石、草、藤等。

图8-1 利津幼儿园常规器械——轮胎

图8-2 利津幼儿园常规器械——龙秋千

拓展阅读:
扫一扫,阅读《自制体育器材在幼儿体育游戏创新中的应用》。

（六）按体育游戏的组织形式分类

体育游戏按其组织形式，可分为自主性体育游戏和教学性体育游戏。

自主性体育游戏是以幼儿为主，幼儿自主选择、探索器械的多种玩法，自主创设游戏情境、自由组合玩伴的游戏。比如，大班幼儿踢毽子的游戏既可以个人创编毽子的玩法（如用脚内侧踢盘毽子、用脚外侧踢拐毽子、用脚面踢蹦毽子），也可以结伴自由探索毽子的玩法（如顶在头顶平衡走、抛着玩）。

教学性体育游戏是以教师为主，依据幼儿各年龄段的体育游戏目标以及幼儿实际状况组织的教学性游戏，也称集体体育教学游戏。如中班游戏"快乐的跳跳羊"就是教师为了帮助幼儿熟练掌握"跑跳步"的动作而设计的，此外，它还要求幼儿用起跳腿向前上方蹬地、摆动腿与上肢摆臂协调配合等。

任务二　学会幼儿体育游戏的整体组织与指导

体育游戏融体力发展、智力发展、身心娱乐于一体，合理的体育游戏设计有利于调动幼儿运动器官、激发幼儿参与游戏的兴趣，从而培养幼儿良好的品质。因此，为了提高体育游戏的趣味性和有效性，我们应科学地设计和组织幼儿的体育游戏。

一、体育游戏的设计要点

（一）构思游戏内容

为了更加有效、科学地开展体育游戏，教师首先需要构思游戏内容，具体包括明确游戏目标、选择游戏内容、考虑游戏结构、设计游戏细节、制定游戏规则等。①

1. 明确游戏目标

游戏目标即在游戏中所要达到的目的，游戏内容、游戏准备、游戏规则、注意事项等都是围绕游戏目标展开的。首先，目标指向要明确，教师要预先了解不同年龄段幼儿的身心发展特点，同时结合本班幼儿的实际情况，使目标设计具有针对性、可操作性；其次，目标设计要全面，一方面提高幼儿走、跑、跳、投掷、钻、爬等基本活动能力，提高幼儿的身体素质，另一方面应该培养幼儿遵守纪律、勇敢顽强、不怕困难等情感品质，从情感态度、知识经验、能力发展三个维度对目标进行整合设计；最后，目标应有调整的空间，在游戏过程中，教师应根据幼儿身体机能

---
① 杨枫. 学前儿童游戏[M]. 3版. 北京：高等教育出版社，2018：157.

的适应程度以及动作要领的掌握程度进行灵活调整，使体育游戏更适合幼儿发展的需要。[1]我们来看一个中班体育游戏"种萝卜"的游戏目标。

> 1.愿意遵守游戏规则，遇到困难能够坚持到底。
> 2.练习双脚在直线两侧行进跳。
> 3.能与同伴配合，完成"种萝卜"游戏。

在该游戏目标中，"练习双脚在直线两侧行进跳"指向明确，具有针对性、可操作性，能够提高幼儿跳跃的基本动作能力。案例中的三条目标分别指向的是情感态度、知识经验、能力发展三个维度；其中，"愿意遵守游戏规则，遇到困难能够坚持到底"致力于培养幼儿良好的品质。

2.选择游戏内容

体育游戏内容是实现体育目标的重要手段，因此，教师要依据游戏目标的要求，选择和设计符合幼儿身心发展规律的游戏内容。

体育游戏内容的选择主要涉及身体基本动作技能、体育活动器械及幼儿的现实生活三方面。首先，动作以走、跑、跳跃、攀登、钻爬、抛、投掷为主，依据各年龄段幼儿心理发展水平和基本动作发展特征，遵循从简单到复杂、由易到难的原则，设计适宜的游戏内容，使游戏更有趣。如小班幼儿还未掌握跳跃动作要素，教师在选择体育游戏内容时，就要选择跳跃动作简单的内容。随着幼儿年龄的增长和动作能力的发展，中、大班幼儿身体运动的节奏和协调性均有了明显提升，教师要适当地引导幼儿形成探索运动的经验。其次，丰富多样的体育活动器械能够吸引幼儿主动参与身体基本动作的练习，幼儿园应配备常玩常新的体育活动器械，如"哈哈相框"就是幼儿利用一个相框或跳或钻，或者利用多个相框拼搭成各种图形钻爬抛接。

此外，教师应鼓励幼儿创造性地使用器械，使幼儿的创造性在游戏过程中自然养成。最后，游戏内容应实现《3—6岁儿童学习与发展指南》中提出的"要珍视游戏和生活的独特价值"，教师要尽可能选择一些贴近幼儿生活经验或幼儿所熟知的小动物，如在"小动物赛跑"中，幼儿分别扮演小马、小鹿、小羊等角色，进行多种形式的赛跑练习，在有趣的情境中实现了较好的运动效果。

3.考虑游戏结构

体育游戏的结构主要从游戏情节和游戏活动方式两方面进行考虑。教师要遵循幼儿身体发展特点和认知发展规律，使游戏活动方案的趣味与锻炼并行、安全与教育并重。

游戏情节是影响体育游戏趣味性的重要因素，富有情境的游戏情节更能吸引幼儿的注意力。教师要选择幼儿熟悉和喜爱的角色创设情境。如在大班"勇闯花果山"的游戏中，教师创设了"孙悟空打妖怪"的游戏情境，幼儿通过双脚起跳、夹棒跳、立定跳等多种跳跃方式"勇

---

[1] 李丽，邓益云.幼儿游戏活动设计与案例：视频指导版[M].北京：人民邮电出版社，2018：73.

闯花果山",最终打败"妖怪",在有趣的情境里幼儿也学会了屈膝—摆臂—跳跃—落地的立定跳技能。

教师在安排游戏活动方式时,既要考虑趣味性,又要考虑一定的教育要求。如玩"快快圈圈"的游戏,在探究体操圈的多种玩法时,幼儿采用了个人、小组和集体等方式进行探索,在此过程中,幼儿也获得了认知和社会性的发展。

4.设计游戏细节

游戏情节和游戏活动方式等大框架构思好之后,就需要精心设计游戏细节。教师要综合考虑游戏时需要采用哪些队形、角色、信号等。例如,分队(组)可以采用教师分配法、点将法、报数法、猜拳法、轮流法、民主法等,游戏角色可以是幼儿自己,也可以是幼儿喜爱的小动物、动画人物、现实人物等。游戏可以只设计一个角色,也可以设计多个角色。例如,幼儿在扮演小蝌蚪长成青蛙的过程中,用扭扭屁股表现"尾巴慢慢变短了",用前伸、平举胳膊表现"长出了两条前腿"。再如"猫捉老鼠"的游戏,可设置妈妈、宝宝等幼儿熟悉的多种角色,创设出"老鼠一家""猫一家"的游戏情境。有些体育游戏还需要编配健康向上、简单押韵、朗朗上口的儿歌、绕口令等,如游戏"小青蛙跳荷叶"的儿歌是"小青蛙,跳荷叶,一片荷叶一步跳,两片荷叶一步跳,三片荷叶一步跳。"再如,"沙包"游戏中的儿歌"小小脚,分分开,小小手,放耳边,小胳膊,架起来,退一步,侧转身,小小沙包投出去"。朗朗上口、具体形象的儿歌有助于幼儿快速掌握游戏方法。

教师进行细节设计时要有整体意识,如果队形准备、角色分配、讲解游戏规则等方面用的时间过长,幼儿便会失去游戏的兴趣。

5.制定游戏规则

在体育游戏中,科学地制定、巧妙地渗透游戏规则是游戏取得良好成效的关键所在。体育游戏大多是规则性游戏,如果没有恰当的规则,游戏就会陷入无序化状态。

游戏规则一般包括常规基本要求、任务要求、奖惩标准等。常规基本要求即约定俗成的规则,如在"老鹰捉小鸡"游戏中,要合理规划场地界线,"小鸡"不能随便跑出教师的视线范围;要公平、公正竞争,不伤害同伴。任务要求指的是游戏需要达成的目标,目标完成即获得了胜利。如在"小兔赛跑"游戏中,在终点放置一排橙色小桶充当萝卜,让幼儿模仿小兔子,双脚连续向前跳,看谁先到终点获得"萝卜"。再如,"小小解放军"游戏中,幼儿突破"钻山洞""过小河"等障碍,完成"送信"的任务。奖惩标准指在游戏前,教师提出或师幼共同协商达成一致的奖惩标准。如在"小青蛙跳荷叶"的游戏中,有的幼儿喜欢争强好胜,为了争夺第一名,没有按照指定的规则跳到荷叶范围内,这就需要幼儿按照规则返回起点进行跳跃。如果幼儿多次违反规则,则需要让其中止游戏五分钟。

教师制定游戏规则时,要综合考虑不同年龄段幼儿的身心发展特点、运动情况等,而且注意游戏规则并非一成不变的,有时要根据幼儿运动负荷、游戏情境和游戏发展水平等进行灵活调整。教师也可以与幼儿共同探讨、制定和调整规则,以增强幼儿对规则的认同感。

（二）撰写游戏方案

在游戏内容构思成熟后，即进入撰写游戏方案的阶段。自主性体育游戏与教学性体育游戏的方案略有不同，自主性体育游戏方案包括游戏目标、游戏准备、游戏玩法、游戏规则、注意事项、游戏建议等；教学性体育游戏方案包括活动名称、设计意图、活动目标、活动重难点、活动准备、活动内容、活动延伸等。

为了帮助大家更好地区分自主性体育游戏与教学性体育游戏，我们先来看一个大班自主性体育游戏案例"滚轮胎"。①

滚轮胎

【设计意图及教育意义】

在幼儿能够熟练滚轮胎的基础上，为进一步增强活动的趣味性和挑战性，我们适当增加难度，创新推出了花样滚轮胎活动。

滚轮胎活动主要发展幼儿的平衡能力和手眼协调能力。活动中，幼儿拉轮胎，用竹棍滚轮胎，滚着轮胎通过"小桥"、钻过"山洞"等，这比在平地上滚轮胎增加了难度，更需要控制好速度，掌握好平衡。面对新的挑战，幼儿充满了斗志，在不断克服困难和障碍的过程中越来越自信，动作得到发展的同时磨炼了意志。

【游戏目标】

1. 喜欢参加体育活动，并感受游戏的快乐。
2. 能较熟练地进行各种形式的滚轮胎活动。

【游戏准备】

将长为2米左右的长方形木板正中位置用三角形铁架固定，做成两个木质的跷跷板，直径为1米的大滚筒两个，废旧轮胎、竹棍、布绳若干。

【游戏玩法与规则】

1. 双手扶稳轮胎两侧，推动轮胎向前滚动，待动作熟练后可由双手滚变为单手滚，还可进行绕障碍滚。
2. 将轮胎摆成两列直线，看谁在轮胎上走得快、走得稳；也可将轮胎侧放，摆直线或曲线，在轮胎的圆洞中间进行双脚跳和单脚跳。
3. 用竹棍拉轮胎。
4. 用布绳拉轮胎。
5. 滚轮胎过"小桥"、钻"山洞"。幼儿分成两组，在跷跷板后面排队，接着依次滚轮胎通过"独木桥"，继续滚轮胎进"山洞"（大滚筒），再往前滚至标记位置返回，重新回到队伍后面排队。可以设计成两组比赛的形式，看哪一组最早完成，所有幼儿最先完成的小组胜出。

---

① 刘合田.利津一幼儿童户外游戏探索与创新[M].北京：科学出版社，2017：98-100.

【注意事项】

1.游戏场地不要太小,游戏应在开阔的跑道上进行,可以让幼儿滚轮胎时奔跑起来。

2.幼儿排队过"独木桥"(跷跷板),前面的幼儿过桥时,后面幼儿的轮胎不要压在板上,这样前面的幼儿才能将板压下顺利过桥。

【建议】

1.轮胎提前用彩色油漆粉刷,好看的颜色会让幼儿更加喜爱这个游戏。

2.幼儿人数多时,可以分多组同时进行,以免等待时间过长。

我们再来看一个大班教学性体育游戏"走大鞋"。①

走大鞋

【设计意图】

幼儿对大鞋很感兴趣,也有穿爸爸妈妈的大鞋"踢踏踢踏"的经历,但两人穿同一双大鞋一起走路会怎样呢?幼儿很想亲身体会一下,因此我设计了"走大鞋"这一游戏。它不但能锻炼幼儿的平衡能力,还能促进幼儿团结,增进幼儿之间的感情,是幼儿非常感兴趣的游戏。

【活动目标】

1.尝试两人、三人合作,发展幼儿的平衡能力,提升幼儿的协作精神。

2.进行小组循环的"走大鞋"游戏,让幼儿充分体验合作运动的愉悦。

3.让幼儿喜欢参加体育游戏,感受运动的愉悦。

【活动准备】

1.用纸板和牛筋(彩带)自制的"大鞋"若干双,每双大鞋分别写有数字1、2。

2.找好合适的场地、准备音乐《快乐的小火车》。

【活动重难点】

活动重点:两人、三人合作"走大鞋",发展幼儿的平衡能力以及相互协作的精神。

活动难点:穿上"大鞋"能稳定地行走。

【活动过程】

一、热身运动,吸引幼儿的兴趣

引导语:(跟着音乐)现在我们要开小火车了,将你们的小手搭在前面一位小朋友的肩上,小脚慢慢地跑起来哟!(中途用语:小火车开动啦,呜呜呜;小火车钻山,哎……呀!要开始上山坡了哟……哇,到站啦!)

热身运动:学小鸡点点头,学小鸭扭扭腰,学小猴扭扭屁股,学小兔蹦蹦跳跳等。

---

① 莫云娟,任捷.幼儿园游戏活动指导[M].长沙:湖南师范大学出版社,2021:164.

二、初步体验穿"大鞋"的感觉

（一）让幼儿穿上"大鞋"

引导语：小朋友们，今天我们穿上了"大鞋"，可一定要小心，千万别让它离开小脚哟！走！穿上我们的"大鞋"，散步去喽！（慢慢走、快快走、小步走、迈开大步往前走）

（二）引导幼儿说说自己的感受

1.穿上"大鞋"是什么感觉呢？（很大、会掉等）

2.那有什么好办法，可以让"大鞋"跟着我们的小脚呢？（脚尖用力勾着鞋子走……）

3.我们一起来试试。走喽！跑一跑，再来跳一跳吧！

三、两人合作"走大鞋"

（一）第一次尝试

1.幼儿自由组合，两人一组选择一双"大鞋"，进行合作"走大鞋"的尝试。

2.教师巡视观察，注意发现幼儿在尝试过程中出现的问题，如两人迈步不协调、步速不一致等，引导幼儿积极探索。

提问：

（1）说说自己小组走得怎样。

（2）说说如何才能走得更好。

3.幼儿示范

引导幼儿用动作配合语言表达自己的想法、做法。

4.师幼共同总结"走大鞋"的好方法。

动作要领：后一位小朋友扶着前一位小朋友的肩膀，走的时候先迈出写有数字1的鞋，再迈出写有数字2的鞋，两人一起喊"1、2，1、2，……"的口号，协调一致地向前走。

（二）第二次尝试

1.跟着音乐节奏，幼儿再次玩"走大鞋"的游戏。

2.教师进行个别指导与帮助。

3请合作"走大鞋"成功的幼儿进行展示，并鼓励幼儿创新。

（三）三人合作"走大鞋"

品尝到成功滋味、身体平衡能力较强的幼儿选择同伴自由组合进行三人"走大鞋"，方法同两人走，只是难度有所增加，三人只有密切配合、步调一致才能走好。

四、放松活动

幼儿用小手捶捶肩、捶捶背、捶捶腿，使身体放松。

【活动延伸】

1.将幼儿按人数分为两组进行PK。

2.两人跨越障碍"走大鞋"也可以亲子游戏方式进行。

拓展阅读：

扫一扫，阅读《幼儿体育游戏的设计思路的研究》。

二 体育游戏的指导策略

幼儿园的体育游戏有自主性体育游戏和教学性体育游戏两种形式，两种形式都需要教师的组织与指导，但内容和要求各不相同。

（一）自主性体育游戏的组织与指导

为了推动自主性体育游戏顺利开展，教师要维护场地、器械安全，做好安全教育工作，鼓励幼儿自由探索，在游戏中引导幼儿建构并遵守规则，同时观察幼儿的游戏行为，并及时给予引导和帮助，真正以教师为主导、以幼儿为主体，实现快乐体验与自主学习同步。

案例展示：

扫一扫，走进幼儿体育游戏推荐之"好玩的报纸"。

1.维护幼儿的安全

教师要牢固树立"安全第一、预防为主"的理念，维护幼儿的安全。教师布置游戏场地前要查看室内外游戏场地和器材的安全性，主要检查地面是否有水渍、是否平整或过于狭窄，器材是否有损坏，边缘轮廓是否锋利，幼儿之间的距离是否合适等。

幼儿生来爱冒险，易兴奋。教师要根据幼儿的活动状况及时调整运动器械、运动内容及运动量，做到循序渐进、合理安排。在运动前，教师应提出必要的安全要求，强化幼儿的安全意识，告诉幼儿哪些动作可以做、哪些动作不能做等。开始运动前可采用音乐小律动、听口令等方式做好热身运动，运动结束后应有适当的身体放松活动。幼儿在运动过程中，主班老师和配班老师要合理分工，注意观察幼儿的动作状况和行为表现，若发现幼儿随意推搡同伴，跳跃或快速奔跑时说笑、伸舌头、出现损伤等务必及时制止。

2.鼓励幼儿自由探索

自由探索活动是发展幼儿好动、好奇、好问、好模仿等特点的良好途径。教师要为幼儿提供同一种运动材料或运动器械，鼓励幼儿通过材料组合、方位变换、合作游戏等方式，不断创新玩法。幼儿在这种没有外界评定的情况下，自由地对客体进行探索、观察和试验，能够促进自身象征性思维的发展。我们一起来看下面这个"与铁桶做游戏"的案例。[①]

---

① 朱珍珍.与铁桶做游戏[J].幼儿教育（教育教学），2016（7）：83.

与铁桶做游戏

最近，教师在操场上投放了好多又大又高的铁桶，孩子们望着这些高大的铁桶有些茫然，不知从何下手。

小昂、小恒和小硕三人围着铁桶，想把它推倒。小硕把铁桶向对面推，小昂站在一边紧紧扶住铁桶，稳住铁桶快速向下的趋势，小恒赶紧走到小硕对面，等到能够碰到铁桶上面的边时，用手托住铁桶，三个人合力慢慢将铁桶往下放，直到它安全接触地面。

接下来，他们尝试推着铁桶滚。小恒想把铁桶推到草坪上的玩沙区，可是草坪边上有路坎，她把铁桶贴在路坎上用力推，铁桶纹丝不动。她又跑到对面试图把铁桶拉上来，铁桶依然不动。她反复试了好几次都不行，只好请来彤彤帮忙，但仍然没有成功。小恒和彤彤对着铁桶研究了半天，接着小恒把铁桶推到离路坎较远的地方，然后两个人一起用力，飞快地推着铁桶向草地上滚，借着这股冲力，铁桶终于滚过了路坎。他俩可开心了，又照样玩了几次。玩得多了，他们又发明了另一种把铁桶推上路坎的方法，他们先把铁桶推到靠近路坎处，再合力把铁桶向上托起，然后在下面垫上一块石头，使铁桶下部有了一个支点，然后就比较容易将铁桶推上路坎了。

再看那边的孩子们。他们从操场的另一边拿来了梯子和垫子，有的把梯子斜靠在铁桶上坐在那儿玩，有的把铁桶横放在地上玩"爬山"。炘炘准备把梯子架在两个铁桶之间，可是铁桶太高了，他够不着，他四下里看了看，发现旁边有小朋友正把梯子靠在铁桶上往上爬，他就又去拿了个梯子靠在铁桶上，然后就一只手拿着梯子，另一只手扶着靠在铁桶上的梯子往上爬，爬到梯子的第三档时发现高度可以了，就双手一用力把手上的梯子架在了两个铁桶中间。接着他就顺着爬上了铁桶的顶端，他高兴极了："我爬上来了！我想过'天桥'。"可是要过"天桥"时，他有些害怕。过了好一会儿，他尝试着跨出第一步，不过刚起步就不敢往前了，只好向朋友求助："谁来帮帮我？"琪琪和欣欣跑了过来，帮助炘炘走过了"天桥"，到达了对面。为了让炘炘顺利地下来，琪琪又把梯子靠在了铁桶上。在大家的帮助下，炘炘完成了他的一次挑战。

从以上案例我们可以看出，幼儿切身体会到了玩游戏的快乐与刺激，同时发现了铁桶的新玩法和有效结合的方式等。教师放手让幼儿自由探索，是幼儿顺利完成挑战的重要条件。教师应允许幼儿自由地探索，支持幼儿的奇思妙想，激发幼儿的想象力与创造力。

3.引导幼儿建构并遵守规则

规则是顺利开展体育游戏的保障，自主性体育游戏更需要规则。教师应减少"高控"，充分利用体育游戏的趣味性，促使幼儿自觉遵守规则。如在玩大型体育活动器械时，要引导幼儿轮流进行、学会等待。教师还应让幼儿充分意识到遵守规则是推进游戏顺利开展的重要保障。例如，在"黑猫警长拯救被困小动物"的游戏中，第一轮比赛结束后，教师和幼儿一同分析西瓜组挑战失败的原因是，几个组员在爬封锁网时触网，按规则规定重新退回，浪费了时间；苹果组失利的原因是两组员交接时没有通过挥动小旗给出动作信号而影响了速度；而草莓组的组员自觉地遵守了规则，他们齐心协力、高效地完成了挑战任务。

《3—6岁儿童学习与发展指南》明确指出，重视幼儿的学习品质。幼儿在活动过程中表现出的积极态度和良好行为倾向是终身学习与发展所必需的宝贵品质，教师要充分尊重和保护幼儿的好奇心和学习兴趣，帮助幼儿逐步养成积极主动、认真专注、不怕困难、敢于探究和尝试、乐于想象和创造等良好的学习品质。[1]因此，教师应引导幼儿主动建构规则，在不影响幼儿自主游戏的前提下，以游戏者的身份参与幼儿的游戏，巧妙抓住幼儿在自主游戏中的问题和堵点，适时抛出问题，培养幼儿发现问题、解决问题的能力，最大限度地挖掘幼儿的发展潜能，从而促进幼儿主动内化、主动发展、主动建构，成为游戏的主人。

4. 观察游戏，及时引导

在体育游戏中，教师应对幼儿的游戏状态、幼儿与材料和同伴的互动状况以及幼儿的需要进行全面深入的观察。教师要通过观察判断幼儿是需要指导还是可以自己思考独立解决问题，或判断幼儿面临的问题是全班幼儿共有的还是属于个别幼儿的，从而确定支持和引导方式。

由于体育游戏自身的独特性，教师应给予幼儿更多探索的机会，让幼儿在不断的试误中感受游戏带来的快乐体验。教师既要观察幼儿的表层需要，也要观察幼儿深层次的需要，同时，教师对幼儿的引导需要把握合适的时机，如在幼儿到处观望、无所事事或者遇到困难想要放弃时，教师要适当引导和推进。

幼儿在思维、性格、语言、情绪等方面存在较大的差异，即使是在同一个体育游戏中也会表现出不同的游戏行为，这就需要教师了解幼儿的身心发展特点和游戏水平。我们一起看看下面三个"赶小猪"的游戏案例。[2][3]

案例一

"赶小猪"游戏是幼儿利用材料，如纸球、皮球棍、羽毛球拍等，通过教师设置的障碍，经过"森林、山洞、小桥、迷宫、马路"送"小猪"回家的游戏活动。在"赶小猪"过程中，"小猪"总是不受幼儿控制，到处乱跑。幼儿一开始很感兴趣，但是玩了一会儿以后，发现"小猪"总是乱跑后，有一部分幼儿开始放弃。于是，教师问："为什么'小猪'总是乱跑呢？"恒恒思考着说："因为这根棍子太细了，拦不住那个球。"教师："那

---

[1] 李季湄，冯晓霞.《3—6岁儿童学习与发展指南》解读[M].北京：人民教育出版社，2013.
[2] 李季湄，冯晓霞.《3—6岁儿童学习与发展指南》解读[M].北京：人民教育出版社，2013.
[3] 陈蕾.浅析体育游戏中幼儿自主探究能力的培养策略——以幼儿园小班"赶小猪"游戏为例[J].教师教育论坛，2019（4）：52-54.

要怎么办呢?"孩子们开始四散去寻找可以替换棍子的物品。有幼儿找来了书,但是试了试觉得太短了;有幼儿找来了绳子,发现更加赶不动。最后大家找来了羽毛球拍,发现这个工具很好用,"小猪"不再那么容易到处乱跑了。幼儿又愉快地加入游戏中。

案例二

"赶小猪"游戏中,当"小猪"从有水渍的地方走过时,就会"画出"一条条线路。轩轩第一个发现这个现象,他惊奇地将这个发现告诉了同伴,于是幼儿们都围了过来,赶着自己的"小猪"从水渍处经过,画出了很多纵横交错的线路。这与之前幼儿们玩的逻辑狗游戏"送彩球回家"的线路图极为相似。这是幼儿们玩了很久都未突破的难点,教师想了很多办法总是解决不了这个问题。看到这一幕,教师灵机一动,在一片更大的场地上画了一个大大的迷宫,为了让幼儿们更有参与的兴趣,教师在迷宫中加入了小动物找朋友的情境,幼儿们玩得更高兴了,之前因道路重叠而走错的情况,基本都没有出现了,问题迎刃而解。

案例三

这天幼儿们正在玩"赶小猪"走迷宫的游戏,但是在游戏中总是出现"撞车"的情况,还有幼儿因为这个问题发生冲突。豪豪和石头因为这个问题又发生了冲突,两个人争得面红耳赤,都认为自己应该先走。玥玥原本拿着"红绿灯"在跟小伙伴玩"红绿灯"的游戏,教师走过去提醒道:"玥玥,你看,那里出现交通问题了!"玥玥见状,马上拿着一个红灯的标志站到他们两个中间,正在发生冲突的两个幼儿一见红灯,马上就停了下来,并提醒其他幼儿:"红灯了,你们赶快停下!"其他幼儿一听马上停了下来,玥玥又赶紧朝着豪豪出示绿灯,豪豪紧急赶着"小猪"通过,随后玥玥又朝着石头出示了绿灯,石头也快乐地通过了路口。之后,每当有"堵车"事件发生时,"红绿灯"就会出现。"红绿灯"游戏的加入,让孩子们玩得更开心了。

案例一幼儿发现"小猪"总是乱跑后有过思考,但因找不到问题的解决方法想要放弃游戏,教师观察后,及时抛出引导性的问题,推动幼儿游戏的进展;案例二中,教师为幼儿设置了游戏情境,幼儿在走迷宫的过程中体验到了闯关成功的快乐;案例三幼儿矛盾即将升级时,教师进行引导,成功帮助幼儿解决了问题,整个游戏过程也变得更加生动有趣。这些都说明了教师在幼儿游戏中仔细观察、及时引导的重要性。

拓展阅读:
扫一扫,阅读《趣味游戏,快乐体育——幼儿体育游戏教学创编与运用》。

（二）教学性体育游戏的组织与指导

教学性体育游戏是在教师有计划、有目的的指导下，发展幼儿动作、增强幼儿体质的活动。教学性体育游戏的组织与指导包括开始部分、基本部分和结束部分。

1. 开始部分

（1）集合。常见的集合信号有以下几种：一是通过铃鼓、哨音、口令、拍手等信号集合，采用此种方法要先对幼儿进行强化，让幼儿知道信号的意思；二是采用有趣的儿歌来集合幼儿，如教师唱"一二三，一二三，走走走，跟着走"，幼儿答"小脚抬、小手摆，跟着老师走，跟着朋友走"，这种方法更适合中、大班幼儿，同时也需要时间训练；三是用过渡性游戏集合，如"看谁第一个踩直线"的游戏。

（2）准备活动。准备部分可做一些运动量不大的活动，迅速调动幼儿的运动器官，使幼儿身体活动的能力较快地提升，逐渐开启运动模式。准备活动可设计以下两种：一种是一般性准备活动，如徒手体操（如举、踢、屈伸等单一或组合动作的练习）、模仿操（如动物题材、生活题材、运动项目题材等）、器械操（如球操、筷子操、腰鼓操、花操、圈操、绳操等）、体育律动等；二是专门性准备活动，主要是就活动目标中要学习的动作内容做前期准备工作，如在"小猴摘桃"的体育游戏中，要训练幼儿双脚向上跳的动作技能。教师要注意在专门性准备活动中适当增加一些下肢关节的练习动作。

2. 基本部分

（1）常见的体育游戏形式。

常见的体育游戏形式包括各种模仿性的动作和一物多玩。

① 各种模仿性的动作，可以是模仿动物动作，如小兔跳、大象走、小马跑、猴子爬、小鸟飞、小熊过河等；可以是模仿幼儿生活中的所见所闻，如雪人化了、火车开动、狂大风等；还可以是模仿军事动作，如炸碉堡、穿越封锁线、爬越障碍等。

② 一物多玩，可以利用一些日常用品，如椅子、桌子等作为体育游戏器材，也可以利用生活中的废旧物品，如旧报纸、可乐瓶、饼干盒、易拉罐、边角布料、自来水管等作为体育游戏的材料。①

（2）注意事项和要求。

① 讲解和示范。在幼儿园教学性体育游戏中，讲解和示范是结合运用、互为补充的。幼儿以具体形象思维为主，认识和理解事物时更有赖于具体生动的形象，所以，教师在讲解新授内容时，既要激发幼儿参与游戏的兴趣，又要能使幼儿对即将学习的基本动作有初步的了解。教师要向幼儿介绍体育游戏的名称、方法、基本动作要领、游戏规则、队形变换和交替信号等，并根据游戏目标、内容以及各年龄段幼儿身心发展状况综合考虑是先讲解后示范，还是先示范后讲解，或是

---

① 陶宏.幼儿体育教学活动实践手册[M].上海：华东师范大学出版社，2017：98.

边示范边讲解。例如在中班"拍皮球"游戏中，教师边讲解边示范双手拍皮球和单手拍皮球，并重复多次，保证全班幼儿都能看清楚。再如，在大班"跳马"游戏中，教师先讲解"并脚起跳、空中飞腿、并脚落地"的动作要领，再采用镜面示范的方式示范跳马动作。有的游戏结构复杂，类似于钻、爬等游戏动作，教师可以请班级小助手进行示范。如在体育游戏"小青蛙跳跳"中，在练习"从高处往下跳"这个基本动作时，先让"小青蛙"自由尝试，然后请一名动作正确的"小青蛙"来展示，请幼儿仔细观察，然后教师也来学一学，教师边做动作边讲解动作要领，最后请"小青蛙"一起来学一学，这样示范的效果可能会更好。复习游戏时，教师应根据幼儿游戏的掌握情况，用简短的语言进行提醒，如身体姿势和动作的规范性、遵守游戏规则等。

② 分队（组）、分角色。讲解示范后，游戏开始前教师要进行分队（组）、分角色等工作。在竞赛性游戏中，各队（组）幼儿的力量搭配要相当，体育游戏中常见的分队（组）的方法有教师分配法、点将法、报数法、自由结合法等。分角色的原则是幼儿能胜任角色，能推动游戏顺利开展，分角色的方法主要有指定法、随机选定法、推选法、轮流法、猜拳法等，如教师边与幼儿击掌边念儿歌："叮叮当，叮叮当，有个××请你当！"说最后一个字时与谁击掌，谁就扮演这个角色。

③ 把握适当的运动量。运动量也称运动负荷。在体育游戏中，运动量的大小与动作类型、练习方式有着密切的关系。若运动量太小，幼儿无法达到锻炼身体的效果；若运动量太大，超出了幼儿身体承受的范围，对幼儿的身体发育也会造成不良的影响，甚至有害健康。因此，教师要及时观察幼儿，在活动中合理地设计与安排幼儿的运动量、运动强度以及密度，根据幼儿的实际情况合理调节运动量。此外，教师可设置临时休息区来调控运动量过大的问题，引导过于疲劳的幼儿或出汗量较多的幼儿短暂休息，提升幼儿对运动量的自我调整能力。

④ 督促幼儿遵守游戏规则。教师在讲解和示范时要说清楚游戏规则，使幼儿深刻了解、遵循游戏的规则。在游戏中，教师要观察幼儿执行游戏规则的情况，分析原因，并及时督促幼儿自觉遵守规则，对遵守规则的幼儿要给予充分的肯定表扬，对违反游戏规则的幼儿要给予一定的惩罚，如有违规，暂停游戏一次。规则的执行必须公平公正，因为奖罚分明才能保证游戏继续进行，也能培养幼儿良好的规则意识。此外，教师也可以根据实际情况调整游戏规则，以推动游戏的顺利开展。

⑤ 提醒幼儿身体姿势和动作的规范性。幼儿的身体姿势和动作的规范性在一定程度上反映了幼儿身体素质的发展水平，也会直接影响幼儿骨骼的正常发育，还会影响动作完成的质量。幼儿在游戏时，往往专注于丰富的游戏情境，容易忽略身体姿势和动作的规范性，因此，教师要了解不同年龄段幼儿的动作发展水平及动作技能的掌握程度。当幼儿身体姿势和动作错误时，教师应用口头语言提示，必要时可暂停练习，及时进行手把手的讲解和示范，提醒幼儿反复练习，帮助幼儿加深对正确动作的印象。如幼儿在玩"乌龟搬家乐翻天"游戏时，对于小乌龟匍匐爬行动作掌握得不熟练，有的幼儿跪爬，有的幼儿钻爬，有的幼儿倒着爬，这就需要教师进行手把手的指导，帮助幼儿快速掌握正确的爬行动作，以达到预期的教学效果。

⑥注意安全。在游戏过程中，教师要特别留意运动器械、场地、游戏材料等要素的安全性。主班、配班教师应合理站位，尽量一个在前一个在后，确保全班幼儿都在教师的视线范围内。教师既要关注全体幼儿，也要兼顾个别幼儿。对于调皮、过于活泼的幼儿，教师要多加关注，在他们出现危险行为时第一时间制止；对于体弱、动作发展缓慢的幼儿，教师更要加强帮助、鼓励和保护。教师要不厌其烦地随时提醒幼儿注意游戏安全，制止不安全行为的发生，培养幼儿安全游戏的良好习惯。

3.结束部分

（1）放松身体。教师带领幼儿做一些舒缓、放松身体的游戏或律动，让幼儿的身体器官、神经系统逐渐恢复到安静状态，如深呼吸、原地抬头挥臂踢腿、集体玩"请你跟我这样做"的游戏等。

（2）整理材料。教师和幼儿一起收拾并整理场地、游戏材料与运动器械等，帮助幼儿养成良好的整理习惯。

（3）评价游戏。在游戏结束后，教师要对幼儿的表现进行讲评，表扬幼儿的闪光点时要客观、准确，不能用"太棒了""表现真好"等词语做敷衍性的评价，要根据幼儿的表现给予详细的评价，如在"神奇的魔法棒"讲评中，教师表扬了动作准确、自觉遵守规则、勇于挑战和善于合作的幼儿。教师的点评要注重幼儿动作的掌握情况，而不是游戏的胜负，必要时还可指出需要完善的方面，并提出相应的改进建议。教师应给予中、大班幼儿自评的机会，鼓励幼儿大胆表达想法，增强其自信心和自尊心，幼儿自评后教师可进行提炼，并提出新的游戏要求，注意评价时间不宜过长。

拓展阅读：

扫一扫，阅读《幼儿体育教学中传统体育游戏的融入研究》。

任务三　掌握不同年龄段幼儿体育游戏的特点与指导要点

只有领会和掌握各年龄段幼儿在体育游戏中的特点，才能组织和带领幼儿玩有趣的体育游戏，享受体育游戏带来的快乐。

一　小班幼儿体育游戏的特点与指导要点

（一）小班幼儿体育游戏的特点

在身体和动作发展方面，小班幼儿处于生长发育的初期，喜欢跑跑跳跳，游戏的内容和动作均比较简单，活动量较小；小班幼儿的心理特点是爱模仿，注意力极易分散。幼儿往往对游戏的结果不关注，但对游戏的情节、角色、动作感兴趣。

小班幼儿体育游戏多是有具体情节和角色的，通常是幼儿非常熟悉的角色，便于模仿，而且常常是全体幼儿做同一种动作或完成一至两项任务。如在小班游戏"走走走"中练习各种小动物的走法，小兔走路蹦蹦跳跳，小鸭走路摇呀摇，小乌龟走路慢吞吞，小猫走路静悄悄，这既是游戏内容，也是动作技能。

（二）小班幼儿体育游戏的指导要点

1.赋予游戏情节性和趣味性

设计小班体育游戏时要注重赋予游戏情节性和趣味性，如"兔奶奶过生日""勇敢的消防员""高人走矮人走"等。教师要以游戏伙伴的身份与幼儿共同游戏，比如在"夏天到"游戏中，教师与幼儿一同模仿动物的叫声以及动物走路的姿态。

2.游戏简单、易于理解和模仿

每个体育游戏最好只包含一种基本动作练习，或利用一物多玩开展两三个小游戏，尽量设计简单、易遵守的游戏规则。小班幼儿的思维具有直觉行动性和具体形象性，因此教师要尽可能选择有角色扮演、易于理解和模仿的游戏。如"学习双脚跳"游戏，可设计"跟着篮球跳""看着箭头跳""学小动物跳"等多种游戏形式。

3.游戏目标包含幼儿体育活动技能目标

小班体育游戏的目标必须包含这一年龄段的幼儿体育活动技能目标（见表8-1）。比如：通过体育游戏能一个跟着一个沿着圈圈走，不掉队；初步掌握听口令做动作的基本能力，如看见小鸟点点头——头部运动，看见小熊招招手——上肢运动，看见小猴问个好——弯腰运动，看见山羊蹲下来——下蹲运动，看见小兔跳一跳——跳跃运动等。此外，教师应教给幼儿基本的安全知识，如不能随便跟陌生人走、不去危险的地方等。

表8-1　小班体育活动技能目标一览表[①]

项目	年龄	
	小班上学期	小班下学期
走	上体正直，自然协调地走；能向指定方向持物或拖物走；能在指定范围内四散走，互相不碰撞；能走1000米	能一个跟着一个沿圆圈走，不掉队；学会几种简单的模仿走，在简单的障碍物中走
跑	能迈开步子平稳地跑，双臂自然摆动；能听信号向指定方向跑；能沿着规定路线跑；能向指定方向持物跑，能连续跑半分钟	能在指定范围内四散追逐跑；会走跑交替；能在成人的引导下调节跑速

---

① 周艳霞，郑妍，黄锐.学前儿童游戏与指导[M].长沙：湖南师范大学出版社，2021：131.

续表

项目	年龄	
	小班上学期	小班下学期
跳	初步掌握简单的跳跃动作（向前跳、向上跳）；能双脚同时用力蹬地起跳，动作连贯有节奏；能从25～30厘米的高处跳下	能轻松自然地双脚向前行进跳、纵跳；初步掌握跨跳动作，能跨跳过一定距离，体验跳跃的乐趣
投	能自然地向前方或远处挥臂投掷各种物体，有将物体投远的愿望；双手能向上、前、后抛球，体验投掷活动的乐趣	学习拍球、自抛自接球，并掌握力度；初步建立全身用力的意识，能向指定方向投掷并有一定距离，懂得物体轻重与投掷远近之间的关系
平衡	能在简单、固定的平行线上或窄道中行进，保持身体平稳、不摇晃	具有一定的平衡能力，动作协调、灵敏
钻爬	能正面钻过障碍物，做到低头、弯腰、紧缩身体；熟练掌握手膝和手脚着地爬等基本动作，有一定速度并能较好地控制方向	掌握多种爬法，动作灵活、协调；能钻爬过较低的障碍物，身体不碰到物体；能在成人的引导、鼓励下积极参加攀登活动；喜欢和同伴一起玩，能攀登低障碍物
其他	能平稳地上下楼梯、玩滑梯，克服恐惧感；能听懂基本的口令和信号，做出相应的动作；会一个跟一个沿圆圈走；较合拍地做模仿操，体验与同伴做操的乐趣；知道有关体育活动的粗浅知识，愿意遵守体育活动的规则和要求；不做危险动作，不影响他人，有初步的运动保健意识；乐意参加各种体育活动，感受运动带来的愉悦；懂得玩大型运动器械的规则，不推挤，不做危险动作	会用小型多样的体育器械进行身体锻炼；能合作收拾某些小型体育器械

为了更好地理解小班体育游戏的特点和指导要点，我们先来看一个体育游戏的案例。①

> 小班幼儿喜欢小动物，愿意扮演小动物。教师注意到，孩子们情绪不稳定时，容易被有趣的游戏所吸引。教师装扮成兔妈妈，用兔妈妈的口吻说："今天我是兔妈妈，你们都是我的兔宝宝。今天我们去外婆家，外婆看到小兔子们可高兴了，要把好吃的胡萝卜送给小兔子们，但是需要小兔子们每人拿一个胡萝卜，一蹦一蹦地，在天黑之前把胡萝卜送回家才行。"之后教师播放舒缓的音乐，很多孩子开始参与教师的游戏，刚才还在哭闹的幼儿脸上虽然挂着泪珠，但也一蹦一蹦地做着动作进行游戏。游戏快结束时，教师为了稳定幼儿的情绪，说："我是兔妈妈，我的小兔子们都在哪里啊？"孩子们立即一蹦一跳地来到了"兔妈妈"的身旁，好像自己真的是兔宝宝。

① 周艳霞，郑妍，黄锐.学前儿童游戏与指导[M].长沙：湖南师范大学出版社，2021：130.

从以上案例可以看出，小班幼儿专注时间短，情绪不稳定，游戏前需要教师做充分准备，比如创设游戏情境、提供游戏器材、设置游戏任务等。本案例中的教师设计了拟人化的"小兔子运胡萝卜"的游戏情境，引导幼儿学小兔子蹦蹦跳跳，将动作练习融入有趣的游戏情节，引导幼儿积极愉悦地完成了"运萝卜"的任务。小班幼儿善于模仿，喜欢活泼可爱的小动物，在游戏中幼儿的情绪逐渐稳定，也达到了预期的效果。

下面我们再来看一个小班体育游戏案例"赶小鸭"[①]。

赶小鸭

【游戏目标】

1.练习用手拨球的动作，增强幼儿的身体力量。

2.通过"赶小鸭"游戏，发展幼儿的手眼协调能力。

3.让幼儿感受体育游戏的乐趣，愿意参与"赶小鸭"游戏。

【游戏准备】

每名幼儿1个篮球、《数鸭子》音乐、滑溜布。

【游戏玩法】

教师出示篮球（小鸭），请幼儿和教师一起边做律动边唱关于小鸭的儿歌"小鸭小鸭嘎嘎嘎，爱吃小鱼和小虾；游玩跟着鸭妈妈，风吹雨打都不怕"，该儿歌能够介绍游戏背景，增强趣味性，丰富幼儿经验（知道小鸭吃的食物是什么），提升幼儿安全意识（知道外出要跟紧妈妈）。唱两遍儿歌后，幼儿和教师一起在草坪上"赶小鸭"，教师提醒幼儿动作要领："弯下腰，一只小手张开，轻拍小鸭的小屁股，然后边唱儿歌边赶小鸭，请小朋友们跟着老师赶的方向赶。"赶1分钟后，教师请幼儿聚到一起，请一名赶得较好的幼儿示范"赶小鸭"的正确动作，幼儿边示范，教师边重复上述动作要领。幼儿示范结束后，请他们跟随音乐《数鸭子》继续"赶小鸭"，赶3分钟后，请幼儿到小花园（滑溜布）"赶小鸭"，等到大部分幼儿赶完1圈后，让幼儿请"小鸭"在小花园休息，幼儿学着小鸭子的样子退场。具体如图8-3所示。

图8-3 "赶小鸭"体育游戏

---

① 徐佳音.小班体育游戏《赶小鸭》提升幼儿手眼协调能力[J].中国学校体育，2022（7）：74.

二、中班幼儿体育游戏的特点与指导要点

（一）中班幼儿体育游戏的特点

中班幼儿在体力、智力以及社会性方面有了明显的发展。幼儿体力较小班时有所增强，动作比以前更加灵活、协调，平衡能力提高，能辨别方向，注意力易集中。中班幼儿比较喜欢有情节、有角色、有追逐性的游戏，如"快乐呼啦圈""老鼠捉猴子"等。

中班幼儿能够尝试与同伴合作进行游戏，初步学会与同伴友好相处，集体观念有所增强。中班幼儿初步建立游戏的规则意识，能控制自己，且能在成人提醒下遵守游戏规则。

（二）中班幼儿体育游戏的指导要点

1. 加强幼儿的规则意识

教师要加强幼儿的规则意识，加深幼儿对规则的理解，并以是否遵守规则作为判定游戏胜负的重要依据。中班幼儿可以和教师一起商量制定规则，教师要针对游戏中出现的问题进行及时调整。如在"勇敢奇兵小战场"游戏中，进攻和防守各1队，守堡垒的幼儿通过向上跳或借助拦截工具进行拦截，用工具或者双手拦截到球的幼儿可以进行反击；而攻堡垒的幼儿将纸球投掷过堡垒高度（抛彩虹）方为成功。

2. 赋予游戏趣味性和竞争性

教师在设计中班体育游戏时，要赋予游戏趣味性和竞争性，使幼儿保持浓厚的游戏兴趣。如以"小小兵"的形式，将单手拍球、投球、运球转身拍球、双手拍双球等运用于各项活动，创设"穿越丛林""穿越火线""运球弹药"等情景游戏，哪个队最先到达终点即为获胜。这样既能促进幼儿动作能力的发展，又可以吸引幼儿全身心投入游戏。

3. 适当增加游戏难度

教师要引导幼儿探索运动经验，适当增加游戏的难度，引导幼儿进行有攀登、投掷、跳跃等动作的游戏。如"老狼老狼几点钟"游戏可以升级为设置障碍拱形门、增加障碍长板子、摧毁"小羊"的家、减少藏身之地等。

4. 游戏目标必须包含幼儿体育活动技能目标

中班体育游戏的目标必须包含这一年龄段的幼儿体育活动技能目标（见表8-2）。体育游戏中的目标要根据幼儿的年龄段和具体的能力指标来设定，以促进幼儿身心的全面发展。

表 8-2 中班体育活动技能目标一览表[1]

项目	年龄	
	中班上学期	中班下学期
走	能上下肢协调地走，步调放开、均匀，摆臂自然协调，姿态端正；能听信号有节奏地走、变速走或变方向走	能走跑交替；有不甘落后的争先意识并掌握若干种走步方法
跑	能有节奏地上下肢协调跑，落地较轻，懂得省力平衡跑的粗浅知识；能控制自己的身体绕障碍物跑	能快跑和在一定范围内四散追逐跑；能走跑交替（或慢跑）；能远足和一路纵队跑
跳	懂得跳跃时屈膝，前脚掌蹬地跳起，落地轻并主动屈膝缓冲；能较熟练地掌握助跑跨跳动作，落地时能不停顿、向前缓冲；熟练掌握单脚连续跳，动作连贯，节奏清楚	会立定跳远，能双脚熟练地向前跳或在直线两侧行进跳；能原地蹬地起跳触物；能从30~35厘米高处自然地跳下，落地轻；能助跑跨跳平行线，跳距不少于40厘米；能双脚交替跳和短距离单足连续向前跳
投	掌握单手肩上投远动作，注意上下肢协调用力，挥臂速度快，击中较大的目标；能连续不断地拍球	能肩上挥臂投掷小沙包、纸飞镖等轻物；能自抛自接低（高）球或两人近距离互抛互接大球；能双手交替拍球
平衡	能大胆地在平衡木上活动，掌握原地旋转、闭目站立等动作	能大胆地在平衡木上走；能闭目向前走；原地自转至少三圈不跌倒
钻爬	掌握正面钻的动作，学习侧面钻的动作；能钻爬过较长的障碍物，完善手脚、手膝爬行动作，灵活地调节速度和方向；能攀登各类攀登设备，大胆地玩大型活动器械	能熟练协调地在障碍物下钻来钻去，在攀登架上爬上爬下；学会垫上团身滚
其他	能较熟练地听多种口令和信号，做出相应的动作，能听信号进行队列练习	能熟练地听多种口令和信号做出相应动作，变换队形
	能随音乐节奏创造性地做徒手操和轻器械操，动作到位，整齐有力	能随音乐节奏创造性地做徒手操和轻器械操，动作到位，整齐有力
	了解有关体育活动的常识，乐意遵守体育活动的规则和要求，初步尝试与同伴合作游戏，有一定的运动意识和能力	喜爱并积极参加体育活动，体验运动带来的快乐

下面我们来看一个中班体育游戏案例。[2]

> 结合幼儿爱跑、爱动的特点，教师根据民间体育游戏"揪尾巴"制作了游戏材料，并将游戏的规则进行了改编，孩子们对"揪尾巴"的游戏很感兴趣。这一天，教师带领十几个孩子穿着身后贴有"尾巴"的自制小坎肩到活动区进行游戏。教师首先创设了一个游戏情境：小朋友化身为一个小动物，身后贴有自己的"尾巴"，一会儿有人扮

---

[1] 周艳霞，郑妍，黄锐.学前儿童游戏与指导[M].长沙：湖南师范大学出版社，2021：133-134.
[2] 周艳霞，郑妍，黄锐.学前儿童游戏与指导[M].长沙：湖南师范大学出版社，2021：131.

演猎人来抓小动物的"尾巴",大家一定要想办法保护好自己的"尾巴",不被"猎人"捉走。

游戏开始前,教师对小朋友说:"小朋友们,看到我们脚下画的线框了吗?这是我们活动的场地,如果有小朋友不遵守游戏规则,跑到了场地外面,会怎么样呢?"晨晨说:"可以罚他停止玩游戏一次。"朵朵说:"可以把跑出场地的小朋友关进笼子里,被猎人抓走。"……孩子们设想着各种不遵守游戏规则的后果。教师结合小朋友们的想法总结道:"那我们就将跑出游戏场地的小朋友捉到猎人的笼子里,停止一次游戏,好不好?"孩子们异口同声地表示同意。

随着孩子们对游戏的玩法越来越熟悉,问题也接踵而至。"不算不算,我还没跑你就揪我尾巴了。""老师,你还没说开始,他们就跑了!"……越来越多的孩子反映着相同的问题,于是教师暂停了游戏,和孩子们共同细化游戏规则。"我没有说开始,你们就不可以跑。""谁要先跑了,谁就表演节目。""遵守规则的才是好宝宝。"游戏继续进行起来,这次,孩子们都能遵守游戏规则了,都玩得很开心。

从以上案例可以看出,与小班幼儿相比,中班幼儿的游戏动作、情节和角色更加复杂,对游戏的趣味性和娱乐性要求也明显提高了。教师和幼儿一起制定了一定的游戏规则,并在游戏前和幼儿共同讨论了不遵守游戏规则的后果。幼儿在游戏中能控制自己,比较自觉地遵守了游戏规则。

案例展示:
扫一扫,走进好玩的体育游戏(附详细玩法)。

三 大班幼儿体育游戏的特点与指导要点

(一) 大班幼儿体育游戏的特点

与中班幼儿相比,大班幼儿的基本活动能力都发展得较好,动作更加灵活、协调,体力更充沛,知识范围更大,理解能力也有所发展。在小、中班两年学习的基础上,大班幼儿已经较熟练地掌握各种动作的基本要领。大班幼儿开始具有组织游戏的能力,责任感增强,控制力和专注力逐步提高,幼儿开始对游戏结果产生兴趣,出现赢的愿望。

大班幼儿喜欢变化性大、挑战性强、竞赛性强、运动量大的游戏,也喜欢体力和智力相结合的游戏。大班幼儿的游戏动作逐步增多,难度加大,往往需要幼儿克服困难才能达到游戏的目的。

（二）大班幼儿体育游戏的指导要点

1.游戏形式多样化，具有挑战性

教师要多为大班幼儿选择户外集体竞赛性的游戏，游戏形式要多样化，且具有一定的挑战性。教师应根据大班幼儿的年龄特点进行体能全开发，将走、跑、跳、钻、爬、攀登等动作技能贯穿整个活动过程，让幼儿获得成功的心理体验，如创设趣味跳棋、旱地冰壶、勇往直前、穿越火线、快乐向前冲等项目。

2.注重运动技能的培养

教师要以生动的语言、适当的示范逐渐向幼儿介绍运动技能应达到的标准，充分考虑幼儿的最近发展区优势，让幼儿学习更多有技巧性和挑战性的运动技能，并对幼儿加以指导。

3.注重分类指导

每个幼儿都有自己的发展水平和兴趣爱好，教师在体育游戏的指导中要尊重幼儿的兴趣，对不同性格和能力的幼儿采取不同的指导方法，使得不同水平的幼儿都能获得相应的发展。

4.游戏目标必须包含幼儿体育活动技能目标

大班体育游戏的目标必须包含这一年龄段的幼儿活动技能目标。大班体育活动技能目标见表8-3。

表8-3　大班体育活动技能目标一览表①

项目	年龄	
	大班上学期	大班下学期
走	学习听信号变速、变方向走，步伐一致；能轻松自如地绕障碍物沿曲线走	排队走步时较好地一对一保持队形，节奏一致；掌握多种走步方法，能独立想出新的走步方法；进行长距离远足活动
跑	能听信号变速跑或躲闪跑，跑步时摆臂正确而放松，蹬地有力、落地较轻；懂得一些提高跑速和调节跑速的方法	掌握多种跑步方法，能独立想出新的跑步方法（持物跑、后退跑、往返跑等）；有强烈的提高跑速的愿望，能进行竞赛跑；能绕复杂的障碍物交替走跑300米左右
跳	熟练掌握跳跃动作，从较高处向下跳，起跳有力、落地轻稳、姿态优美；学习侧跳和不同方向变换跳等多种跳跃形式；学习跳短绳	培养幼儿良好的弹跳力，有强烈的提高跳跃距离或跳跃高度的愿望；会跳短绳并尝试练习合作跳长绳
投	投掷中有投远投准的愿望，注意全身协调用力，挥臂快速，控制投掷方向	能准确地做出投掷动作，投准目标

---

① 周艳霞，郑妍，黄锐.学前儿童游戏与指导[M].长沙：湖南师范大学出版社，2021：135-136.

续表

项目	年龄	
	大班上学期	大班下学期
平衡	熟练掌握走平衡木，平稳地走过较窄、较高、较长的平衡木；掌握闭目起蹲自转，能单足站立一定时间	能交换手臂动作走平衡木，掌握各种平衡动作；能在有间隔的物体上走
钻爬	提高钻爬能力，改进已掌握的钻爬动作，速度快而灵活；能手脚交替灵活地攀登各种设施，在活动中能遵守规则，不影响他人活动	熟练掌握侧钻、曲身钻、肘膝着地爬等动作；能有序地越过障碍物；能手脚交替协调地攀登；养成勇敢、坚持到底的毅力及合作精神
其他	能听指令迅速地集合、分散、整齐队列、变换队形；能随音乐节奏合拍、有力、整齐、有精神地做徒手操和轻器械操；能了解相关的体育活动常识，能基本遵守体育活动的规则和要求；懂得合作；养成负责、宽容、谦让、坚强、勇敢、不怕困难的精神	能听指令迅速地集合、分散、整齐队列、变列、变换队形；能随音乐节奏创造性地合拍、有力、整齐、有精神地做徒手操和轻器械操；进一步懂得相关的体育活动常识，能遵守体育活动的规则和要求，有集体观念；能自发地懂得合作；负责、宽容、谦让、坚强、勇敢、运动保健意识及能力进一步增强

我们来看一个大班体育游戏案例"我去钓鱼岛"。①

【活动目标】

1.知道钓鱼岛是我国的领土，简单了解钓鱼岛的地理位置。

2.学习立定跳远，要求幼儿能跳过不少于40厘米，提高动作的协调性和灵敏性。

3.让幼儿积极参与游戏，勇敢地通过障碍物，体验成功的快乐。

【活动准备】

小国旗多面、小岛模型一座、泡沫坐垫人手一块、小河模型2条（宽40厘米、长60厘米）、网2张、草地2块、大海图案2块、背景音乐。

【活动过程】

师：小朋友们跳得真好，学会了跳过小河的本领，现在我们分成两组进行闯关训练，一组站左边，二组站右边。

（教师示范讲解游戏玩法）

师：我们要闯的第一关是过小河，用立定跳远的方法跳过第一条小河，再跳过第二条小河，然后跑到草地上。

（幼儿练习立定跳远）

师：我们要闯的第二关是穿过草地，草地上还有"电网"，我们一定要小心，身体千

---

① 矢发旺.大班体育游戏活动"我去钓鱼岛"[J].课程教材教学研究（幼教研究），2014（1）：73-74.

万不能碰到"电网",用匍匐前进的方法穿过草地,身体尽量贴在坐垫上,用小手和肘用力带动身体向前爬行。

（幼儿练习爬行通过）

师：我们要闯的第三关是过大海,前面有一片大海,越过大海就是钓鱼岛了,一组从左边,二组从右边,每人取一块坐垫当成小船,划着"小船"从海面上过去,要坐在垫子上,双手撑地,双脚并拢向前伸缩,快速用力地划着"小船"登上钓鱼岛。

（幼儿练习划行动作）

师：我们已成功闯过了所有关卡,登上了钓鱼岛,现在要重复进行闯关训练了,闯关的时候要注意安全,不能相互推拉踩哦！

项目小结

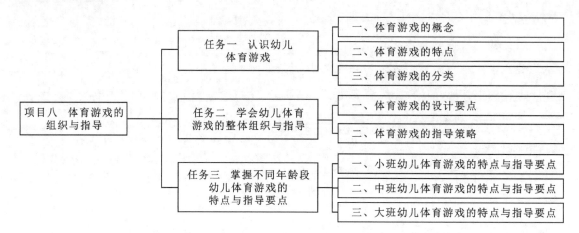

3—6岁的幼儿正处于身体和心理发展的关键时期，幼儿园体育游戏是以增强幼儿体质为主要目的，能满足幼儿发展动作和体能、娱乐、模仿、竞赛、交往、表现等多种需要，促进幼儿身体和心理、审美素质和交往能力发展的一种游戏。

体育游戏的材料是幼儿游戏的物质基础，是游戏的重要组成部分，是幼儿进行探索、发现与学习活动的中介和桥梁。体育游戏的教育性、趣味性、健身性和规则性等特点更有利于幼儿在游戏中进行探索和创造。幼儿喜欢追求刺激，勇于接受挑战，因此，教师要创设游戏情境吸引幼儿主动参与、融入游戏，要大胆设计能够激发幼儿想象与兴趣的游戏情境，使其置身于情节化的游戏情境，使游戏内容充满生命力。此外，游戏材料的变化可以激发幼儿的好奇心和求知欲，教师应投放丰富多样的游戏材料，并通过新颖的玩法引导幼儿对各种材料进行发散性想象和操作，鼓励幼儿创造性地玩耍，扩展幼儿的兴趣和经验，充分挖掘班级和户外各个角落材料投放的运动价值。教师还可以将各种户外材料组合成有趣的运动项目，巧妙渗透安全、规则、同伴互助等游戏目标，根据幼儿年龄特点和技能发展水平为幼儿创设丰富、有趣的游戏环境，充分满足幼儿活动锻炼的需求，让幼儿在丰富多彩的活动中满足相应的身体活动锻炼需求，从而拥有健康的体魄。

在设计体育游戏时，教师应当遵循由易到难的原则，动作要求、难易程度、身体负荷要有效、科学地使幼儿在原有水平上得到提升。教师要注重体育游戏的实施质量，在了解和掌握各年龄段幼儿的特点和身心发展规律的基础上，组织和带领幼儿进行有趣的体育游戏，享受体育游戏带来的乐趣，使幼儿在快乐的童年中获得有益的经验和体验。

思考与练习

1. 单项选择题

（1）（　　）这种体育游戏中常见的游戏形式能充分满足幼儿争强好胜的心理。

A. 竞赛

B. 合作

C. 比赛

D. 竞争

（2）"跳房子""老鹰抓小鸡""丢手绢"等属于（　　）。

A. 体育游戏

B. 智力游戏

C. 结构游戏

D. 规则游戏

（3）指导小班幼儿进行体育游戏时应注意（　　）。

A. 不要考虑规则

B. 逐步提出游戏规则

C. 检查游戏规则的执行情况

D. 让幼儿严格遵守游戏规则

2. 简答题

（1）简述幼儿体育游戏的特点。

（2）在体育游戏活动过程中和活动后，教师分别可以从哪些方面判断幼儿的活动量是否适切？

（3）如何针对不同年龄段幼儿开展体育活动的组织与指导？

3. 材料分析题

操场上安装了一个投篮架，幼儿经常在这里玩投篮游戏。一天，几个小朋友带着笔刷和小水桶来到了这里，他们快乐地粉刷着投篮架，有的从上面灌，有的在下面接，再灌、再接……他们相互配合，反反复复，忙得不亦乐乎。

问题：教师是否应支持这些幼儿的行为？请说明理由。

实践与实训

【实训一】

结合有关幼儿园的见习经历,收集一个见习过程中观察到的体育游戏活动,并对该游戏的特点进行分析。

目的:掌握幼儿园体育游戏的特点,并能将其运用于教育实践。

要求:根据幼儿园的见习经历,从游戏的教育性、有趣性、健身性、规则性等方面分析体育游戏的特点,并举例说明。

形式:实地观察与分析。

【实训二】

自选年龄段,为其设计一个教学性体育游戏,并运用各年龄段幼儿体育游戏的特点、游戏设计要点的相关理论对所设计的体育游戏进行评析。

目的:领会各年龄段幼儿体育游戏发展的特点,掌握游戏活动设计要点的相关理论,能将科学的游戏指导理念灵活运用于实践。

要求:以小组为单位,结合各年龄段幼儿体育游戏的特点,从明确游戏目标、选择游戏内容、考虑游戏结构、设计游戏细节、制定游戏规则方面进行评价。

形式:小组合作。

项目九 幼儿游戏的观察

◇ **学习目标**

1.理解幼儿游戏观察的概念与意义,掌握幼儿游戏观察的内容和实施要点,树立正确的儿童观,形成幼儿游戏观察的正确观念;

2.初步掌握游戏活动观察的方法,能够选择合适的观察方法对幼儿游戏案例进行准确的观察和记录;

3.掌握幼儿游戏观察与记录的一般程序,科学地观察幼儿的游戏行为,正确解读幼儿游戏行为,促进幼儿身心全面和谐发展。

◇ **案例导入**

无人光顾的"照相馆"[①]

区域游戏进行好一会儿了,"娃娃家"的爸爸妈妈一个在烧饭,一个在摆弄玩具,"照相馆"无人问津,三个幼儿无所事事地玩弄着材料。这时,我走进了照相馆:"请问,可以拍照片吗?"一听这话,三个幼儿一起上前忙开了……

照片终于拍好了,我站起来表示感谢,然后接着说:"你们的服务那么好,可惜大家的工作都太忙了,没有时间来拍照,如果你们能上门服务就好了,我听说还有'娃娃家'的宝宝想拍照呢!"三个幼儿一听都说:"我们去吧!"我又补充道:"但是你们的店里不能没有人,要不然有人来了怎么办?"

教师的敏锐观察是指导幼儿游戏的前提基础,也是提高幼儿游戏质量的重要保证。案例中的教师就是观察到"照相馆"无人光顾,幼儿无所事事,便扮演顾客这一角色参与幼儿游戏,同时将新的游戏要求转化为幼儿的内在需要,让幼儿在游戏中捕获真知、体验快乐。这表明了教师在游戏活动中的持续观察与分析是非常重要的。那么,教师为什么要观察幼儿的游戏?游戏中怎样观察幼儿?如何在观察时进行有效的记录?学习完本项目的内容,你就可以找到上述问题的答案了。

---

① 丁海东.幼儿园游戏组织与指导[M].长沙:湖南大学出版社,2015:110.

任务一 认识幼儿游戏观察

游戏观察是游戏活动的重要组成部分,也是连接教师教与学生学的桥梁,更是助推幼儿游戏发展的"催化剂"。意大利著名教育家蒙台梭利说过,唯有通过观察和分析,才能真正了解孩子的内在需要和个别差异,以决定如何协调环境,并采取应有的态度来满足儿童成长的需要。因此,教师要带着对幼儿的好奇心,观察幼儿、了解幼儿、研究幼儿。

一、游戏观察的概念

游戏作为幼儿重要的学习和活动方式,也是照见幼儿成长与发展的镜子。游戏观察不仅包括用眼睛看,还包括综合运用多种感官对事物获得整体性的认识,以及根据观察目的综合运用必要的记录工具或仪器来辅助观察,客观、及时地进行记录的行为。[1]综上所述,游戏观察是教师以实施教育为目标,通过一定的观察工具和方法捕捉幼儿游戏行为背后的发展水平、动机、行为表现的意义和规律等,以得到幼儿发展信息的操作过程。

二、游戏观察的意义

(一)游戏观察是全面认识幼儿的重要途径

幼儿具有强烈的好奇心和探究欲望,爱玩、好探索是幼儿的天性。游戏是幼儿获取知识的最佳方式,其对于促进幼儿身心全面和谐发展具有重要的作用。有效观察幼儿的游戏行为是教师了解和促进幼儿发展的基本前提,也是教师全面认识和支持幼儿游戏最有效的方法,因为在游戏中幼儿往往能够展现自己最真实的发展水平和潜在的发展需求。教师通过观察,可以了解幼儿游戏时的真实表现,能够获得有关幼儿经验、兴趣需要、个性特点、认知、语言和社会性发展等方面的关键信息,也能敏锐地捕捉到幼儿缺失的核心经验,从而设计出符合幼儿身心发展规律的游戏活动,帮助幼儿解决游戏过程中的困惑,真正走进幼儿的童心世界。

拓展阅读:
扫一扫,阅读《观察+分析——促进幼儿游戏水平提升》。

---
[1] 张娜.幼儿游戏与指导[M].武汉:武汉大学出版社,2015:145.

（二）游戏观察是促进教师专业素养的有效途径

2012年教育部颁布的《幼儿园教师专业标准（试行）》明确将观察能力列为幼儿教师重要的专业素养之一，并指出，幼儿教师要做到有效运用观察、谈话、家园联系、作品分析等多种方法，客观地、全面地了解和评价幼儿。由此可见，观察能力是教师专业成长与发展的关键能力之一，是幼儿园教师在特定游戏情境中对幼儿的学习与发展进行观察分析、支持促进的能力。

教师对幼儿游戏行为的深入观察，能够帮助教师掌握科学的观察方法，提高自身的观察、记录和评价能力。此外，观察是教师重构教育理念的通道。教师是在观察—实践—反思这一循环过程中获得幼儿实践知识的。教师对观察记录等资料的分析处理过程，是教师不断优化自身知识结构和提高反思能力的过程，也是教师实现从新手型教师向经验型教师再向研究型教师成长路径转变的过程。

（三）观察是有效开展游戏指导的基础

观察是有效开展游戏活动的基础，也是教师指导和丰富幼儿游戏的前提。教师要摒弃对幼儿的固有判断，切忌用唯一的标准去判断幼儿的游戏水平，这就要求教师通过观察找准切入口，获取丰富的信息，并通过观察幼儿与同伴互动的方式来决定是否介入游戏，是否延长幼儿的游戏时间、扩大游戏场地，是否需要投放更多丰富多样的开放性游戏材料，或决定扮演什么样的角色参与游戏等。在游戏过程中，教师要捕捉幼儿可能会出现的兴趣点和矛盾点，并及时满足、拓展幼儿的需求，为幼儿提供充分的游戏条件，从而有效保证游戏活动的实施效果。

为了更好地了解教师指导幼儿的游戏活动是建立在敏锐的观察基础之上的，我们来看表9-1呈现的这个案例。

表9-1 游戏活动中的教师观察和介入

幼儿活动	教师介入	幼儿后继表现	教师反思
几名幼儿在搭积木，一名幼儿拿自己搭好的飞机在教室里跑起来，口中发出"呜呜"声	"你的小飞机真漂亮，别忘了一会儿让小飞机飞回家哟！"	该幼儿在教室里兜了一圈后，看了看老师，发现老师正在注视着他，便回到座位上，继续搭积木	我观察到该幼儿的游戏有一定的目的性，其想象力与创造力较强。同时，我也观察到当时幼儿人数较多，幼儿的活动空间并不大，他的活动可能会撞到别人或妨碍其他幼儿的游戏，这是我介入的动机，所以我在肯定其成就的基础上以游戏的口吻对其提出回到座位上的要求。他也接受了，并继续游戏

续表

幼儿活动	教师介入	幼儿后继表现	教师反思
几名幼儿拿玩具车在猛烈撞击	"这样玩好不好?""可以怎样玩?"	幼儿在桌子上开来开去	我之所以这么做,是因为我一开始觉得幼儿的游戏是消极的,所以我用否定的态度介入了幼儿的游戏,可是收效甚微
幼儿又开始撞车了	"你们在干什么呀?"一幼儿说:"我们在比赛谁的车子厉害!""可是这样会撞坏的呀!"	一幼儿说:"那我们比谁的车子开得快!"说完就开了起来。其他幼儿也立即投入这个新的游戏	我以游戏局外人的身份了解到幼儿的想法,并引导幼儿的游戏向积极的方向发展。这次介入可以说是推动了幼儿游戏的发展

任务二　理解幼儿游戏观察的内容和实施

游戏是幼儿的天性,更是幼儿身体和心理发展的内在需求。幼儿园以游戏为基本活动已成为学前教育工作者的共识。无论是创造性游戏还是规则性游戏,教师都要为幼儿创设良好的游戏环境,提供丰富多样的游戏材料,同时教师还要具备敏锐的观察能力,这对于促进幼儿的深度学习和完善游戏活动具有重要的意义。

一、游戏观察的内容

美国著名的哲学家和教育家杜威提出的"儿童中心论"认为,教师在游戏中应当扮演观察者的角色,观察的目的是加深对幼儿的了解,并在此基础上做出误差尽可能小的推断,以此来分析、解释幼儿游戏行为的背后意义。[1]观察者应侧重观察幼儿的语言、与同伴交往的情况、游戏持续的时间、对游戏的兴趣、对游戏规则的理解和遵守、游戏角色与材料间的关系等。通过细致的观察,教师可以了解幼儿使用材料时是否具有一定的创造性、游戏时间和地点是否符合幼儿的游戏水平以及幼儿游戏时是否表现出自主性等。

(一)创造性游戏的观察

创造性游戏是幼儿以想象为中心,创造性地反映现实生活的游戏,是学前期幼儿典型的游戏。它包括角色游戏、表演游戏、建构游戏等。创造性游戏种类繁多,观察的内容也应有所侧重。

---
[1] 华爱华.幼儿游戏理论[M].上海:上海教育出版社,2000:232.

1.角色游戏的观察

在幼儿园角色游戏中,教师的观察与评价主要围绕以下几个方面开展。一是角色扮演,其中包含选择角色、扮演角色,以了解幼儿的角色意识以及扮演水平;二是假扮转换,即以物代物的水平,以了解幼儿的想象水平以及材料选择、投放的适宜性;三是社会性交往,即至少有两个幼儿在有联系的游戏活动期间有直接交往,以了解幼儿社会性发展水平以及合作游戏的水平;四是口头交往,即幼儿之间有与游戏相关的口头交流,以了解幼儿的语言发展能力及角色的扮演水平;五是坚持性,即幼儿角色游戏的持续时间,以了解幼儿游戏时的投入程度;六是规则性,即幼儿对游戏规则的遵守情况,以了解幼儿的规则意识。教师明确观察的内容后,需要用相应的方式进行观察记录,并做出客观真实的描述,以便分析、判断幼儿的游戏行为。观察记录的结果通常可以用列表方式来呈现,如表9-2所示。

表9-2 角色游戏行为检核表[①]

姓名	角色扮演	假扮转换			社会性交往	口头交流		坚持性
		物体	行动	情境		蜕变交流	角色交往	

为了便于大家更好地理解和使用角色游戏行为检核表,我们一起来看看角色游戏行为检核表的操作定义。

(1)角色扮演。角色扮演是幼儿用口头交流自己想要扮演的角色,并表现出与角色相符的行为,如"我是妈妈,抱着一个玩偶宝宝"。

(2)假扮转换。假扮转换包括假扮实物、假扮行动和假扮情境。其中,假扮实物即以物代物,幼儿最明显的表现就是以物代物中的"一物多用"和把多种材料假想为一种物品,比如,有的幼儿将雪花片当作硬币,有的幼儿将其当作饼干;假扮行动即用象征性的动作代表真实动作,比如幼儿假装拎着书包,说"我帮你把书包拿好了,现在准备去幼儿园了";假扮情境即用口头陈述创设一个想象情境,如"我们现在要坐火车去北京了"。

(3)社会性交往,即记录在游戏过程中是否至少两个幼儿有互动。

(4)口头交流。口头交流包括蜕变交流和角色交往。其中,蜕变交流用于推进游戏开展;角色交往是扮演某个角色进行交流。

(5)坚持性,即记录幼儿自主参与游戏的持续时间。

拓展阅读:
扫一扫,阅读《活动区游戏中幼儿行为观察与分析研究的实施策略》。

[①] 莫云娟,任捷.幼儿园游戏活动指导[M].长沙:湖南师范大学出版社,2021:69.

2.表演游戏的观察

表演游戏是富有想象力和创造力的一种游戏,具有鲜明的游戏性和表演性。想象是表演游戏的基础,幼儿在进行表演时,角色、场景、服装、道具等很多时候都是通过想象创设的。在游戏中,幼儿会基于对某个角色的理解,利用形象的语言、丰富的表情、大方的动作塑造角色,并在这个过程中感受不同角色的情绪情感状态。此外,幼儿的认知发展水平和对文学作品的理解也会影响表演游戏的开展程度。教师在观察时可从幼儿选择表演内容及角色的方式、幼儿的表演与表现能力、幼儿能否选择适宜的道具进行故事表演、幼儿在表演中的感受以及游戏需求等方面进行把握。表演游戏观察记录表如表9-3所示。

表9-3 表演游戏观察记录表

幼儿姓名:　　　　所在班级:　　　　游戏内容:　　　　观察时间:

观察内容	幼儿表现
积极主动参与表演	好(　) 中(　) 差(　)
自主创设表演场景	好(　) 中(　) 差(　)
自制并选择服装道具	好(　) 中(　) 差(　)
自主选择角色并大胆、自信表现	好(　) 中(　) 差(　)
语气形象、表情丰富、动作大方	好(　) 中(　) 差(　)
遵守规则、同伴协作	好(　) 中(　) 差(　)
临场的表演能力和创编能力	好(　) 中(　) 差(　)
创造性表现角色形象	好(　) 中(　) 差(　)
故事作品的再现度	好(　) 中(　) 差(　)

3.建构游戏的观察

建构游戏被誉为"塑造工程师的活动",它是集操作、思维、艺术、创造与良好品质于一体的游戏活动,也是幼儿时期不可缺少的游戏体验。在建构游戏中,教师可以从以下几个方面确定具体的观察内容。

拓展阅读:

扫一扫,阅读《大班幼儿根据设计图进行建构的观察分析——以大班"快乐的花园"建构游戏为例》。

(1)关注幼儿参与游戏的兴趣。幼儿在建构游戏中是否表现出积极主动的情感态度、能否自主自愿地参与建构游戏、能否专注投入并持续完成一件作品等,这些都是教师在幼儿的建构游戏中观察的重点。

（2）关注幼儿的建构技能。幼儿在刚开始玩建构游戏时，一般只能简单地拼搭，随着幼儿动作能力的发展以及建构经验的丰富，幼儿的建构技能也会逐渐丰富多样。幼儿的建构技能从简单向复杂发展，需要经历"摆弄—架空—围封—组合—表征—为游戏建构"的过程，所以，幼儿是否能够灵活运用基本的建构技能也是教师观察的关键点。

（3）关注幼儿使用材料的情况。皮亚杰指出，儿童的智慧源于材料。幼儿选择、综合运用材料的情况是幼儿建构水平的直接体现。因此，教师可从以下几个方面进行观察，如幼儿经常使用哪些材料，幼儿能否使用不同的材料进行搭建，幼儿对材料的大小、形状、体积、长度、重量、触感等特性是否有正确的认识，幼儿能否根据搭建的需求创造性地使用游戏材料等。

（4）关注幼儿建构作品的完整度。幼儿建构作品的完整度在某种程度上能够体现幼儿的建构技能和水平，也能反映幼儿的象征能力、空间感知能力、创造表现力以及处理偶发问题的能力。在这方面，教师可以重点观察幼儿能否按特定形象逼真还原作品形象，能否对作品进行美化和修饰，能否创造性表现作品等。

（5）关注幼儿在游戏中的互动与合作。幼儿在游戏中的社会性发展是幼儿与同伴建立良好关系、形成人际关系的重要途径。教师可从以下几个方面进行观察：幼儿处于独自搭建、平行搭建、联合搭建、合作搭建的哪个水平；幼儿在游戏中是否能倾听并尊重同伴的意见、能否主动与同伴沟通和协商游戏规则；幼儿与同伴合作的内容是否有深度；幼儿能否通过主动沟通来解决游戏冲突等。

不同年龄段幼儿建构游戏的内容和水平各不相同，因此，教师的观察也应有所侧重。不同年龄段幼儿建构游戏观察与记录的侧重点如表9-4所示。

表9-4　不同年龄段幼儿建构游戏观察与记录的侧重点[①]

小班	中班	大班
是否有搭建兴趣； 能否掌握简单的结构技能； 能否根据搭建物的要求恰当选择材料； 是否注意游戏时的安全及常规	能否根据需要选用多种不同材质和形状的结构材料； 能否运用多种结构技能较正确地建构物体，会不会看平面图纸； 能否在教师的鼓励下，大胆构思并进行有创造性的构造； 能否和同伴合作共建一组主题建构物，并评议结构游戏的成果	能否对建造物进行整体的规划和设计； 搭建物是否具有创造性； 能否通过协商、分工合作进行搭建

拓展阅读：

扫一扫，阅读《浅谈小班幼儿建构区中游戏观察与分析的技巧》。

---

① 莫云娟，任捷.幼儿园游戏活动指导[M].长沙：湖南师范大学出版社，2021：133.

（二）规则性游戏的观察

规则性游戏是指至少有两人参与的、按照一定的规则进行的游戏活动，其既强调规则性，又强调游戏性。规则性游戏包括体育游戏、智力游戏和音乐游戏等。规则性游戏不仅有益于幼儿身心发展，而且对于幼儿的学习与发展具有独特的价值。对于这类游戏，在观察时可从幼儿的规则意识、游戏技能、参与游戏的兴趣等方面进行把握。不同类型的规则性游戏能满足幼儿不同的发展需要，因此，教师的观察也应有所区别。

1.体育游戏的观察

体育游戏是体育活动的重要表现形式，它是一种随时随地可以玩的规则明确的游戏。一般而言，小班幼儿的体育游戏是在特定情境下进行的规则简单的游戏，中班幼儿的体育游戏呈现相对复杂的内容要求，大班幼儿的体育游戏更多聚焦于幼儿的思维发展和动作挑战。

关于幼儿的体育游戏，教师需要从以下几个方面进行观察：观察幼儿对基本动作的掌握程度，以及相关动作技能完成的质量，以了解游戏动作是否适合本班幼儿的发展水平，及时调整动作难度；根据幼儿在运动中的发热、出汗情况及时调整运动量，保证适宜的运动负荷；观察幼儿在游戏中的情绪状态，以了解幼儿对游戏参与的积极性与主动性，同时注意根据幼儿情绪的变化，发现和捕捉幼儿的兴趣点；观察幼儿对运动器械的操作使用情况，包括使用频率、操作方法的多样性和创造性等，以适时调整材料的投放数量与种类；观察游戏场地的使用情况，看是否存在过于拥挤或者利用率较低的情况，是否有利于游戏的顺利开展；观察幼儿对规则的遵守情况、角色的分配情况，以了解游戏规则、分组方法是否有利于全体幼儿积极参与锻炼；观察幼儿在游戏中所体现的社会性水平，包括幼儿对游戏结果的反应，以了解幼儿的关注点，要特别注意是否存在幼儿对胜负结果过于在意的情况，及时解决幼儿可能发生或存在的矛盾。①

2.智力游戏的观察

智力游戏以生动、新颖、有趣的游戏形式，帮助幼儿认识事物、发展智力。教师对幼儿的游戏观察能够为幼儿提供适宜性指导，也能分析出幼儿行为背后的原因。不同年龄段的幼儿智力游戏内容有不同的侧重，小班幼儿的智力游戏相对具体简单，游戏任务容易理解，全班幼儿都是同一游戏规则，如在"喂宝宝吃食物"的游戏中可以进行形状、颜色的匹配；中班幼儿的智力游戏逐步复杂丰富，如"蔬菜树"游戏中要进行蔬菜数量的一一对应；大班幼儿的智力游戏任务和内容都较为复杂，如在"我是速记王"的游戏中，能和同伴分工合作快速记忆长串数字。智力游戏观察记录表如表9-5所示。

---

① 吴志勤，敖翔.学前儿童游戏[M].长春：东北师范大学出版社，2017：104.

表 9-5 智力游戏观察记录表

姓名：	所在班级：	观察时间：	观察地点：
游戏名称			
参与游戏的人数			
游戏开始（包括幼儿的兴趣点、愉悦情绪等）			
游戏过程（包括幼儿的语言表情、规则的遵守情况、与同伴的沟通交流、各类益智材料使用的情况、如何解决出现的问题、创造力等）			
游戏结果			

3.音乐游戏的观察

音乐游戏作为幼儿音乐活动的一种综合性艺术活动，深受幼儿的喜爱。它将音乐活动内容融于游戏形式，让幼儿在音乐伴奏下感受音乐、创编动作。不同年龄段幼儿能力发展水平不同，音乐欣赏水平也不同，小班幼儿的音乐游戏往往是在兴趣驱使下自发地进行；相比小班幼儿，中班幼儿积累了一定的音乐经验，小肌肉动作发展水平明显提高，能够比较熟练地敲击乐器；大班幼儿的音乐和动作表现更加丰富，能够准确地控制力度、速度和节奏，并且具有一定的创编能力。

在音乐游戏中，教师需要重点观察幼儿能否把握音乐的节奏、理解音乐的情绪，幼儿是否专注于游戏，幼儿能否自觉地遵守并坚持游戏规则，幼儿能否跟随音乐节奏使用材料，幼儿能否与同伴积极配合并倾听同伴意见，幼儿的动作是否具有流畅性与创新性等。

二 游戏观察的实施

教师对幼儿的游戏观察是一种有计划的活动，且伴随着幼儿园的一日游戏活动随时随地发生。教师要明确游戏观察目的、选择游戏观察对象、制订游戏观察计划并确定观察内容、记录和分析游戏观察的结果，以便全面了解幼儿的游戏行为。

（一）明确游戏观察目的

明确观察目的是观察的首要程序，即明确观察的项目指标，带着既定的目标观察幼儿，明确观察幼儿的什么行为以及为什么要观察这些行为。一般来说，教师是因为不了解某些幼儿的情况而需要对其进行观察，或是教师看到幼儿出现某一行为，预测幼儿可能有其他行为发生而对其进行观察。在游戏活动中，观察的目的主要是了解幼儿的兴趣爱好、情感态度、游戏动机、与同伴互动情况，以及幼儿的行为表现和背后的影响因素等。

拓展阅读：

扫一扫，阅读《解读儿童，从观察开始》。

（二）选择游戏观察对象

观察对象即指向参与游戏活动中的人。教师选择观察对象一般分为个人活动观察、小组活动观察和集体活动观察。个人活动观察是选择一名幼儿作为观察对象，可以从有明显问题行为或容易被忽视的幼儿中选取，也可以选取在游戏活动中表现良好的幼儿，最好具有一定的代表性。小组活动观察是以小组为单位，将同一小组中的多个幼儿进行同时观察，观察幼儿的互动、协作、解决问题的方式等。集体活动观察是对全班幼儿进行的整体性观察，主要看幼儿参与游戏的程度、活动状况等。明确好观察对象后，教师要了解观察对象的性别、年龄、入园时间、家庭环境等基本信息，以便为后续的分析提供参考。

（三）制订游戏观察计划并确定观察内容

在实施游戏观察前，教师应提前制订详细的观察计划，以便更好地进行观察活动。游戏观察计划应涉及以下内容：观察的时间和地点，如观察小班幼儿表征能力的发展水平，可以选择"娃娃家""甜心饭馆"等角色区，看幼儿是否会以物代物、一物多用；观察的环境，即确定观察幼儿的活动是在室内还是户外，如想要观察幼儿的动作技能发展状况，要选择户外攀爬、追逐等情境，但如果观察幼儿精细动作发展，则选择拼搭积木等观察情境；观察方法，可用事件取样法进行观察，即只要该现象一出现，教师便进行记录。

观察内容是对观察目的的具体化操作。教师在确定观察内容时，需要思考以下几个方面的问题。

① 游戏主题——幼儿游戏的主题是什么？是如何确定的？主题是积极向上还是消极危险的？

② 游戏角色——幼儿的角色意识如何？分配角色时是否有冲突？

③ 游戏情节——游戏情节来源于生活经验还是动画故事？情节是否有变化？内容是否丰富有趣？

④ 游戏环境——环境是否安全、温馨、舒适？能否促进幼儿的社会性交往？

⑤ 游戏材料——玩教具及游戏材料是否具有教育意义？幼儿能否合理、创造性地综合使用游戏材料？

⑥ 游戏行为——幼儿的游戏水平处于哪个阶段？是否体现合作、协商等亲社会行为？他们遇到矛盾冲突是如何解决的？

⑦ 游戏需求——在游戏中幼儿感兴趣的是什么？幼儿在游戏中是否有困难？

下面我们来看一个案例。[①]

> 最近班上的幼儿对搭建立交桥非常感兴趣，为了丰富幼儿经验，支持幼儿搭建，教师在建筑区的墙上贴了一些立交桥的图片。现在教师想知道，建筑区墙饰对幼儿建

---

① 叶小红.幼儿园游戏与指导[M].南京：江苏凤凰教育出版社，2014：87.

构游戏没有支持作用。针对这个问题，我们可以确定如下观察目的、观察目标和观察内容。

【观察目的】
观察在有建构区墙饰支持的情况下，幼儿在建构游戏中的行为表现。

【观察目标】
1. 观察游戏过程中幼儿对墙饰的关注度。
2. 观察游戏过程中幼儿与墙饰的互动情况。

【观察内容】
1. 观察游戏过程中幼儿在什么情况下会看墙饰、幼儿是怎样看墙饰的、幼儿看过墙饰之后有什么行为，尤其是搭建行为。
2. 记录有多少幼儿看了墙饰、看墙饰的频率和时间、看墙饰时关注了哪些图片等。

拓展阅读：
扫一扫，阅读《指向深度学习游戏样太研究——游戏中对幼儿的观察评价分析》。

（四）记录和分析游戏观察的结果

游戏的观察记录可分为直接记录与间接记录。直接记录即教师在游戏现场用文字速写、表格勾画等方式记录，该方式可以按时完成观察的任务，但容易忽视游戏中的幼儿。间接记录即教师利用摄像机、录音笔等电子设备进行记录，之后再对记载的内容进行反复看、听和分析。无论选择哪一种记录方式，教师都需要提前准备，记录观察对象的非言语信息及行为发生的顺序等，从而提高观察记录的质量。

任务三　把握幼儿游戏观察的方法和记录

观察与记录是解读幼儿的最好方式。在游戏活动中，教师对幼儿行为的科学记录和有效分析，是全面评估幼儿发展水平的重要依据，也是教师提升自身专业素养的重要路径。教师对幼儿游戏的观察与记录要有一定的前提：第一，要有较强的观察意识，主动筛选有意义的信息；第二，要具备观察与记录的知识与经验，学会在观察中捕捉教育契机；第三，切忌重观察轻记录，要明白观察与记录具有同等重要的作用，观察与记录相辅相成。[①]

---

① 刘焱. 儿童游戏通论[M]. 北京：北京师范大学出版社，2004：297.

一 游戏观察的方法

教师要针对不同的观察对象采取不同的观察方法，以便更好地思考与解读幼儿的行为表现，并及时给予幼儿相适宜的支持行为。以下有几种方法供大家参考。

（一）扫描观察法

扫描观察法是教师对班里全体幼儿或不同游戏区域的幼儿平均分配时间，在相同的时长内对幼儿进行整体观察，以粗略了解全班幼儿的游戏情况。教师通过全面扫描的方式获得全班幼儿开展游戏主题的情况、游戏进展情况、参与游戏的兴趣和氛围等相关内容。需要注意的是，采用这种方法时，教师要确保全班幼儿均在自己的视线范围内。采用扫描观察法的观察流程如下：制定合理的观察表格—确定观察的对象和先后顺序—以5分钟或10分钟为一个时间单位进行轮流观察。教师可直接将所观察到的内容在表格中做记录，进而科学合理地分析观察记录。下面我们以表9-6为例进行说明。

表9-6 幼儿参与游戏的兴趣或对主题喜好的观察表

姓名	游戏主题				
	娃娃家	医院	超市	邮局	其他

教师在使用表9-6时，要注意对于每个主题隔一段时间（5分钟）进行轮流观察，并用不同的符号或不同颜色的笔进行勾画记录。此方法简单方便，教师也可从中看到幼儿游戏活动的坚持性。

为了便于大家更好地了解扫描观察法，我们一起来看一个自由游戏的案例。①

> 户外自由活动时间，中二班的王老师带全班幼儿来到户外进行自由游戏。有的幼儿选择了大型滑梯进行游戏，有的幼儿选择了沙水区进行游戏，有的幼儿自发组成了游戏小组，玩起了"警察抓小偷"的游戏。这时中一班的李老师也带幼儿下来自由活动，两位教师看幼儿玩得开心，于是全然不顾幼儿，走到一边聊起了天。

上述案例中两位教师的做法是不可取的，户外自主游戏虽是幼儿自由、自主、自发的游戏活动，但在自由游戏中教师更能看到幼儿的真实表现和游戏水平，如幼儿在游戏时的情绪体

---
① 丁海东.幼儿园游戏与指导[M].长沙：湖南大学出版社，2015：115.

验、幼儿是否遵守规则、幼儿有无出现扎堆现象等，所以，教师需要进行全方位的、整体性的扫描观察。

拓展阅读：

扫一扫，了解"频次记录法"。

（二）定点观察法

定点观察法即观察者选择某一个游戏区域进行一段时间的固定观察。该方法适用于了解某个游戏区域的全过程，主要观察幼儿现有的游戏经验、游戏主题持续的时间、幼儿对区域的参与度、幼儿的语言和交往、区域环境对幼儿活动的影响、幼儿的活动结果、幼儿在游戏中的兴趣是否转移以及转移的原因等。通过观察幼儿在区域游戏中的情况，教师可以了解幼儿的游戏发展水平，有助于教师理解和支持幼儿，同时便于教师对区域材料、环境设置的合理性做出判断和调整。此方法在游戏过程中用得比较多。定点观察法的观察方法如下：在游戏开始前教师选择固定的观察点，以获取有价值的信息去分析问题、解决问题；观察幼儿的游戏水平；在游戏中可以边现场观察边进行指导；可使用叙事记录法，之后还可通过追忆观察情况进行补充记录，整理并完善。定点观察法记录表如表9-7所示。

表9-7 定点观察法记录表

姓名：	所在班级：	参与人数：	观察日期：
幼儿探究行为实录		幼儿探究式科学能力分析	
教师支持与反思			

（三）追踪观察法

追踪观察法也称定人观察法。教师明确将一两名幼儿作为观察的重点对象，了解幼儿在游戏情境中的真实发展水平，以获得详细、真实的信息。该方法适用于个案研究，教师可全程观察，也可就某个游戏活动的情节进行观察，了解个别幼儿的游戏状态。

追踪观察法的方法如下：全程了解幼儿的游戏状态；幼儿走到哪里，教师跟到哪里；运用实况记录的方式进行记录。如中班幼儿在角色游戏区自主开展了"天使医院"主题游戏，幼儿结合自己已有的看病经验，清楚挂号、取药、打针的顺序，并对医生看病的动作、语言和表情进行模仿。教师可以采用追踪观察法，对扮演病人的幼儿进行细致的观察，看幼儿是如何安排看病顺序的，能否主动与医生、护士等工作人员沟通交流，病情表述是否合理等，之后教师要将幼儿的表现准确记录下来，进行分析并提出对策。

拓展阅读：

扫一扫，了解"追踪图法"。

（四）取样观察法

取样观察法可以分为时间取样观察法和事件取样观察法两种。

1.时间取样观察法

时间取样观察法是以一定的时间间隔（如10分钟）为取样标准，观察记录幼儿某一特定行为出现次数的方法。该方法适用于频繁、连续发生的行为，且需要在较长时间内进行观察。如游戏中小女孩学习妈妈装扮的行为。时间取样观察法主要包括确定观察的行为目标和时间的长度、选择计数的方式等。

我们一起来看一个时间取样观察范例。①

> 上午10：01　安静地坐着，看着老师。
> 上午10：02　专心地看着老师呈现给大家看的图片。
> 上午10：03　向上拉起她的袜子，并把袜口部分小心地翻下来。
> 上午10：04　老师叫她名字的时候，她回应了。
> 上午10：05　在老师针对故事内容提问的时候，她举手发言。

上述案例以1分钟为取样标准，对幼儿行为出现的次数进行观察记录，教师的记录行为连续且频繁，这就是时间取样观察法。

我们再来看图9-8所示的时间取样观察量表。

表9-8　幼儿建构游戏行为观察量表（时间取样观察）②

幼儿姓名：	年龄：	性别：
观察者：		日期：

观察时间：_____—_____
观察时距：_____（_____观察，_____记录）
观察情景：

---

① Carole Sharman，Wendy Cross，Diana Vennis.观察儿童：实践操作指南[M].3版.单敏月，王晓平，译.上海：华东师范大学出版社，2008：6.
② 周艳霞，郑妍，黄锐.学前儿童游戏与指导[M].长沙：湖南师范大学出版社，2021：170.

续表

幼儿姓名：				年龄：			性别：	
观察者：							日期：	

期程	社会行为							
1	游戏表现	无所事事		游戏行为	平行游戏			
		旁观者行为			联合游戏			
		独立搭建			合作游戏			
	建构水平							
	平铺	垒高	围合	连接		加宽	延长	其他
2	游戏表现	无所事事		游戏行为	平行游戏			
		旁观者行为			联合游戏			
		独立搭建			合作游戏			
	建构水平							
	平铺	垒高	围合	连接		加宽	延长	其他
3	游戏表现	无所事事		游戏行为	平行游戏			
		旁观者行为			联合游戏			
		独立搭建			合作游戏			
	建构水平							
	平铺	垒高	围合	连接		加宽	延长	其他

该量表收集了与观察目标相关的游戏行为信息，旨在了解幼儿的社会水平和建构水平。通过直接观察和计数，能够节省教师的时间和精力，需要注意的是，时间取样观察法容易遗漏量表样本以外的信息。

2.事件取样观察法

事件取样观察法是用于研究幼儿某种行为发生的背景、过程和结果，观察并记录下来的方法。如某幼儿告状的行为出现得比较频繁，教师可关注该幼儿告状时的表情和肢体动作，幼儿在户外游戏、区域游戏等游戏中告状的表现。该方法不需要在规定的时间范围内使用，注重的是某一特定行为或事件发生的前因后果等，旨在帮助教师找到适宜的支持策略。只是在使用这种方法时，有时会因中断行为的发生而无法保持完整性。因此，在采用事件取样观察法时，要注意分析事件发生的情境。

我们一起来看一个事件取样观察法范例。[1]

【观察目的】

新材料（涤纶纸）的使用情况。

【观察方法】

事件取样观察法。

【观察实录】

如表9-9所示。

表9-9 取样观察实录

幼儿	用途	使用区域
芊芊	剪成条状戴在手上，做手链	小舞台
莉莉	剪成条状贴在门上，做窗帘	娃娃家
壮壮	剪成碎片，放在碗里	娃娃家
毛毛	贴在桌子的一角，做银行的挡风玻璃	银行
琳琳	剪成碎片，贴在衣服上做装饰	小舞台

在这个案例中，教师观察幼儿使用涤纶纸的行为，了解幼儿使用材料的情况。

我们再来看一个事件取样观察量表（见表9-10）。

表9-10 事件取样观察量表[2]

项目	事件描述	备注
事件发生前	晚饭后，幼儿在区域活动中进行游戏，这时有幼儿向我告宁宁的状——"老师，宁宁把我的水彩笔拿走了。""老师，宁宁又翻我书包。""老师，宁宁手里的小贴画是从我身上拿走的，我不想给他，可他不还给我。"	
事件发生	我发现他并非出于好奇心而动别人的东西，而是情不自禁地打开别人的书包翻翻看看。有时候，他还把别人书包里的小贴画贴在自己身上，从地上捡到别人的东西也会放进自己的兜里	
教师回应	我把宁宁叫到一旁问："宁宁，你为什么总是动小朋友的东西？"宁宁说："老师，我就是觉得他们的东西挺好玩的，我没有乱动，我就是看看。"我知道宁宁这样做并不好，但也觉得可能他就是出于好奇。为了不过于强调宁宁的坏习惯，当时我没有对他进行严厉的批评，而是每天耐心地给他讲道理，告诉他随便拿别人的东西是不对的，不许乱动别人的东西，要把别人的东西还给人家	

[1] 邱学青.给幼儿教师的101条建议：游戏指导[M].南京：南京师范大学出版社，2000：153.
[2] 周艳霞，郑妍，黄锐.学前儿童游戏与指导[M].长沙：湖南师范大学出版社，2021：171.

续表

项目	事件描述	备注
分析原因	与家长谈话后，我了解到宁宁在家时，只要是他想要的或是喜欢的东西都要得到，而家长也总是满足他的需要。因此，在他的观念里只要是自己喜欢的都可以是自己的东西，不懂得区分自己和别人的物品，更不懂得如何尊重他人和礼貌待人。家长的过分放纵，使宁宁看到什么就想要什么，因此他会情不自禁地去翻动别人的东西	
解决策略	首先，我采取和家长沟通的方式，让家长感受到孩子这种习惯的不良影响和改正这种不良习惯的紧迫性。同时，让家长在家不要过分地满足孩子的需要，应适时地给孩子一点"挫折教育"，并告诉孩子哪些东西是有用的，哪些东西是没有用的。 其次，我积极与宁宁交谈，让宁宁说出每次翻动别人东西时的想法，在交谈过程中让宁宁感受到如果自己的物品被别人乱动或拿走，自己也会心情不好，因此以后不可再翻动别人的物品。 最后，我在班内为每个幼儿设立了隐私角，让幼儿感受到每个人都有隐私，要尊重他人的隐私，尊重他人的隐私是对他人有礼貌的表现。这样，其他人不可以侵犯宁宁的隐私，宁宁也要控制自己，不再去翻动别人的东西	

从这个案例中我们可以看到，事件取样观察法关注的是特定行为或事件发生的全过程。表9-10的记录内容包括事件发生前、事件发生、教师回应、分析原因及解决策略，该事件以外的行为则不在教师的观察范围内。

二 游戏的观察记录

幼儿游戏的观察记录即抓住典型的人或事，用叙述性的语言描述出来，可以选取集中反映幼儿的社会性水平、身体发展状况等事件进行记录。良好的观察记录不仅能够让人了解幼儿的发展水平和需要，也能促进教师对幼儿游戏水平的认知与理解。

（一）观察记录的内容

当前幼儿园教师对于观察记录的"为什么""是什么"等问题常常感到困惑，在观察记录时，教师很容易出现两类行为：一类是"碎片化"，记录目的不明确，随心所欲地看到什么就记录什么；另一类是"片面化"，记录内容不完整，存在多记、变序等问题。内容是观察记录最核心的部分，因此，教师应客观、准确地描述幼儿游戏行为的全过程。

观察记录的内容有以下几点基本要求：一是具体形象，语言清晰明了，即"话"中要有"画"，如中班"玩轮胎"的游戏，可以使用"拉""推""抬"等一串动词将幼儿细致入微的动作描述出来；二是详尽，幼儿的游戏行为多变且复杂，要尽可能详尽地描述幼儿的整个游戏行为，如投球活动的目的是促进幼儿身体动作的发展，因此，教师可以记录该幼儿投球的步伐、手部动作的灵活性以及连续投球的个数；三是客观，教师要避免"先入为主"的认知偏见，避免出现主观情感的词汇，要真实再现幼儿游戏行为发生的情况；四是格式规范，教师在完成客观的观察记录时，需要对与目标有关的内容进行具体记录。规范的记录格式可以参考表9-11。

表9-11 规范的记录格式

时间	地点	客观的观察记录	观察者的主观解释
15：30—16：10	户外场地	周周哭着跑到小意的跟前，抓着小意的衣服，小意则抓着周周的头发；周周在小意的胳膊上抓出一道痕迹，小意非常生气，把周周推倒在地上便跑开了	周周为了争取自己的利益与小意发生了冲突，周周的行为属于攻击性行为

下面我们来看一个交通关卡观察记录案例。①

观察时间：6月

观察地点：户外车类游戏区

观察班级：小班、大班

自主游戏一开始，大班的孩子就抢占了车类游戏区所有的车，他们或骑着车子，或推着车子，来来回回地穿梭于"隧道"之中。小班的乐乐和多多来到"隧道"前，看了一会儿哥哥姐姐们的游戏后，到器械房拿来一根PVC管，又去角色游戏区拿来一个奶粉罐。然后，他们在"隧道"前架起了一个关卡，说是一车一杆，还要刷卡。大班的晨晨推着小推车来到杆前，顺手在杆上抹了一下，代表已刷卡。没想到乐乐说："刷得不对，要在这里刷，杆子才能起。"说完，他在杆子的另一端示意了一下。晨晨认真地看着乐乐的示范，然后按照示范又"刷了一次卡"。乐乐满意地看着哥哥，把手里的杆子缓缓地升了起来。接下来，通过的哥哥姐姐都接受了乐乐的"培训"。小班的禾禾拿着一个坏了的射灯来到"隧道"边，对刚刚通过"隧道"的涛涛说："你闯红灯了，我这是探头，已经把你拍下来了！"涛涛赶紧停下来，很无辜地双手摸头："啊……不会吧？"随后，禾禾从地上拿起一个红牌和一个绿球，说："这是红绿灯，绿灯亮了你才能走！"涛涛赶紧应声："知道了！"后来的车辆都很遵守规则，"绿灯"亮了才会通过。玩了十几分钟，禾禾发现"隧道"前的关卡太多了，过"隧道"的哥哥姐姐少了。于是，禾禾把做红绿灯的材料送回角色游戏区，又从材料架上拿了一个键盘，来到"隧道"的另一端，对将要进入"隧道"的大班幼儿安安说："请出示驾照！"安安赶紧停下车，假装将"驾照"递到禾禾手中。禾禾郑重地接过"驾照"在键盘上刷了一下，又按了几个键说："好了，可以通过了。"安安接过"驾照"往上衣的口袋里一塞，骑车进入了"隧道"。后来想进入"隧道"

---

① 董旭花，韩冰川，刘霞，等.幼儿园自主游戏观察与记录——从游戏故事中发现儿童[M].北京：中国轻工业出版社，2015：211-214.

的"司机"都愉快地等待着,接受了这样的检查。就这样,车类游戏区的游戏一直在小班孩子设置的各类关卡和大班孩子的配合中,愉快地进行着,直到游戏时间结束。

从上述案例描述的内容来看,教师清晰、具体地叙述了游戏的过程。有条理的详细描述是观察记录的意义所在。我们可以观察到,小班低龄幼儿通过设杆、设置红绿灯、查"驾照"等办法巧妙地加入大班哥哥姐姐们的游戏,幼儿在自主设置的游戏情境中自觉遵守游戏规则,在整个游戏活动中都相当愉悦。

(二)观察记录的方法

观察记录的方法有很多,教师要根据观察的目的和记录的内容,选择合适的记录方法。下面介绍几种常用的记录方法。

1.轶事记录法

轶事记录法即教师对幼儿表现出的有研究价值的行为进行记录、分析的方法。该方法主要用文字对所观察到的游戏行为进行描述,必要时可配上图片加以说明。采用该方法时,教师将幼儿的典型行为记录下来,包括时间、地点、对象、情景、事件发展的顺序等,尽可能详细地还原游戏细节。此外,教师还需要用规范的格式梳理事件,记录事件与观察分析间的有机联系,以提高观察效果。幼儿轶事观察记录表模板可以参考9-12。我们来看一个轶事记录法相关案例(见表9-13)。[①]

表9-12 幼儿轶事观察记录表

观察时间:
观察地点:
观察事件:
观察对象:

轶事描述	
观察分析	
后续观察重点	

---

① 莫云娟,任捷.幼儿园游戏活动指导[M].长沙:湖南师范大学出版社,2021:70.

表9-13 ××幼儿园花花老师关于祈祈的轶事记录表

观察者：花花老师	观察对象：祈祈
观察时间：×月×日 15：30—15：40	观察地点：小三班 洗衣房
事件描述： 　　祈祈脱了鞋子，进入"洗衣房"，随即对花花说道："我来晒衣服，你来放衣服、洗衣服。"花花手拿着衣服，转了两圈，眼睛四处看。祈祈指着柜子下方的洗衣机说："在这里。"边说边打开洗衣机，让花花将衣服放进去，再关上洗衣机门，按下按钮。等待一会儿后，祈祈关掉洗衣机，取出衣服，交给花花。祈祈站起来，伸手拿下衣架和花花一起晾衣服。祈祈伸手想把衣架挂在架子上，花花也伸过手来拿衣架，两人推拉了几下后，由花花将衣架挂在了架子上。之后，祈祈将衣服从衣架上取下来，花花伸手去拿。祈祈说："我会叠衣服。"花花说："我也会。"祈祈一边蹲在地上叠衣服，一边说道："你看我叠吧！"花花也蹲了下来，看着祈祈叠衣服。 　　祈祈叠好衣服，对着"娃娃家"中的明明说道："衣服叠好了。"祈祈将自己叠好的衣服递给趴在沙发上的明明。明明刚接过衣服，祈祈又伸手跟他要衣服，说道："你们的衣服先给我闻闻，我要看一看。"随后做出了"闻""看"的动作。仔细检查后，祈祈再一次将衣服给了"娃娃家"的明明。明明拿起衣服左看右看，祈祈看到后说："我刚看过了，干净。" 　　祈祈向"娃娃家"的明明说道："你们那个衣服，都拿过来洗一洗。"明明未回应，祈祈第二次问道："有没有脏衣服？"女孩们没有回应祈祈，他便再次问道："有没有脏衣服，裤子有没有脏的？"明明把一件衣服拿给了祈祈，祈祈拿到衣服后，立马将衣服放进了洗衣机，关上门，按下洗衣按钮。随即对明明说："衣服要很久才能洗好，因为我这里面没有加肥皂。"他走向洗衣机，打开洗衣机门看了看，又问道："你们能不能给我洗衣液？我这儿没有洗衣液。不用洗衣液衣服洗不干净。"明明拿了一个粉色的瓶子给祈祈，祈祈接过后，将粉色瓶子的瓶口向手里抖了抖，将手伸了洗衣机，然后重新开始洗衣服。	行为分析： 　　从这次角色游戏中，可以看出祈祈游戏的主动性有所提升。一是因为祈祈有关于该主题的丰富的生活经验。在游戏中表现出了代表洗衣工角色的叠衣服、洗衣服等角色行为；初步显现出角色意识，坚持性较强，并尝试拓展情节。 　　同时，祈祈在游戏中多次出现语言交流，并联系生活情节，做出了检查衣物的行为，角色行为由单一的洗、叠衣服，发展到与顾客进行交流，推动情节的发展，丰富游戏内容。 　　祈祈在过程中三次主动询问是否需要洗衣服务，角色意识较强，并表现出了较强的坚持性。祈祈联系生活经验，想到用洗衣液洗衣服，由此找到瓶子作为洗衣液的代替物，表现出祈祈对现实生活的迁移，产生了初步的替代行为
指导措施： 　　当祈祈和花花出现争抢叠衣服的行为时，教师可以适当介入，教会幼儿"轮流"等合作的方法。当游戏区当前的材料不能够满足幼儿游戏的需要时，教师应该适时地投放材料，促进情节的发展，同时可以鼓励幼儿以物代替，促进幼儿想象力的发展和角色游戏水平的提升	

2.日记记录法

日记记录法即教师采用日记的形式，在一段时间内连续对某个（群）幼儿的游戏行为进行观察记录的方法。这种方法要求教师每天与幼儿接触。该方法有助于教师捕捉幼儿参与活动的兴趣，了解幼儿的个性，了解游戏行为产生的原因和过程，便于后期分析、解读幼儿行为背后的原因。下面案例采用的就是日记记录法。

观察日期：2021年12月23日

观察对象：天天

户外沙池游戏时间到了，小朋友们兴高采烈地来到了最喜爱的沙水区，大家各自拿到自己喜欢的材料开始了游戏，沙池里热闹极了。此时，活泼好动的天天引起了我的关注。他没有选择小桶，而是拿来了水枪。他想到，得去找水才能喷呀！于是他打开水龙头，将水枪放在水龙头的下面接满，好一会儿，他准备拿出来喷水了，万万没想到的是，水不仅没喷出来，还把衣服打湿了。天天想了想，又拿来了一个小碗，用碗接满水然后放在地上，再把水枪放进碗里面吸水，这样就能把喷水枪里面吸满水了，水枪终于可以喷出水来了。

日记记录法要求教师客观记录幼儿的行为，记录中不掺杂个人主观因素的解释。教师在自然情况下进行观察，将天天喷水枪的行为进行了详细的还原，让人清楚该幼儿游戏时的表现，如主动探索尝试解决问题，为教师分析该幼儿的行为提供了依据。

拓展阅读：

扫一扫，阅读《从"看见"到"看懂"，如何对游戏中幼儿行为进行观察与分析？》。

（三）记录的分析

教师在完成游戏的观察记录后，就需要对记录的内容进行深入合理的分析。科学的分析是评价幼儿游戏的依据，也是促进幼儿深度学习的关键。虽然教师观察了很多幼儿的游戏活动，也获得了许多相关资料，但资料本身不会说话，要让游戏活动实现其价值，就要把所收集的资料加以分析和解释，从原始的文字和图表中抽取能反映幼儿游戏发展水平以及幼儿认知、情感、社会性发展方面的相关信息，发现问题并寻找规律，以改进和提高幼儿游戏的现状。[1]

我们一起来看下面这个将"私家车"变成"公共汽车"的案例。[2]

【观察记录】

在公共汽车上，有两个"妈妈"各自带着"宝宝"来乘车，然而公交车上只有两个座位，一个是司机的，另一个是乘客的。之前都是以家为单位来乘车，"爸爸"当司机，"妈妈"带幼儿乘车（想必这个公共汽车是由私家车改变而来）。今天不一样了，教师在车门处加了刷卡机，两家都想乘车，出现了以下对话。

妈妈1：我们去幼儿园。

妈妈2：我们去红山动物园。

妈妈1：那你们下车等，车已满了。

---

[1] 刘焱.幼儿园游戏与指导[M].北京：高等教育出版社，2012：296.

[2] 丁海东.幼儿园游戏与指导[M].长沙：湖南大学出版社，2015：126.

于是妈妈2下车。

爸爸2：不能坐两家人，不然车会倒的。

【观察记录分析】

通过观察发现，如果在公共汽车上加几个凳子，就可以解决人多时不能同时乘车的问题，还能使车更加稳固。

【尝试改变】

在原有的车内增加3个凳子，一次就可以乘坐4个幼儿，而且出现了站车现象。孩子们纷纷上车，两个人一起上车的还出现了刷两次卡的现象。大家在车上有了交流，公共汽车更加接近幼儿的生活经验了。

上述案例中，教师观察分析得出结论：材料准备不充分影响了幼儿游戏的进展。教师及时为幼儿加凳子，推动了幼儿游戏的顺利开展。不难发现，教师只有对记录的内容进行及时的分析，才能发现影响游戏因素的关键点，进而采取合理的方式支持幼儿的游戏。

在对内容进行分析时，教师需要注意以下问题：一是分析要基于观察的目的，否则分析出的结果将毫无价值，如教师确定观察的目的是"了解幼儿社会性和能力发展水平"，在分析中教师就要重视幼儿社会性和能力发展水平的表现；二是分析要以幼儿游戏情境为依据，把握不同类型的游戏对幼儿发展的关键经验，这样才能保证分析结果的真实、客观；三是分析时要克服个人认知偏差，教师自身的经验、文化会成为特定的成见，为保证游戏结果的真实性，教师需要克服主观偏见。

为了更好地理解游戏观察的记录，我们来看一个中班"蛋糕主题"沙池游戏的案例。①

一、观察信息

观察目的：沙池游戏中幼儿"做蛋糕"水平的发展

观察时间：2022年1月4日上午

观察地点：桂林市机关第二幼儿园沙池区

观察对象：中一班幼儿（28名幼儿，包括13名男孩和15名女孩）

观察者：H老师

二、观察与记录

1.游戏前

【教师把幼儿带到沙池边上，再次解释游戏规则】

H老师：等会我们玩一个游戏。比如，我是有门票的小朋友，我做好了蛋糕之后，要去邀请另一个没有门票的小朋友一起做蛋糕。邀请朋友的时候记得也邀请我见证你们的友谊时刻。还记得我们学过的《找朋友》这首歌吗？我们在邀请朋友的时候可以唱这首歌。

① 黄雪亮.观察与记录幼儿游戏的案例呈现和分析反思——以中班"蛋糕主题"沙池游戏为例[J].教育观察，2022（6）：44-45.

2.游戏过程

【游戏开始后10分钟（10：05—10：15）】

10：14，第一个幼儿（幼儿A）成功做好了脱模蛋糕。

H老师：你是怎么成功的？

幼儿A：第一次没加水，第二次就成功了。

H老师：期待你的蛋糕，还要记得邀请小伙伴哦！你的小伙伴是谁？（教师帮忙找来另一个幼儿B）

H老师：你可以和你的伙伴介绍一下你的蛋糕是怎么做成功的吗？

幼儿A：先加点沙，再加水，再加沙。（接着，两个幼儿一起做蛋糕，但是第一次没成功脱模）

H老师：没关系，再尝试一下！（两个幼儿一起再次尝试做脱模蛋糕）

幼儿A：老师，她成功啦！

H老师：是你帮她成功的，还是她自己成功的？

幼儿A：我帮她成功的。

H老师（对幼儿B）：现在你来试试自己操作好不好？

游戏开始十分钟后，进行蛋糕主题的幼儿人数为5人。

【游戏开始后20分钟（10：16-10：25）】

10：23，又有一个幼儿（幼儿C）做好了蛋糕。

幼儿C：老师，我做好了。

H老师：好的，那你邀请你的小伙伴吧！（幼儿C找来了小伙伴）

H老师：你来和他一起做蛋糕，对吧？

幼儿C：是生日蛋糕。

H老师：那就做生日蛋糕吧！现在一起过生日分享蛋糕，你们可以一起做生日蛋糕。

10：25，做蛋糕的幼儿人数为10人。

【游戏开始后30分钟（10：26-10：35）】

10：35，幼儿D与他人一起组队做了披萨蛋糕。

幼儿D：老师，我们做好啦。

H老师：我知道啦，你们已经叫过我两遍啦！

（当时教师已经开始组织收玩具环节，走过去给幼儿拍了照，两名幼儿邀请教师后，摆好拍照姿势）

10：40游戏即将结束，幼儿做蛋糕的总数量为19个，其中，做脱模蛋糕的有6人，不用模具做手堆蛋糕的有5人，用模具做不脱模蛋糕的有4人，做披萨蛋糕的有4人。

3.游戏结束

教师带领幼儿洗手、换鞋，回到教室对游戏活动进行总结。

拓展阅读：
扫一扫，阅读《"破坏"的背后——幼儿游戏行为的观察与分析》。

任务四　学会幼儿游戏活动观察结果的运用

游戏是幼儿自主探索和学习的活动。教师对幼儿游戏观察结果的运用，有利于了解幼儿游戏的水平及所存在的问题，并根据问题找出原因，以及时做出正确的判断和有效的指导，推进幼儿游戏深入开展。

一、观察评价幼儿游戏发展水平

（一）用线索提示进行观察评价

线索提示就是以一定的观察要点提示去评价幼儿的游戏水平，帮助教师将观察到的真实游戏行为与幼儿的游戏水平建立一定的联系，如表9-14所示。

表9-14　游戏观察要点及发展提示[①]

	观察要点	发展提示
表征行为	能否清楚地分辨自我和角色、真和假的区别	自我意识
	出现哪些主题和情节	社会经验范围
	动机出自何物的诱惑、模仿意愿	行为的主动性
	行为仅仅指向物还是指向其他角色	社会交往、语言表达
	行为指向哪些相对应的角色	社会关系认知
	行为与角色原型的行为、职责的一致性程度	社会角色认知
	同一主题情节的复杂性和持久性	行为的目的性
	行为是以物品为主还是以角色关系为主	认知风格
	是否使用替代物进行表征	表征思维的出现
	同一情节中是否使用多物替代	想象力
	替代物与原型之间的相似程度	思维的抽象性
	用同一物品进行多种替代	思维的变通和灵活
	用不同物品进行同一替代	思维的变通和灵活
	用不同物品进行同一替代	创造性想象

---

① 上海市教育委员会.上海市学前教育课程指南（试行稿）[M].上海：上海教育出版社，2004：14.

续表

	观察要点	发展提示
构造行为	结构材料拼搭接插的准确性和牢固性	精细动作、眼手协调
	对造型是先做后想，还是边做边想，或是想好了再做	行为的有意性
	构造哪些作品	生活经验
	是否按一定规则对材料的形状、颜色有选择地进行构造	逻辑经验
	注重构造过程还是不同程度地追求构造结果	行为的目的性
	是否会用多种不同材料搭配构造	创造性想象力
	构造作品外形的相似性	表现力
	构造作品的复杂性	想象的丰富性
	有无探索和发现材料特性并解决构造中的难题	新经验与思维变通
合作行为	独自游戏、平行游戏、合作游戏	群体意识
	更多的是主动与人沟通还是被动沟通	交往的主动性
	更多的是指使别人还是跟从别人	独立性
	是否会采用协商的办法处理玩伴关系	交往机制
	是否会同情、关心别人和取得别人的同情、关心	情感能力
	交往合作中的沟通语言	语言与情感的表达和理解能力
	是否善于调整自己的行为以适应他人	自我意识
规则行为	是否能爱惜物品、坚持整理玩具、物归原处等	行为习惯
	是否使用一定规则解决玩伴纠纷	公正意识
	是否喜欢规则游戏	竞赛意识
	是否自觉遵守游戏规则	规则意识
	是否创造游戏规则	自律和责任
	游戏规则的复杂性	逻辑思维

教师在了解与观察本班幼儿的身心发展水平、需要、生活经验等实际情况的基础上，可根据分析框架提示的表征行为、构造行为、合作行为和规则行为等对幼儿游戏时的表现进行归类，以准确把握幼儿真实的游戏水平。如规则简单、分工明确的"娃娃家"游戏就比较适合生活经验尚不丰富的小班幼儿，"美味饭馆"这种游戏就比较适合已具备一定的数学计算和语言表达能力的大班幼儿。

（二）用量表进行观察评价

观察量表一般用于评价幼儿参与活动时的情况。如在建构游戏中，幼儿游戏是否处于联合游戏向合作游戏过渡的阶段，是否有共同搭建的主题或简单的合作与分工，是否利用积木的形状特征去搭建等。表9-15是可供教师参考的幼儿游戏一般性发展评价表，教师对幼儿游戏活动的全方位观察可参考这几个方面进行。

表9-15 幼儿游戏一般性发展评价表①

项目	评分标准	评分
自选情况	不能自选 自选游戏玩具 自选活动及玩具	
主题目的性	无意识行为 主题不明确，易受他人影响而变换主题 自定主题，能很快进入游戏情境 共商确定主题，主题稳定	
材料使用	不会用或简单重复使用材料 正确、熟练掌握材料的常规玩法 材料运用充分，玩法多样复杂	
常规	行为有序，基本遵守规则/行为混乱，不守规则 轻拿轻放，爱护玩具/基本爱护/不爱护，乱丢玩具 及时收放，认真整理/部分整理/不能整理	
社会参与性	独自玩 平行活动 联合游戏 协作游戏	
伙伴交往	积极交往：互相谦让、轮流合作、协商解决问题 友好交往：交谈逗趣、请求询问、追随模仿 消极交往：独占排斥、干扰破坏、攻击对抗	
持续情况	交换频繁（记录次数） 有一定坚持性，完成一项活动后再变换 始终持续一项活动	
其他	是否参与环境创设、与教师交往情况及能否正确评价游戏	
总体印象		

需要注意的是，教师对不同类型游戏活动的水平进行评价时，需要根据各类幼儿游戏的特点和身心发展规律，确定适宜的评价标准。

---

① 丁海东.幼儿园游戏组织与指导[M].长沙：湖南大学出版社，2015：129.

二 观察评价教师的指导行为

（一）评价教师的游戏准备

在游戏活动中，教师要为游戏活动的开展提供时间、空间和游戏材料、游戏经验等方面的准备。物质和经验的充分准备能够为幼儿的游戏提供支撑，丰富和完善幼儿的知识经验。教师通过观察，可以了解游戏材料是否适宜、是否需要延长幼儿游戏时间、幼儿游戏经验是否能够支撑游戏深入进行等。我们来看下面这个案例。

> 中班的建构区里，3名幼儿在观察天安门图片，他们讨论并做了简单的建构计划。在用积木搭建天安门时，由于只有原木积木，所搭的天安门老是倒塌，每一层都是刚搭好后就倒塌了。幼儿反复搭建几次后，丁丁说："老是重新搭，不想玩了。"

从以上案例可看出，幼儿想放弃游戏是由于积木种类单一，限制了游戏的开展。教师并未根据幼儿游戏计划中所需要的积木形状，及时调整游戏材料投放的数量和种类。此外，天安门城楼每一层对应需要的积木，教师也应该标注清楚，如第一层门洞需要拱门积木，第二层支柱需要小而细的圆柱积木等，幼儿只有具备了丰富的游戏经验，才能推动游戏深入发展。

（二）评价教师的游戏指导效果

幼儿游戏是自主、自由的活动，但"自主"不等于"放手"，"自由"也不等于"想干什么就干什么"。教师要给予幼儿宽松的游戏环境和足够的游戏时间，尽量减少不必要的介入和干预，但是减少指导并不意味着完全不指导，教师要在给予幼儿充分自由的同时，思考指导方式，思考是即时指导、隐性指导，还是显性指导，还要思考具体情境应该采用何种介入方法。科学、适宜的指导能够推进幼儿游戏的进展，也会影响游戏的最终效果。

下面我们来看一个游戏活动案例。①

> 升入中班后，孩子们开始练习拍篮球。经过一段时间的练习，小小的篮球在孩子们手中拍出了各种花样——单手拍、双手交替拍、转身拍、两人对拍、双手同时拍、两球交换位置拍等。两个月后，原有的单一拍球游戏已经满足不了孩子们的需要，他们开始主动在拍球过程中添加辅助器械，由此演变出来的拍球形式也更加丰富多彩——在轮胎上拍球、骑着高低车拍球、在梯子上拍球、在平衡木上拍球……一个学期过去了，孩子们的拍球热情依然高涨，他们仍然在探索新的玩法。

---

① 董旭花，韩冰川，刘霞，等.幼儿园自主游戏观察与记录——从游戏故事中发现儿童[M].北京：中国轻工业出版社，2015：52.

4月的一天上午，户外活动开始了，孩子们自主选择了辅助器械，开始各自玩球。棋棋的运动水平在班里数一数二，早在一周前他就已经能够边跳转转球边拍球了。活动开始后不一会儿，他便跑来对教师说："老师，这么玩太简单了，还有更难的吗？""你觉得什么样的玩法更难？""我可以加上水彩桶吗？""当然可以。"教师话音刚落，棋棋就扔掉手中的球，带着脚腕上的转转球朝器械室跑去。他从器械室里提出四个水彩桶，排成一列摆在操场上。只见他捡起球，来到水彩桶的一端，抬起左脚迈到转转球前面，熟练地向后一踢，右脚上的转转球开始转动，然后他拍着手中的球，很轻松地绕过水彩桶的第一个拐角，原来他是在走S线呀！过第二个拐角时，转转球碰到了水彩桶，被挡住了，他手中的篮球恰好落到了转转球的柄上，被弹了出去。

第一次尝试受挫后，棋棋没有气馁。他捡起球重新开始拍，一次、两次、三次，转转球每次在拐角处都被水彩桶挡住。但是棋棋仍然没有气馁，他蹲下来拿着转转球的柄在两个水彩桶之间左右摇摆。他把三个间隙都仔细地测量了一遍后，统一把水彩桶向后挪了挪，使两桶之间的距离明显大了很多。这次，棋棋又站回起点重新开始，并且顺利地绕过第一个拐角，到了第二个拐角时，脚上的转转球又被水彩桶挡住了！他边往起点走，边歪头打量着地面，好像在思索着什么……

再一次重新开始后，到了拐角处棋棋没有直接绕行，而是带着球向两个水彩桶中间的位置靠拢，平移前进。他用同样的方法，顺利通过了前面两个拐角。过第三个拐角时，地面上的小裂痕把脚上的转转球卡住了。他赶紧挪动水彩桶，避开了那段坑洼地面。

之后，棋棋又进行了尝试。这一次，他用画折线的方法十分顺利地通过了三个拐角。哇，终于成功了！教师和旁观的孩子都兴奋地为他欢呼起来。

从上述案例可以看出，教师给予了幼儿适宜的支持与指导，体现了教师的教育智慧。当幼儿寻求教师的帮助时，教师认真、耐心地倾听了幼儿的诉求。案例中的棋棋不满足于原有的玩法，想要挑战新的难度，教师并没有直接给出答案，而是作为支持者，为幼儿的自主学习与探索提供了机会。棋棋在不断测量、验证、思考的过程中获得了新的知识和经验，他的思考能力、动作操作能力和拍球的运动技能也得到了锻炼和发展。

项目九 幼儿游戏的观察

项目小结

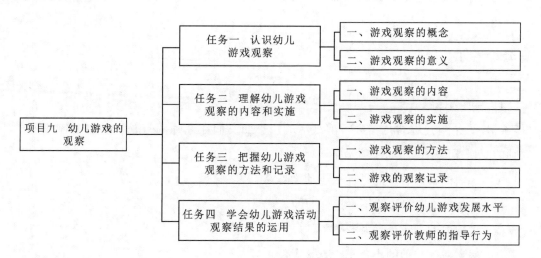

　　游戏是幼儿最自然的学习方式，也是教师与幼儿对话的美好方式。"观为看、察为思"，幼儿游戏行为观察与分析是教师必备的专业能力，也是衡量教师专业素养的重要标准之一。一方面，观察是教师全面认识和评价幼儿的重要前提，教育部颁布的《3—6岁儿童学习与发展指南》《幼儿园教师专业标准（试行）》等文件中多次提及教师的观察角色。游戏观察是解读幼儿游戏的重要前提，教师通过游戏观察，不仅可以了解幼儿的游戏水平，还能真实准确地掌握幼儿的发展情况，为支持幼儿的学习与发展提供依据，真正做到"眼中有孩子，心中有支持"。另一方面，观察能力是教师专业化水平的重要组成部分，教师观察幼儿游戏行为是反思自身教学行为和改进保教质量的过程，也是优化、完善、更新知识结构的过程。

　　在当前幼儿游戏的实践中，幼儿教师的游戏观察仍存在观察缺乏目的性和计划性、观察方法单一、观察记录内容不全面、游戏解读分析不深入等诸多问题。教师必须从根源上认识幼儿游戏观察的意义，制订科学、适宜的游戏观察计划，了解游戏观察的主要内容，掌握观察与记录的方法。在游戏观察时，教师要看幼儿游戏的主题是什么、分配角色是否有冲突、能否创造性地综合使用游戏材料，以及游戏过程中是否体现了协商、合作等亲社会性行为，并将自己看到的、听到的转变成指导幼儿游戏的能力。此外，教师可采用扫描观察法、定点观察法、追踪观察法和事件取样法等，有目的地指向某名幼儿或对某项游戏活动进行有针对性的观察，既可以在现场用文字、表格等形式把游戏活动发生的过程和行为发生的顺序记录下来，也可以采用拍照等形式进行辅助记录，尽可能保证观察过程的完整性。

　　教师通过深入的观察，能够了解不同年龄段幼儿的游戏水平和关键经验，如幼儿参与游戏的专注度、人际互动能力、认知发展水平、社会性水平、问题解决能力等，进而观察、解读游戏过程，推进幼儿游戏的进展，以此促进幼儿身心全面和谐发展。每一位幼儿都是有发展能力和创新精神的独立个体,而游戏是最能激发他们内在潜能的活动方式。做好游戏观察与分析,能够让幼儿的身心发展和教师的有效指导有迹可循。

思考与练习

1. 单项选择题

(1) 幼儿园大班幼儿在进行剪纸活动,小朋友们在老师的带领下剪出了各种图案。教师的下列评价中错误的一项是（　　）。

A."你剪的真好看,这是什么小动物呀?"

B."这是什么呀?小狗不是这样剪的。"

C."敏敏剪的小花真是太漂亮了。"

D."来看看东东剪的小兔子,真是太像啦!"

(2) 某幼儿园大一班和大三班在进行踢足球比赛,这属于社会性游戏分类中的（　　）。

A. 合作游戏

B. 联合游戏

C. 平行游戏

D. 独自游戏

(3) 不影响幼儿游戏意愿的情况下,教师提示一个问题或建议,给出鼓励或参照,邀请同伴加入或营造某种氛围支持幼儿的游戏行为是（　　）。

A. 间接指导

B. 直接指导

C. 语言指导

D. 平行指导

2. 简答题

(1) 什么是游戏观察?

(2) 简述对观察记录进行分析时应注意的问题。

(3) 游戏观察常用的方法有哪些?

3. 案例分析题

观察开始时,萌萌和瑶瑶已经玩了一段时间。她们用方形泡沫地垫拼接围合成一个"凸"形,在这个区域内她们划分了3个小区域。我们可以看到,萌萌的左侧已经做好了斜坡,右侧有个拱门,后边有一排汽车,她的手里拿着一个双倍长方体,正在和瑶瑶说话。萌萌说:"你拿的这个长方形不对,要换个短一点的。"瑶瑶回答:"嗯,我去换个。"说着就跑到盒子里重新拿了块短的长方体积木。我问萌萌:"你们搭的是什么?""游乐园,这边是停车场。"她指着后边的一排汽车说,"这边是公共厕所(她指着右侧说),这边是滑滑梯(她指着斜坡说)。""老师——你看!"她拖着音调喊我,嘴巴翘了起来,眼睛弯弯的,继续说道,"这是女厕所,这是男厕所,这是厕所的门,男厕所在对面!"她用手一边指着一边给我介绍。我问她:"那男厕所的小便池在哪里呢?"她低着头,过了几秒钟说:"我知道了!"她把两块长方体积木拿下来,放在对应的盒子里面,又从另外的盒子里拿了两块桥形积木,围封起来。"搭完后要看下自己设计得合不合理哦!"我提醒道。她听后,坐在垫子上,嘴巴里碎碎念着,1分钟后,她用手拍了下脑门:"对,要这样!"接着,她把小汽车挪了个位置,放在游乐园的大门处。接着又和瑶瑶小朋友开始完善滑梯等设施了。

请结合幼儿游戏活动观察结果的运用的相关知识对该建构区积木搭建观察记录进行评价与分析。

实践与实训

【实训一】

结合有关幼儿园的见习经历,自行选定一个幼儿游戏主题和观察方法,客观、详细地记录幼儿游戏活动。

目的:初步掌握游戏观察方法,能够选择合适的观察方法对幼儿游戏案例进行准确的观察和记录,并能将其运用于教育实践。

要求:根据幼儿园的见习经历,从扫描观察法、定点观察法、追踪观察法、取样观察法中自行选定一种观察方法,真实、客观地分析记录幼儿的游戏活动,并举例说明。

形式:实地观察与分析。

【实训二】

自选一个游戏情境,对其进行观察、记录,并运用幼儿游戏发展水平、教师的指导行为等相关理论进行评析。

目的:掌握幼儿游戏观察与记录的一般程序,科学地观察并解读幼儿的游戏行为,并富有创造性地对幼儿游戏观察的结果进行分析和运用。

要求:以小组为单位,结合幼儿游戏观察与记录的一般程序,从幼儿游戏发展水平、教师的指导行为等方面进行评价。

形式:小组合作。

项目十　幼儿游戏与教学

◇ **学习目标**

1.厘清幼儿游戏与教学之间的关系，明确幼儿游戏与教学之间的不同之处，知道幼儿游戏与教学都是为了促进幼儿的发展；

2.掌握幼儿游戏与教学的三种结合形式，理解幼儿游戏在教学中的结构化层次以及不同结构化层次下的游戏水平，了解"课程游戏化"向"游戏课程化"的演进历程；

3.领会幼儿游戏课程的特点，感悟安吉游戏中"游戏精神"的力量，在教育实践中学会以游戏课程促进幼儿的学习和发展。

◇ **情境导入**

华东师范大学教授李季湄为《放手游戏 发现儿童》一书作序时写道："安吉游戏是真游戏的实践。安吉老师们非常理解'假游戏'与'真游戏'的区别，他们不断研究、探索孩子们真正喜欢的游戏。在安吉游戏中，游戏的所有本质特征——愉悦、自由、自主、创造，都如此鲜明地体现着、演绎着。我想，凡见过安吉游戏的人都能真切地感到幼儿是自己游戏的主人，每一个幼儿都真正享受到了真游戏。幼儿玩自己喜欢的游戏，玩什么、与谁玩、怎么玩、用什么东西玩，通通可以自己做主、自己决定、自己安排。他们在游戏中自我学习、自我构建、互动互助，充分地体验发现、创造的乐趣。老师们毫无控制游戏的欲望与行动，只是积极地支持、鼓励，与幼儿默契愉快地配合。"①

安吉的游戏课程得到了中国教育工作者的广泛认可。通过上述李季湄教授的话语，我们感受到游戏能够极大地促进幼儿的学习和发展，这是游戏与教学的共通之处。那么，幼儿游戏与教学是怎样的关系？二者有哪些不同的结合形式？在教育实践中，我们如何推动幼儿游戏课程的实施呢？学习完本项目的内容，这些问题就迎刃而解了。

---

① 程学琴.放手游戏 发现儿童[M].上海：华东师范大学出版社，2017：1-3.

拓展阅读：

扫一扫，阅读《源起与发展：一场深刻的儿童游戏革命》。

任务一　厘清幼儿游戏与教学的关系

纵观百余年来幼儿园课程的发展历史，我们可以发现，游戏与教学之间一直是此消彼长的关系。[1]20世纪90年代以后，随着《幼儿园工作规程》（1996年）、《幼儿园教育指导纲要（试行）》（2001年）、《3—6岁儿童学习与发展指南》（2012年）等文件的颁布，游戏逐渐被视作幼儿园的"基本活动"，而不再只是一种"教育手段"或者"形式"，这体现的是对游戏本身价值的认同，也是学前教育区别于中小学教育的一个显著标志。然而，在现实的教育实践中，游戏依然面临诸多困境，一方面，幼儿园面临家长需求的压力，不得不向家长提供幼儿学习的"成绩"和"结果"，于是在"过分依赖教材、注重集体教学、强调规范统一"[2]的趋势下，游戏变成了一种辅助课程开展的工具；另一方面，在浪漫主义情怀影响下，许多人将游戏看作完全自由、自发的活动，教师对游戏不施加任何干预和指导，从而造成游戏是游戏、教学是教学的"两层皮"现象。

游戏与教学都是幼儿园中主要的活动形式。虽然二者有区别，但是最终目标都是促进幼儿更好的发展。如果我们总是用二元对立、非此即彼的思维方式来审视游戏和教学，那么就是"用静态的、封闭的眼光看待游戏的享乐功能与教学的发展功能，把教学与不严肃、游戏与严肃对立起来，把手段与目的完全割裂开来"[3]。

一、幼儿游戏与教学的不同之处

游戏与教学是两种有着本质区别的活动，两者不可相互替代。

第一，从含义上看，游戏是幼儿自由选择的获得愉快体验的活动，而教学则与其相反，是有目的、有计划、有组织地培养人的活动。

第二，从特点上看，游戏具有无目的性、自发性、过程性等特点，而教学则具有目的性、计划性等特点，更多强调的是文化传递与对幼儿施加影响。

第三，从活动发起方看，游戏往往由幼儿自主、自发产生，而教学则往往由教师有目的、有计划地发起。

---

[1] 郭元祥，杨洋，张越.论游戏课程化的游戏观：游戏的课程本质、边界与层次[J].教育理论与实践，2020（4）：60-64.
[2] 曹玉兰."课程游戏化"的园本理解与实施策略[J].学前教育研究，2016（12）：61-63.
[3] 王春燕.以游戏精神实现教学与游戏的融合[J].教育理论与实践，2002（12）：42-45.

为了帮助大家更好地区分游戏与教学，我们先来看一个游戏活动案例"我会摆出交通工具"①。

> 在早晨入园后、早餐前，教师一般不安排教学活动，幼儿都是自发地进行游戏活动。妞妞和晓晨选择了拼插玩具，玩起了建构游戏，刚开始他们也不知道要摆些什么。妞妞问晓晨："你今天早上是怎么来幼儿园的呢？"晓晨说："爸爸送我来的，他开的是小汽车。""那我今天是坐地铁过来的。"妞妞接着说。他们聊着天，决定今天一起摆一摆交通工具，晓晨选择了灰色的拼插板，不一会儿就拼出了一辆小汽车。而妞妞选择了积木，不一会儿就摆出了一列长长的地铁。

我们再来看一个教学活动案例"美丽的东西"②。

> 教学目的：培养幼儿正确使用同义词。
> 教学方法：帮助幼儿在掌握"美丽"一词的基础上，掌握"好看"和"漂亮"等同义词。
> 进行活动前，要准备一些具体的材料，如三束花、三只蝴蝶（卡片）、三条头巾。
> 活动开始后，教师先要求幼儿说出美丽的东西。教师拿出一束花来，幼儿要说："美丽的花。"拿出一只蝴蝶（卡片），幼儿要说："美丽的蝴蝶。"拿出一条头巾，幼儿要说："美丽的头巾。"在幼儿会说"美丽"这个词的基础上，教幼儿使用同义词"漂亮"，一次请三个幼儿出来，各拿一束花，用同义词去形容花的美，但不能用相同的词。例如，幼儿分别说"美丽的花""这花多好看呀""多漂亮的花"，并摆出欣赏花的姿态。说对后，大家拍手表扬。然后把花分别送给三个幼儿。接花的幼儿要说"谢谢"，同时拿着花出来，按照上边的玩法再进行一次，然后换成蝴蝶（卡片）、头巾等继续活动。

二 幼儿游戏与教学的相通之处

虽然游戏与教学有着本质区别，但是二者相辅相成、相互补充，最终目标都是促进幼儿更好的发展。因此，我们可以从课程要素的角度分析游戏与教学的相通之处，"从幼儿的游戏出发，及时把握幼儿学习的生长点，通过引导和建构新的游戏，促进幼儿的学习与发展"③。

（一）以游戏为教学目标

教学目标是教育的特定价值观在课程中的体现。就幼儿园教学目标来说，对幼儿发展、社会

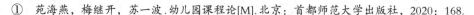

① 苑海燕，梅继开，苏一波.幼儿园课程论[M].北京：首都师范大学出版社，2020：168.
② 苑海燕，梅继开，苏一波.幼儿园课程论[M].北京：首都师范大学出版社，2020：169.
③ 王振宇.论游戏课程化[J].幼儿教育（教育科学），2018（4）：3-8.

需求和知识不同程度的关注，会出现不同价值取向的教学目标。①游戏作为幼儿园的基本活动，可以帮助幼儿形成独立的态度、自我创造的精神、审美的能力与趣味，也有益于幼儿认知、情感、社会性、身体、个性等各方面的发展。游戏所追求的价值与幼儿园教学目标的主流价值观是一致的。

游戏本身是无目的的，这是因为游戏不受外部奖惩的干扰，而是源于一种内部动机。因此，有不少教育者认为，游戏不应该有目标，游戏目标会局限幼儿的游戏活动，使游戏丧失原本愉悦性、自由性的特点。这无疑将游戏与教学区分开来。可以说，"游戏不应该有目标"是一种偏狭的游戏观。美国学者盖伊·格朗兰德和马琳·詹姆斯曾做了题为《新发展适宜性实践中的意图和游戏》的报告，报告中提出了"教师怎么做才能引发幼儿的高水平游戏"的问题，其中一个策略便是"为游戏制定目标"。②这样的目标是基于过程模式的一种生成性目标或表现性目标。目标应以过程为中心，以幼儿在游戏场上的具体表现为基础，指出游戏应朝着什么方向发展。教师不能将目标看作游戏的最终目的或结果，或以此评价幼儿的游戏，而应在游戏中对幼儿的发展持一种观察、研究的态度，从而引导幼儿不断地发展。我们不妨来看一个案例，看看案例中教师是如何在游戏过程中生成课程目标，从而指引游戏朝着新的方向发展的。

> 游戏课程"'植'此青绿"③缘于放假前，幼儿将班级自然角中的植物带回家照料，居家时光增进了幼儿与植物之间的互动。在孩子们的细心照料下，植物慢慢发生着变化。孩子们在云端共享经验，开始自发分享各自的发现。幼儿种植的经验不同，所以对于种植的兴趣也不一样。"如何调动所有幼儿的积极性，引导他们参与种植活动呢？"陆老师陷入了思考。于是，她想到了通过"云赏幼儿园""一起去踏青"系列活动，引导幼儿寻找身边的美景，在欣赏大自然美景的过程中，激发种植的愿望，提高幼儿参与种植活动的积极性，体验种植带来的快乐。在幼儿的精心照顾下，植物慢慢长大，幼儿对植物越来越感兴趣，也越来越关注植物，然而，在这个过程中新问题又出现了。一天，桐桐问："我和妈妈买了西瓜种子，但妈妈说没有肥料，不知道它能不能发芽。"陆老师借此契机，引导桐桐和妈妈一起查找资料，了解关于肥料的知识，同时，将此问题发送到QQ群，引发了孩子们的讨论。

将游戏作为教学目标有两层含义：一是游戏本身即教学目标，教师在组织游戏活动时，应做到心中有目标，将高水平游戏视作幼儿发展的方向；二是基于对游戏的观察生发出教学目标，这样的目标是基于过程模式的一种生成性目标或表现性目标，目标以过程为中心，以幼儿在游戏场上的具体表现为基础，指出游戏应朝着什么方向发展。

---

① 朱家雄，赵俊婷.幼儿园课程概论[M].北京：北京出版社，2014：106-111.
② [美]盖伊·格朗兰德.发展适宜性游戏：引导幼儿向更高水平发展[M].严冷，译.北京：北京师范大学出版社，2014：16.
③ 【课程故事】"植"此青绿[EB/OL].（2022-08-24）[2023-06-04]. https：//mp.weixin.qq.com/s/_PKy5uqx-vNl8J_sLX-8c0Q.

（二）以游戏为教学内容

对于教学内容的理解大致有以下三种取向：一是教学内容即教材；二是教学内容即学习活动；三是教学内容即学习经验。[1]将游戏作为教学内容，事实上就是将教学内容的关注点从教材转移到幼儿的学习活动和经验的不断建构上。20世纪40年代，我国教育家陈鹤琴提出的"活教育"思想中就包括"做中教、做中学、做中求进步"和"大自然、大社会都是活教材"，其体现的也正是这种教学内容取向。

以游戏为教学内容，就是从以人为本出发，将游戏视作教学内容的"生成源"。建构主义将人的心灵看作积极的、自组织的、处于成长中的有机体。"自组织"是一种自然能量，它能够"创造逐渐丰富的复杂形式和结构"[2]。游戏是幼儿主动与周围环境相互作用的基本活动形式，幼儿在游戏中探索、发现、计划、思考，积极主动地建构自己的经验。[3]游戏的独特价值在于其具有经验建构和发展的"自组织"机能，这种"自组织"机能使其成为幼儿园教学内容生成和发展的源泉。我们通过一个游戏课程案例"彩虹鱼池"[4]，来感受一下游戏这种"自组织"的能量吧！

> "老师，幼儿园这个池塘真漂亮！"自从幼儿园门厅旁建了一个小水池后，每次餐后散步时，孩子们都喜欢去小池塘边。他们总会围着小池塘叽叽喳喳说个不停。他们喜欢观察池塘里的事物，探索池塘的奥秘。"咦，水池里除了小鱼和石头，还有一个'神秘物'，这是什么？它为什么会在水里？"孩子们积极讨论着，并把自己的猜想记录了下来！原来这个"神秘物"叫潜水泵，是排水用的，它可以对水池里的水起到循环作用。于是，孩子们也想要做一个神奇的水泵。他们试着用一个吸管，让瓶子里的水转移到杯子里。这次活动给了孩子们充分表达自己想法的机会，让教师倾听到了从儿童视角出发的各种奇思妙想。聆听幼儿、赋权幼儿，可以促使幼儿在游戏中主动与周围环境相互作用，在游戏中积极探索、发现、计划、思考，主动地建构自己的经验。

将游戏作为教学内容，要以幼儿为中心，根据幼儿的兴趣、需要和能力来选择内容；其组织过程应遵循幼儿、教师和教育情境交互作用的创生取向，幼儿会在逐步深入的探索和发现中产生新的问题，于是游戏内容就在不断发现新问题的过程中立体起来。游戏不是相互脱离的孤立的存在，在上一个游戏中往往能找到下一个游戏内容的生发点。

（三）以游戏为学习方式

游戏是幼儿积极主动、真实自然的学习活动，游戏活动具有选择材料、兴趣、疑问、假设、

---

[1] 施良方.课程理论——课程的基础、原理与问题[M].北京：教育科学出版社，1996：106-110.
[2] [美] 小威廉姆 E. 多尔.后现代课程观[M].王红宇，译.北京：教育科学出版社，2000：188-215.
[3] 刘焱.儿童游戏通论[M].北京：北京师范大学出版社，2004：418-419.
[4] 【课程故事】彩虹小鱼池[EB/OL].（2022-08-01）[2023-06-04]. https://mp.weixin.qq.com/s/JZF7Exn_yMLv95Xd4sBdeQ.

探索、发现、想象、交流等天然因素，这些因素集中体现和代表着幼儿身心发展的需要。只有当主体需要得到满足时，才能够发展和培养幼儿的主体性。因此，游戏是"最能表现与肯定幼儿的主动性、独立性与创造性的主体性活动"①。在游戏中，幼儿的学习方式以发现学习为主，同时获得主动学习的经验，表现出主动性、独立性、创造性等特点。比如，下面这个"小滚筒、大挑战"②游戏案例就记录了幼儿探索滚筒玩法的全过程。

> 户外活动时，孩子们在操场上看到了几个"大个头"（滚筒）。他们摸一摸、敲一敲，叽叽喳喳地讨论起来……有的孩子滚滚筒，有的孩子跨滚筒，有的孩子钻滚筒，有的孩子在滚筒上爬。一凡想要站在滚筒上，一次、两次、三次……不管怎么尝试，都没有成功。户外活动结束后，教师利用谈话活动与孩子们进行了交流："你想怎么玩滚筒？""用什么办法能够让我们平稳地站在滚筒上呢？"教师将问题抛给了幼儿，幼儿想了各种各样的办法，如用轮胎把滚筒固定住，请两个好朋友扶着滚筒，在滚筒里放大皮球……下一次户外活动时，孩子们迫不及待地验证了自己的方法。在分享交流的时候，一凡又提出了一个新问题："大家都站在了滚筒上，为什么走不起来呢？怎样才能在滚筒上走起来呢？"就这样，随着一个又一个"新问题"的诞生，幼儿不断挑战自我，从"单个玩"到"合作玩"，从"单一玩"到"花样玩"，幼儿在不断的挑战中，发展了游戏技能，体验到成功的喜悦。

滚筒游戏对幼儿来说，是一项之前没有挑战过的项目。教师在游戏中敏锐地捕捉到幼儿的兴趣与需要，支持和鼓励他们在游戏过程中的想法，引导和帮助他们解决游戏中遇到的难题，共享成功的喜悦。滚筒游戏中，幼儿从一开始的"单个玩"逐步学会了"合作玩"，从起初的"单一玩"逐渐掌握了"花样玩"。在不断的挑战中，我们看到了幼儿无限发展的可能性。

游戏作为学习方式，一方面，使幼儿在直接行动中对事物产生具象的、真实的、直观的体验和感受；另一方面，在幼儿运用各种感官探索事物的过程中会发现一些有趣的现象，这些现象自然地推动幼儿去思考，从而形成问题，在问题的推动下进行更深一步的探索发现。教师要充分利用游戏，为幼儿的主动学习创造有利的、适宜的环境和条件。幼儿在游戏活动中产生和发现的问题构成了幼儿学习的"原动力"，推动幼儿不断地探索和尝试，激发幼儿的思考和想象。

（四）以游戏为教学资源

教学资源是指课程与教学信息的来源，广义的教学资源包括一切对课程和教学有利的物质和人力。将游戏视作形成课程的来源和实现教学的条件③，就是将游戏看作一种教学资源。在传统课

---

① 刘焱. 儿童游戏通论[M]. 北京：北京师范大学出版社，2004：418-419.
② 【课程故事】小滚筒 大挑战[EB/OL]. （2022-08-03）[2023-06-10]. https://mp.weixin.qq.com/s/SVAOKArxe-j1PLxIFGXLgA.
③ 李森，陈晓端. 课程与教学论[M]. 北京：北京师范大学出版社，2015：129-130.

程中，人们往往将教材当作唯一的教学资源。虽然教材是重要的知识来源，但并非唯一的知识载体，因为知识最终是来源于实践的。因此，以游戏为教学资源能够赋予教学资源更加广阔的内涵。我们来看下面这个案例。

> 春天，大一班的小朋友在种植园里撒下了小种子，期待着它们发芽长大。可是现在问题来了……
>
> 萌萌：老师，自主散步的时候，有好多小朋友踩我们的小种子！
>
> 可可：我们要想办法保护小种子！
>
> 老师：我们可以怎样保护小种子呢？
>
> 小轩：我们可以做个围栏，把小种子围起来，这样他们就踩不到了。
>
> 老师：用来保护院子、菜地的围栏，我们称之为"篱笆"。
>
> 幼儿热爱植物、亲近大自然，对亲手种下的小种子十分关心。出于对种子的保护心理，他们产生了制作围栏保护小种子的想法。教师抓住这一学习契机，及时引出"篱笆"一词，并支持幼儿用雪糕棒、竹片制作出不同的"篱笆"。在这里，教学资源既包括种植园、制作"篱笆"的材料，也包括幼儿想要保护自己种下的小种子的兴趣和制作"篱笆"的愿望，以及怎样制作出"篱笆"的各种奇思妙想。①

游戏这个教学资源好像一个庞大的生态系统，里面既包含幼儿的游戏体验、操作、兴趣和个别化差异等主观因素，也包含游戏场所、材料、工具、设施等客观因素。游戏把幼儿置身于一个开放的环境中去体验乐趣、体验生活、体验自主、体验过程、体验创新、体验成功，立足幼儿的发展。教师可以通过对游戏的观察，收集有关幼儿行为的描述性资料或信息，了解每名幼儿在运动、客体、符号和社会性游戏等方面的发展情况②，从而形成丰富的教学资源。挖掘和开发游戏教学资源有助于幼儿园形成鲜明的办学特色，也是幼儿园"去小学化"的有效途径。

任务二　掌握幼儿游戏与教学的整合

幼儿游戏既可以作为幼儿园的教学目标、教学内容，也可以作为学习方式和教学资源，在这种情况下，游戏与教学浑然一体。当教学中游戏的成分较多时，往往因为趣味性的增加而深深吸引幼儿；相反，当教学中游戏因素缺乏时，教学内容会变得僵化、枯燥和沉闷，幼儿就会表现出厌烦和疲惫。因此，在幼儿园教育实践中，我们要不断注入幼儿游戏与教学整合的思想。

---

① 【课程故事】篱笆诞生记[EB/OL].（2022-07-25）[2023-06-10]. https://mp.weixin.qq.com/s/d2pOoni1nI-wxecUYWmFxQ.

② [美]詹姆斯·约翰森，詹姆斯·克里斯蒂，弗朗西斯·华德.游戏、儿童发展与早期教育[M].马柯，译.南京：南京师范大学出版社，2013：67-69.

一 幼儿游戏与教学的结合形式

（一）分离式

分离式是指幼儿游戏与教学彼此分离、独立存在，表现为"纯游戏"或者"纯教学"的形式。在这种教育实践中，课程是完成教学目标的环节，而游戏只是教学过程的间歇，或者作为幼儿认真学习的一种奖赏。游戏活动和教学活动完全分开进行，即在幼儿园活动的某段时间安排幼儿进行纯游戏活动，教师不进行任何干涉，或在某段时间对幼儿进行完全结构化的教学活动，教师对教学活动表现出高度的控制性。教师重视教学，更多关注教学中的幼儿，但对游戏中的幼儿则较少关注。

在这种结合形式下，幼儿游戏与教学在内容上并没有交叉关系，"游戏归游戏，上课归上课"。像这样的纯游戏活动，在幼儿园中随时都能见到。这种自发的、自主的活动能够满足幼儿想象力、动手操作能力、创造力等方面提升的需求。我们来看一个常见的"小医生"游戏案例。

> 瑶瑶和佳佳自发玩起了"小医生"的游戏，瑶瑶穿着白大褂，脖子上挂着听诊器，手里拿着装有针筒、体温表的医药箱。这时，佳佳抱着一个玩偶娃娃来到"小医院"，指着娃娃对瑶瑶说："她肚子疼。"瑶瑶看了看佳佳，用手指着娃娃的肚子问："是这里吗？"佳佳点了点头。瑶瑶随手从医药箱里拿过针筒对着娃娃的肚子就打了下去。这时佳佳说："不是打这里的，要打手上。"

在这个游戏中，我们看不到教师的介入，游戏完全是两名幼儿自主、自发进行的。两名幼儿不仅发展了动手能力与想象力，而且在合作的氛围中获得了游戏的快乐。

完全结构化的教学往往是教师需要对某个单一概念或单一技能进行讲解时表现出的一种纯教学活动。整个活动有着明确的目标和清晰的流程，教学过程完全由教师控制，幼儿完全按照教师的要求来完成任务，几乎没有自主性的发挥。

（二）插入式

插入式是指在教学活动中融入游戏活动，或在游戏活动中融入教学活动。这种游戏与教学结合的方式在幼儿园教育实践中常被运用。例如，教师在设计教学活动时，采用游戏导入的方式，激发幼儿的兴趣，然后再进行教学，或者在教学活动结束后，运用游戏环节使教学活动中幼儿习得的知识和技能得以巩固和运用。又如，在幼儿游戏时，教师在观察和理解幼儿的基础上适时介入教学性质的指导，以促进幼儿的学习和发展。当然，教学活动的插入既要有利于提高教学的有效性，又要避免干扰幼儿自主的游戏活动，做到自然而不生硬。首先，我们来看一个在教学中插入游戏的案例"蜡染"①。

---

① 苑海燕，梅继开，苏一波. 幼儿园课程论[M]. 北京：首都师范大学出版社，2020：170.

【活动目标】

1.学习"蜡染"的美术表现方法。

2.用自己的方式创作"蜡染"的美术作品。

【活动准备】

蜡染的布、宣纸、各种颜色的液体染料等。

【活动步骤】

1.教师在活动室内挂一块蜡染的布，告诉幼儿这是云南地区的工艺美术作品，是那里的老百姓发明和创造的。

2.教师向幼儿演示用20~25厘米见方的宣纸做蜡染的布的方法。

（1）将宣纸对折，再对折，再沿对角线对折。

（2）将折好的宣纸的一角浸入红色的液体染料，取出后，再将另一角浸入绿色的液体染料；取出后，还可将另一些部位浸入其他颜色的液体染料。

（3）将对折的宣纸打开即成。

3.教师运用其他折纸的方式再次演示制作蜡染的布的方法。

4.让幼儿根据教师的演示制作蜡染的布。

5.鼓励幼儿用自己的方法制作蜡染的布，并向别人展示自己的作品。

这个案例是在教学活动中插入游戏活动的案例。游戏作为教学活动的延伸，可以使幼儿将刚刚学到的知识与技能运用到实际情境中。在接下来的这个案例中，幼儿有关磁铁的自主探索游戏是教师教学活动的先导，当幼儿在游戏中具备一定程度的磁铁知识后，教师就顺理成章地展开了磁铁的教学活动。我们来看一看这个在游戏活动中插入教学活动的案例"磁铁"[①]。

1.教师观察到幼儿对于磁铁十分感兴趣，就在活动区域投放了一定数量的磁铁，同时投放了一些钉有订书钉的纸以及其他的铁质物件，让幼儿尝试用磁铁吸这些纸和其他东西。

2.教师引导幼儿拿着磁铁到处去找可被磁铁吸住的东西，并讲述自己的发现，即哪些物件是能被吸住的，哪些物件是不能被吸住的。

3.教师为幼儿提供记录纸，启发幼儿用符号分别记下可以（或不可以）被磁铁吸住的物体。

4.在幼儿积累了相当多的经验以后，教师利用幼儿的记录开展集体教学活动，引导幼儿对记录进行归纳。经过反复比较，幼儿逐步悟出只有含铁的物体才能被磁铁吸住的道理。

5.开展各项利用磁铁的游戏活动，如钓鱼、移动磁铁走棋、磁性积木等。

---

① 苑海燕，梅继开，苏一波.幼儿园课程论[M].北京：首都师范大学出版社，2020：170.

6.让部分对磁铁感兴趣的幼儿继续谈论更多的相关话题，如什么是磁性、磁铁的正负极等，教师适时参与幼儿的讨论，提供一定的材料，满足他们的探索需要。

（三）整合式

整合式是指游戏活动与教学活动有机地合为一体，已经难以区分什么是游戏、什么是教学。教学追随和支持着幼儿在游戏中的学习。教学和游戏之间表现为"以游戏为中心的学习"，教学活动在向幼儿的生活世界回归。

这种结合形式下，教师和幼儿在平等的基础上实现双向建构，通过对话、交流、交往等活动，彼此在情感、态度、经验等方面获得了丰富的体验。教师在支持幼儿发展的过程中，实现了自身的专业成长；幼儿在教师的帮助指导下，获得了学习与发展。这也构成一种理想状态，幼儿与教师共同生活、玩耍、学习、发展，而没有教学和游戏的界限。游戏成为幼儿园课程中不可或缺的重要内容，它既是追求娱乐的一种手段，也是促进幼儿学习与发展的载体。我们一起来看一个整合式教育活动案例"绳宝宝上幼儿园"①。

【活动目标】

1.有节奏地抖动绳子，运用拖拉、扭动、旋转等方式变化不同的线条。

2.有兴趣地使用绳子、颜料，在不同质地的纸上涂颜色，想象幼儿园快乐的生活情景。

【活动准备】

1.用不同颜色和质地的材料拼贴成模拟幼儿园，铺在地上，如浅色墙纸（活动室）、绿色皱纸（花园）、粉色棉布（卧室）、土黄色牛皮纸（沙池）等。

2.20厘米长的棉纱绳数根（一头绕有透明胶布）。

3.盛有不同颜色颜料的小罐，将绳子浸入其中（绳头在外）。

【活动步骤】

1.观察铺在地上的材料，想象这些是幼儿园的哪些地方。

2.了解绳宝宝是幼儿园的小朋友，在幼儿园里快乐地游戏。

3.观察教师演示，了解使用材料工具的方法。

4.带着绳宝宝在幼儿园里游戏。

（1）每种颜色的绳宝宝只能放在相同颜色的小罐里（如起名为绿色班、红色班等）。

（2）若想换一种颜色的绳宝宝，必须把手里的这根绳子送回原来的小罐（回到自己的班级）。

（3）绳宝宝可以在各处游戏，按游戏场地想象他们在做什么，并变换自己的动作。

---

① 苑海燕，梅继开，苏一波.幼儿园课程论[M].北京：首都师范大学出版社，2020：172.

5. 讲评。

（1）观察画面上不同的线条和颜色，比较哪个地方最美丽。

（2）请幼儿介绍绳宝宝是怎样玩的，做了哪些动作。

案例展示：

扫一扫，走进游戏案例"你好，纸飞机"。

二、幼儿游戏在教学中的结构化层次

（一）不同结构化的活动

如图 10-1 所示，假设在轴线的两端分别是无结构的"纯游戏"活动和完全结构化的"纯教学"活动，那么，在这条轴线上则存在从低结构到高结构排列的若干个不同结构化的活动。越是偏向"纯游戏"活动，越是强调幼儿的自然发展和一般能力的获得；反之，越是偏向"纯教学"活动，越是强调教师预定的教育任务、学业知识和技能。

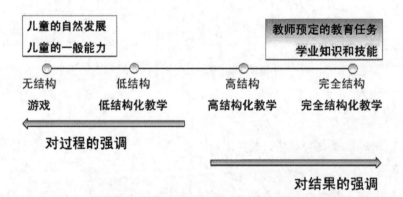

图 10-1 幼儿园课程中不同结构化的活动

低结构化活动和高结构化活动的学习目标、活动发起、学习动机和关注点都有所不同（见表 10-1）。从学习目标看，低结构化活动的学习目标往往由师幼共同确定，而高结构化活动的学习目标一般由教师预先确定；从活动发起看，低结构化活动的活动发起方主要是幼儿，高结构化活动则主要由教师发起活动；从学习动机看，低结构化活动的学习动机往往源于幼儿的内部需要，而高结构化活动的学习动机往往来自外部奖惩；从关注点看，低结构化活动关注活动过程，强调幼儿的过程性体验，而高结构化活动则更关注结果，强调幼儿预期性知识、技能的获得。

表 10-1　低结构化活动和高结构化活动的主要特征

比较点	低结构化活动	高结构化活动
学习目标	师幼共同确定	由教师预先确定
活动发起	由幼儿发起	由教师发起
学习动机	幼儿的内在需要	外部奖惩
关注点	活动过程	预期结果

（二）游戏在教学中的结构化层次

在教育实践中，游戏往往是以不同的结构化程度存在于"纯游戏"和"非游戏"之间，这就构成了游戏在教学中不同的结构化层次。

如果人为割裂幼儿的"生活世界"和"教学世界"，就会无形中走向教师主导的"非游戏"活动或幼儿自发的"纯游戏"活动两个极端。这样不仅会导致幼儿学习的主体地位缺失，还可能会造成幼儿的人格分裂："在一个世界里，儿童像一个脱离现实的傀儡一样，从事学习；而在另一个世界里，他通过某种违背教育的活动来获得自我满足。"①因此，游戏在课程中往往处于"非游戏"和"纯游戏"两端之间，构成不同结构化程度的游戏。

成人主导的活动由教师发起，具有较少的想象力、游戏性等元素；幼儿自发的活动中，幼儿有自由选择和控制的权利，但缺少成人指导和干预，以及没有外在结果的要求；而"中间结构"的游戏是最为丰富的，其结构化程度取决于创设的游戏环境、制订的游戏计划、成人扮演的角色、是否观察游戏以及评估、反馈等因素（见图10-2）。幼儿游戏与教学的整合即强调"中间结构"的游戏，认为游戏和教学就如同DNA双链一样，相互缠绕、相互交融、相互补充。

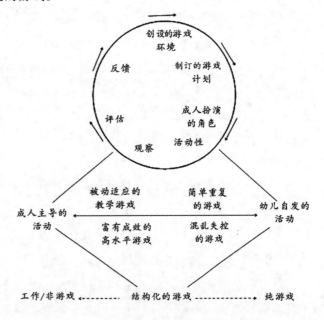

图 10-2　不同结构化层次的游戏水平模型②

---

① 联合国教科文组织国际教育发展委员会.学会生存——教育世界的今天和明天[M].北京：教育科学出版社，1996：14—16.
② Elizabeth, W, Jane A. Play, Learning and the Early Childhood Curriculum.[M]. 3rd. Los Angeles: Sage Publication, 2013: 68—72.

（三）不同结构化层次的游戏水平

不同结构化层次的游戏会呈现出不同的游戏水平，而教师要做的就是适当地观察、干预和指导幼儿游戏的开展，促进幼儿游戏向富有成效的高水平游戏发展。《发展适宜性游戏：引导幼儿向更高水平发展》一书中罗列了三种常见的游戏水平：混乱失控的游戏；简单重复的游戏；富有成效的高水平游戏。[①]混乱失控的游戏往往表现为幼儿声音很大、肢体接触较多、不受控制地欢闹，或频繁地发生争执；简单重复的游戏虽然不存在安全和噪音问题，但幼儿往往重复简单的行为，游戏参与度不高；富有成效的高水平游戏则表现为幼儿的参与度高、专注、持久，能够通过协商等方式解决争议，具有合作性和创新性。那么，游戏的不同结构化层次和游戏水平之间是否存在某种关联呢？当教师对幼儿游戏不加任何干预时，幼儿往往会不受控制地大笑、大叫，发生较多的争议，这是混乱失控的游戏表现；当教师制订了一定的游戏计划，但未能适宜地观察、干预和指导幼儿游戏，或及时对幼儿游戏行为进行评估和反馈时，幼儿往往表现出简单重复的游戏行为；当教师为幼儿创设了科学的游戏环境，制订了适宜的游戏计划，提供了充足的游戏时间，积极地观察和指导幼儿游戏的进行，并及时对幼儿游戏进行评估和反馈时，往往会促进幼儿游戏向富有成效的高水平游戏发展。但是，完全在成人发起和主导状态下进行的游戏则会导致幼儿被动适应的游戏状态（如教师主导的教学游戏）。适宜的结构化游戏程度对引导幼儿向更高的游戏水平发展至关重要。我们一起来看一个案例——瑞吉欧著名的方案教学"影子"[②]。该案例以"游戏"为起点，在"游戏"中展开，最后在"游戏"中结束，完美地诠释了游戏与课程整合的理念。

> 活动起初，师幼围绕"影子"激烈地讨论起来：影子是什么样的？人和影子是什么样的关系？影子是怎样产生的？于是生发了第一个游戏活动"画影子"，幼儿原先画出来的影子是与人外轮廓完全相同的放大或缩小的黑色模块；影子真的是这样吗？于是幼儿带着讨论和绘画中产生的问题，生发了第二个游戏活动"亲身体验影子"，他们用眼睛、耳朵和手亲身体验影子时，发现影子是躺在地上的，总是和脚连在一起；通过亲身实验，孩子们对影子有了自己的想法，懂得了影子的原理，于是生发了第三个游戏活动"制造影子"，他们开始用镂空卡纸和树叶等材料自己制造影子；那现在幼儿对影子的理解会不会和先前不一样了呢？最后生发了第四个游戏活动"再次画影子"，通过幼儿的作品能够看出，幼儿对影子的理解比第一次画影子时更加贴近实际生活了。

三、"课程游戏化"向"游戏课程化"的演进

幼儿游戏与教学共同包含于幼儿园课程之中，我们可以把幼儿园课程看作实现幼儿园教育目的、帮助幼儿获得有益的学习经验、促进其身心全面和谐发展的各种活动的总和。

---

① [美]盖伊·格朗兰德.发展适宜性游戏：引导幼儿向更高水平发展[M].严冷，译.北京：北京师范大学出版社，2014：138.

② 焦敏.幼儿园课程论[M].北京：国家开放大学出版社，2017：84-88.

（一）什么是"课程游戏化"

"课程游戏化"的本体是课程，游戏是课程的工具。因此，"课程游戏化"秉持工具主义游戏观，把游戏作为课程的活动形式或实施工具，表现为在课程活动中贯穿游戏，通过调动幼儿的多种感官获得经验，促进幼儿的学习与发展。"课程游戏化"的逻辑起点是教师事先规划和设计课程，利用游戏创设"学中玩"的情境，达成预设的课程目标。黄小莲教授认为，幼儿园课程之所以要"游戏化"，原因有以下三点。第一，游戏是幼儿的学习方式，课程只有遵循适宜幼儿的学习方式，才会达到预期效果。第二，课程存在游戏化的可能，也就是说，虽然课程与游戏是有着不同本质内涵的活动，即课程是教育者有意识地对幼儿施加影响，实现幼儿园教育目的的手段，而游戏是不受外力约束的幼儿自发自选的活动，但课程与游戏有着内在的联系。首先，就其活动的终点来说，课程的目标和游戏的结果都是幼儿的发展；其次，从活动内容来看，幼儿园课程内容与幼儿游戏内容存在一致性，比如，健康领域有运动游戏，语言领域有说唱游戏，社会领域有角色游戏，科学领域有建构游戏，艺术领域有表演游戏等，所以，课程完全可以通过游戏方式来实施。第三，实践中存在课程与游戏分离的"小学化"现象。20世纪60年代以来，关于游戏价值的大量实证性研究虽然为游戏进入幼儿园课程搭好了舞台，然而迄今为止游戏仍是在理论上被高高抬起，在实践中被轻轻放下。[①]

（二）什么是"游戏课程化"

"游戏课程化"的本体是游戏，游戏是课程的生成源。王振宇教授将"游戏课程化"界定为：从幼儿的游戏出发，及时把握幼儿学习的生长点，通过引导和建构新的游戏，促进幼儿学习与发展的过程。[②]"游戏课程化"是一个通过游戏的力量促进幼儿学习与发展的游戏链，其出发点是幼儿的游戏，包括幼儿的自主游戏和工具性游戏。所谓生长点，是指围绕着五大领域的教育内容生发出来的教育活动。"游戏课程化"最后又回到游戏中去，这里的游戏同样包括自主游戏和工具性游戏。就发展的总趋势而言，这时的游戏不是初期游戏的简单重复，而是在更高层面上的发展和提升。黄小莲教授指出，幼儿园游戏"课程化"的原因有以下几点。

第一，"游戏课程化"是针对幼儿园教师对游戏的放任化提出的。英国学者尼尔·本内特、利茨·伍德和休·罗格斯认为，仅仅强调幼儿通过游戏学习是不够的，"通过游戏来教"正是一个完整的教育等式所缺失的另外一半，要求教师为幼儿提供高质量、有目的的游戏和有价值的活动，强调为幼儿设计和提供以游戏为突出特征、学习内容广泛且平衡的课程的重要性。这不仅提出了关于高质量学前教育新的判断标准，也对传统的以儿童中心主义为理论基础的结构松散的学前教育环境和对幼儿游戏放任自流的态度提出了重大的挑战。如何通过游戏来教，从而确保游戏能够包含课程框架，对于许多实践工作者来说，从理念到行动都需要转变。

---

① 黄小莲."课程游戏化"还是"游戏课程化"——命题背后的价值取向[J].中国教育学刊，2019（12）：57-61.
② 王振宇.论游戏课程化[J].幼儿教育（教育科学），2018（4）：3-8.

第二，游戏与学习是相辅相成的，游戏积累直接经验，学习接受间接经验：游戏获得的直接经验成为学习间接经验的背景，学习获得的间接经验又成为游戏的背景。因此，游戏有助于学习，学习的成果在游戏中得以练习和巩固。

第三，游戏和学习是可以相互转化的，游戏是幼儿意愿的活动，学习也只有成为幼儿意愿的活动才能奏效：我们可以强迫幼儿学习知识，但我们不能强迫幼儿学到知识；只有将外在的学习要求转化为幼儿内在的游戏需求，幼儿才能在游戏中拥有学习的收获，在学习中体验游戏的乐趣。①

拓展阅读：
扫一扫，阅读《"游戏课程化"：实现游戏手段与目的的统一》。

（三）从"课程游戏化"到"游戏课程化"

当前，"课程游戏化"与"游戏课程化"这两个具有不同价值取向的命题都在幼儿园推进。"课程游戏化"与"游戏课程化"中的"游戏"有工具性和本体性之分，"课程游戏化"与"游戏课程化"中的"课程"有预设与生成之别，"课程游戏化"与"游戏课程化"中的幼儿有"学中玩"和"玩中学"之异，"课程游戏化"与"游戏课程化"的逻辑起点存在"课程"和"游戏"之不同。但"课程游戏化"与"游戏课程化"都聚焦于"游戏是幼儿的基本活动"，其意图都是寓教于乐，谋求基于幼儿年龄发展特点实现游戏和课程的整合。②

从某种意义上说，"游戏课程化"更适宜于幼儿园。在《幼儿园工作规程》（1996）、《幼儿园教育指导纲要（试行）》（2001）、《3—6岁儿童学习与发展指南》（2012）中均明确提出"游戏是幼儿园的基本活动"。所谓"基本活动"不是一个限定在某个时间段的暂时性活动，也不是一个局限在某个特定区域的局部性活动，而是一个存在于幼儿园教育中的带有基础性和根本性的主要活动。

近年来，各地掀起了"安吉游戏"热潮，安吉游戏——这个基于浙江省安吉县教育生态改革探索出的一种以游戏教育为主要形式的全新学前教育实践，不仅给国内学前教育带来了全新视角、深刻变革，如今也走出国门、走向世界。王振宇教授曾这样评价安吉游戏："'安吉游戏'最重要的地方是把游戏的权利还给儿童，让儿童自由、自主、自觉地开展游戏，实际上体现着游戏课程化的方向。"③

从"课程游戏化"到"游戏课程化"，安吉幼儿园经历了从幼儿园课程中的游戏走向基于游戏的幼儿园课程的发展历程。它为幼儿创设了富于挑战的空间和环境，通过游戏场地的不同软硬度、粗细程度、干湿度和高低起伏的变化，引发幼儿视觉、听觉、触觉、嗅觉、平衡、运动等多种感

---

① 黄小莲."课程游戏化"还是"游戏课程化"——命题背后的价值取向[J].中国教育学刊，2019（12）：57-61.
② 黄小莲."课程游戏化"还是"游戏课程化"——命题背后的价值取向[J].中国教育学刊，2019（12）：57-61.
③ 王振宇："安吉游戏"的价值在于回归与引领[EB/OL].（2016-11-25）[2023-06-01]. https://www.ecnu.edu.cn/info/1094/56392.htm.

知系统的发展；户外设计了丰富的沟壑、山坡、滑道等，提供了促进幼儿跳、爬、穿越、翻越、搭建、攀登、翻滚、滑行等基本动作发展的机会；同伴间的合作游戏，不仅促进了幼儿的独立能力和社会行为能力的发展，也促进了幼儿各领域知识的相互渗透。游戏的价值得到了越来越多教育工作者的认可。这正如安吉游戏创始人程学琴老师那句话：真游戏就是真学习！

拓展阅读：
扫一扫，阅读《以游戏为中心的幼儿园课程："课程游戏化"与"游戏课程化"的和合共生与实践探索》。

任务三　指导幼儿游戏课程的开展

如今，我们在幼儿园里经常能够听到"游戏课程"一词。游戏课程是将游戏真正纳入课程的视野，从幼儿的游戏出发，及时把握幼儿学习的生长点，通过引导和建构新的游戏，促进幼儿的学习与发展。[①]安吉游戏历时二十余年，经历了一场将游戏权利还给幼儿的游戏革命。从"无游戏"到"假游戏"再到"真游戏"，实现了游戏与课程的对话共生。

视频资料：
扫一扫，观看安吉游戏宣传片，感受安吉游戏的魅力。

一、幼儿游戏课程的特点

安吉游戏具有游戏材料自然生态、游戏环境富有野趣、游戏时间充足灵活等特点。其为幼儿游戏课程提供了诸多启示，要实现游戏与课程的对话共生必须让幼儿有东西玩、有地方玩、有时间玩，为幼儿学习行为的发生创造可能。

（一）开放的游戏场地

游戏场地的开放性主要体现在无边界和无特定功能两个方面。在安吉幼儿园，游戏区域没有明显的界限划分（见图10-3），并打破传统的以场地功能进行区域命名的方法，改以材料特征或场地特征对室外游戏场地进行命名[②]，如将"建构区"改为"积木区"，给幼儿的游戏内容和形式创造了无限可能。游戏场地还融入了沙、水、泥、石、树等富有自然野趣的原生态元素（见图10-4），并通过坡地、沟壑、石子路、草地、墙壁等营造出富有挑战性的游戏环境。

---

① 王振宇.论游戏课程化[J].幼儿教育（教育科学），2018（4）：3-8.
② 程学琴.放手游戏 发现儿童[M].上海：华东师范大学出版社，2019：25-81.

图10-3　安吉幼儿园"无边界"的游戏场地

图10-4　安吉幼儿园富有自然野趣的游戏场地

(二) 多样的游戏材料

游戏材料的多样性，不仅体现为传统意义的数量和种类的多样，更体现为游戏材料玩法的多样。安吉幼儿园里的游戏材料具有可移动和可组合的特点。可移动的游戏材料使其不局限在某个固定不变的地方，留给幼儿更大的探索和想象空间（见图10-5）。可组合的游戏材料使不同类型、不同特点的材料组合在一起，呈现出不同的玩法，如滚筒和梯子的组合、长板和木箱的组合等，极大地激发了幼儿的创造力（见图10-6）。

图10-5　安吉幼儿园可移动的游戏材料

图10-6　安吉幼儿园可组合的游戏材料

(三) 灵活的游戏时间

游戏时间往往会根据实际情况灵活调整。但若是将游戏零散地插入一日生活，幼儿单次游戏时长得不到保证，就可能会使游戏陷入工具化、形式化的境地。因此，在实际操作中，游戏时间会根据实际适当延长，以满足幼儿的游戏需求。在安吉幼儿园，同一区域往往会保留数周时间，以保证幼儿能够完整而连续地对一个区域进行探索，这样才能够及时把握幼儿学习的生长点，在幼儿原有经验上建立起新的经验。

(四) 真实的游戏生活

游戏和生活是幼儿自然而然、全身心地参与世界的过程，在真实的游戏世界里，幼儿主动学习和探索，与外部世界建立联系。在安吉幼儿园，教师最大限度地退后，最小限度地介入，教师对幼儿的游戏进行观察和记录（见图10-7和图10-8），幼儿拥有主动探究、积极思考的游戏权利。真实的游戏生活带给幼儿真实的喜悦、真实的自由、真实的同伴交往、真实的问题解决方式。

图10-7　教师观察幼儿游戏

图10-8　教师记录幼儿游戏

（五）主动的游戏反思

游戏反思能将感性经验转化为理性认识。安吉幼儿园里的游戏反思并非某个固定的环节，而是贯穿于一日生活。在教师、家长、材料和环境的支持下，幼儿每天都有机会以多种方式反映和表达他们在一日生活中的经验[①]，认识和反思自己的游戏经历，从而为下一步游戏探索奠定基础，使游戏不再是某个暂时性或局部性的活动，而是呈连片化趋势生长[②]（见图10-9和图10-10）。

图10-9　幼儿在游戏中的主动思考

图10-10　幼儿在游戏后的分享反思

拓展阅读：

扫一扫，阅读《"安吉游戏"与发现儿童》。

---

① 程学琴.放手游戏 发现儿童[M].上海：华东师范大学出版社，2019：25-81.
② 郭元祥，杨洋，张越.论游戏课程化的游戏观：游戏的课程本质、边界与层次[J].教育理论与实践，2020（4）：60-64.

二 幼儿游戏课程中的学习

在安吉游戏中，当幼儿表现得愉悦、自信、勇敢、主动时，学习行为也在悄然发生。幼儿发自内心表现出的自由感、酣畅感、满足感，正是游戏内在精神迸发的产物。"游戏精神"和"学习"之间似乎有着某种紧密的联系，"游戏精神"架起了融通游戏与学习的桥梁。

（一）快乐的游戏精神——学习的唤醒

游戏具有愉悦性的特点，幼儿进行某项游戏是基于游戏本身带来的愉悦的情绪体验，而非外部富有"生产性"色彩的动机。幼儿享受着游戏过程，而快乐的游戏精神增进了幼儿在学习中的幸福体验，它甚至可以转化为学习的生长点，生成新的课程。[①]"对于学习目标，快乐的游戏精神具有积极的建设功能，但它不能构成目标，体制化学习有着严密的知识体系，仅仅为了追求快乐而参与学习的做法注定会失败。"[②] 可见，快乐的游戏精神能够赋予学习活动积极的情绪状态，但不能作为学习目标，否则就会出现"为了游戏而游戏"的现象。在《中国教育报》刊发的有关"安吉游戏"系列报道中记载着这样一个故事。[③]

> 这里是美国威斯康星州麦迪逊市一城（One City）幼儿园，4岁的美国男孩麦克斯，正乐此不疲地搭建着简单的木头。他把木头横竖相间，层层垒高，在上面架上两个轮毂，后部跨上横梁，正前方支起长木——半个小时后，一辆国内坦克跃然眼前。
>
> 成功带来的喜悦，瞬间在麦克斯的面庞体现，他露出一个大大的微笑。母亲看到这一幕，快步走过去，从后面环抱住麦克斯，激动得热泪盈眶。
>
> 这个场景让安吉游戏创始人程学琴感到意外，她看到过无数家长与孩子玩"安吉游戏"，眼前这位母亲的表现显得有些"夸张"。于是她走上前，访问了这位母亲。"程老师，我衷心感谢你给我的孩子带来这些玩具和快乐！事实上，在我丈夫车祸遇难后的这两年里，这是麦克斯的第一次微笑。"这位母亲说。

（二）自由的游戏精神——学习的权利

自由的游戏精神是对游戏活动本身的超越，它对幼儿和学习同时提出了要求，指明了活动进程"由谁决定"的问题。在自由的游戏精神指引下，幼儿能够通过自主行动去获得学习上的感悟，这种无拘无束、不受压抑的"权利感"能极大地解放幼儿的头脑和双手，使学习更有动力和活力。自由的游戏精神赋予了幼儿主动学习的权利，但这样的"自由"并非毫无规则的"自由"。蒙台梭利认为，真正的自由应该建立在秩序感的基础上，安吉游戏课程"无特定功能"的游戏场地也是

---

① 王春燕，舒婷婷.对话共生：游戏与幼儿园课程的整合[J].幼儿教育（教育科学），2021（1-2）：3-6.
② 李敏.游戏与学习——以游戏提升学生的生活质量[M].北京：教育科学出版社，2010：173-182.
③ 常晶."安吉游戏"为何能走向世界——浙江安吉学前教育探索启示录（上）[N].中国教育报，2016-10-26.

在以材料特征或场地特征对室外游戏场地进行命名的基础上，最大限度地给予幼儿游戏和学习的自由。在《放手游戏 发现儿童》一书中这样来描述安吉游戏材料可移动的特点。①

> 游戏材料可移动的特点使其不局限在一个固定地方。相比固定设施，它们能灵活地支持儿童在不同游戏场景与情境中发挥想象，满足儿童的各种游戏需要。
>
> 与大型玩具之类的固定设施不同，安吉的游戏材料在设计时就充分考虑了可移动性。为了实现游戏材料的可移动性，方便儿童随意搬动这些材料，梯子的样式进行了适当改进，梯子、木块的大小也经过测算，调整到适合儿童搬运的重量。可移动特性使儿童对材料的利用更加灵活，为儿童创造性地使用这些材料提供了便利。
>
> 由于材料可以随意移动，儿童随之产生了一次性搬运大量材料或者搬运较重的大型材料的需求。为了满足儿童需求，安吉开发了种类繁多的辅助工具。如带斗的小自行车、带轮子的箱式小推车等，能方便儿童搬运大量木块；不同尺寸的小平板车能帮助儿童运输大木箱、梯子、长板等大型且有一定重量的材料。有了这些辅助运输工具，儿童能更迅速、轻松地搬运材料。

（三）投入的游戏精神——学习的能量

幼儿在充满挑战的游戏世界里，往往能够表现出专注、投入和坚持的品质。这些优秀的品质在学习中也是难能可贵的。投入的游戏精神赋予幼儿的学习旅程源源不断的能量，好比汽车燃油驱使汽车不断前进一样，促使幼儿充分地感知、探索、体验周围世界。当幼儿接触到充满未知和富有挑战性的问题时，他们一如既往地全身心投入其中，朝着学习目标而不懈努力。《放手游戏 发现儿童》一书中这样描述"投入"②。

> 真正的投入产生于儿童充满激情的探索和发现物理世界与社会的过程中。我们赋予儿童最大限度的自由，让儿童能够充分地探索、体验周围的世界。对儿童而言，这使得他们获得在开放空间运动的能力，接触有趣的、未知的或充满挑战的环境，并放心大胆地置身其中。当儿童全身心投入，努力做成某一件事情时，随之而来的喜悦又将促使他们开启新一轮的自我挑战。投入为探索和学习的旅程提供源源不断的动力和能量。

（四）冒险的游戏精神——学习的突破

学习的实质是不断建构的过程。幼儿的学习就是在原有认知结构上，通过调整和整合新的经验，不断向未知迈进。冒险的游戏精神可以理解为"大胆尝试、敢于探索未知并不断突破自己的极限"。幼儿学习中会有种种冒险的际遇，如动作发展上的冒险、社会交往上的冒险、认知挑战上的冒险等，幼儿需要不断鼓足勇气，思考解决问题的办法并勇敢尝试。由此，冒险的精神赋予了

---
① 程学琴.放手游戏 发现儿童[M].上海：华东师范大学出版社，2019：37.
② 程学琴.放手游戏 发现儿童[M].上海：华东师范大学出版社，2019：24.

学习活动新的突破，能够提升幼儿解决问题的能力。一名记者曾这样描述自己在安吉幼儿园实地采访时看到的场景。[1]

> 这里的孩子，玩真的竹子、木块、木板、砖头、超大油桶、滑道绳索、沙土、锅碗瓢盆、轮胎、废旧汽车……那种购买的精致大型玩具器材往往无人问津；这里的孩子，站在大油桶上用脚滚动着油桶向前、向后，在3米高的软梯上爬上爬下，拉住手环从高空索道上冲下来，用简单的大型积木搭建各种造型，他们穿着雨鞋玩真的沙、真的水……

（五）反思的游戏精神——学习的内化

约翰·杜威率先将反思纳入经验领域和教育领域，认为反思是个体对问题进行反复的、严正的、持续的思考，意为一种"反省思维"[2]。安吉幼儿园将游戏反思整合到一日生活中，通过观察记录和反身思考，使幼儿将"经历"内化为"知识"。安吉游戏中幼儿的游戏反思过程如图10-11所示。反思的游戏精神让幼儿在游戏记忆唤醒中"以元认知为指导，自觉对自身认知结构、学习活动及其所涉及的相关因素进行批判性审视，对将要开展的学习活动进行创造性预见，对学习活动过程中发现的问题进行科学性探究，对整个学习活动过程进行有效的调控，以促进问题解决、学会学习、自我发展"[3]。我们来看一个案例。

> 与其他地方的幼儿园不同，在安吉，幼儿园的墙面都由幼儿"做主"，有的地方挂着孩子画的游戏故事，有的地方张贴着孩子心目中最得意的作品，有的地方留有大量空白，等待孩子们进一步的探究和补充。墙面成为孩子最爱的地方，他们经常三五成群聚到墙边，相互讨论、介绍、交流、分享。

图10-11 安吉游戏中幼儿的游戏反思过程

---

[1] 常晶.向"安吉游戏"学什么——浙江安吉学前教育探索启示录（中）[N].中国教育报，2016-10-27.
[2] [美]约翰·杜威.我们怎样思维·经验与教育[M].姜文闵，译.北京：人民教育出版社，2004：11.
[3] 吴秀娟，张浩，倪厂清.基于反思的深度学习：内涵与过程[J].电化教育研究，2014（12）：23-28.

项目十 幼儿游戏与教学

拓展阅读：

扫一扫，阅读《从自主游戏到深度学习——游戏课程化价值刍议》。

三 幼儿游戏课程中的指导

当游戏精神进入学习活动的视野时，深度学习就成为可能。幼儿游戏课程的指导策略就是要以高度的情绪唤醒、自由的探究时空、连续的学习过程、真实的问题情境、积极的反身思考推动幼儿的深度学习，真正把游戏的权利还给幼儿，实现"游戏是幼儿的基本活动"和"游戏＝学习"的科学理念。

（一）高度的情绪唤醒

深度学习需要学习者对学习抱有一种积极的态度，而快乐的游戏精神鼓励着幼儿以高度唤醒的情绪状态投入学习活动。事实上，我们在深度学习与浅层学习的特征对比[①]中能够看出，深度学习的幼儿表现为对学习内容充满兴趣和积极性，而浅层学习的幼儿则对学习感到压力和烦恼。由此可见，要实现深度学习，必须选择幼儿感兴趣的学习内容，使幼儿主动参与学习活动，主动组织和建构知识体系。学习过程中，幼儿也可能因为疲劳等产生情绪的起伏，这时就需要教育者善于观察，及时调整学习节奏，把握学习新的生长点，充分调动幼儿的热情和兴趣。我们来看看"童心蚕趣乐翻天"[②]的游戏课程缘起。

> 一天，欣奕从家里带来了一盒黑乎乎的幼蚕，高兴地和李老师说："李老师，你猜猜这是什么。"孩子们开始好奇地追问："哇！蚕宝宝好可爱呀！为什么它是黑色的呢？""它吃什么？""蚕宝宝能长多大？它会死吗？"……蚕宝宝引起了孩子们极大的兴趣。于是，李老师及时捕捉了孩子们的兴趣点，生发了"童心蚕趣乐翻天"系列游戏课程。在这个春天里，孩子们一起养蚕，体验生命的奥妙。

（二）自由的探究时空

加达默尔认为，游戏借以表现的游戏时空，好像是被游戏本身从内部来量度的。[③]这说明，在游戏时空中，幼儿有自由选择和控制游戏进程的权利。自由的游戏精神帮助幼儿构建起一种内在的探究时空，幼儿能够按照自己的意愿去控制学习活动，真正成为学习的"主人"。这里的"自由"不能单纯等同于教育者"不介入""不打扰"，如果学习材料的投放方式不当也会功亏一篑，

---

① 李敏.游戏与学习——以游戏提升学生的生活质量[M].北京：教育科学出版社，2010：173-182.
② 【课程故事】童心蚕趣乐翻天[EB/OL].（2022-05-31）[2023-06-01].https://mp.weixin.qq.com/s/4QZA6XyX-BFRT0W_V5wLSMg.
③ [德]汉斯-格奥尔格 加达默尔.真理与方法：哲学诠释学的基本特征（上卷）[M].洪汉鼎，译.上海：上海译文出版社，2004：139.

就好比教育者精心将低结构材料进行高结构地投放，事先摆好路线，制定好规则，哪怕他后来并未介入幼儿的活动，也不能使学习达到自由的探究状态。在游戏课程"小滚筒、大挑战"①中，当幼儿进行"花样滚筒"玩法探索时，他们是这样玩儿的。

> 5个小伙伴将滚筒排成一排，萱萱先趴在滚筒上，慢慢地移动身体，其他小伙伴看到后都迫不及待地想要尝试新玩法。博超从球筐里拿了一个球，开始玩三人传球游戏。随着三人滚筒传球游戏的成功完成，更多孩子参与传球游戏。云飞和萱萱搬来一个爬梯开始架小桥，架好后云飞就从小桥上走过去，文博过桥后小桥翘了起来……教师适时引导："怎样才能让桥更加稳固呢？"博超说："也许一个梯子的小桥不太稳固，我们多拿几个滚筒和梯子再搭一下试试看，变成一个大桥。"玩法再一次升级，孩子们又放了两个滚筒，将搬过来的两个爬梯架在滚筒上，接着从大桥的一端按照自己搭建的路线走到大桥的另外一端。

（三）连续的学习过程

深度学习是一个全身心投入的学习过程。一个人连续从事某件事的时间长短可以在一定程度上反映他的专注度。投入的游戏精神使得幼儿需要一个相对连续的学习过程，兴起的时候戛然而止往往不利于学习的延展。但是，连续的学习过程并不代表学习时间越长越好，而是指围绕某一知识点的有效学习时间长度，以保证幼儿探索经验的连续性。如传统的分科教学将学习内容分为不同的课程科目，基本上以"陈述性知识"这种平面化方式传授给学习者，这意味着学习者对每一个知识点都是浅尝辄止，学习过程被割裂，显然不利于学习者的深度学习。我们一起来看一个案例。

> 在"彩虹鱼池"②活动中，当幼儿认识了"水泵"，也进行了"水泵实验"之后，活动并没有戛然而止，而是开启了新一轮的探索。
> 这天，孩子们又提出了新的疑问，他们发现昨天假山上会有水流下来的，今天为什么没有流水了呢？假山的流水有没有什么规律呢？经过讨论，孩子们自发决定制作日历表，来看看水流是不是有规律。最后，他们采访了了解水泵的保安师傅，才发现那天是大家忘记打开水泵的开关了，怪不得记录纸上除了那一天，其他每一天都是有水流的。由此，孩子们知道了水泵原来是由开关控制的。于是，他们开始寻找幼儿园里需要开关控制的机器，还用手机拍了下来，有吹风机、空调、电视机……

---

① 【课程故事】小滚筒 大挑战[EB/OL].（2022-08-03）[2023-06-01]. https://mp.weixin.qq.com/s/SVAOKArxe-j1PLxIFGXLgA.

② 【课程故事】彩虹小鱼池[EB/OL].（2022-08-01）[2023-06-01]. https://mp.weixin.qq.com/s/JZF7Exn_yMLv95Xd4sBdeQ.

(四) 真实的问题情境

深度学习是幼儿最终解决实际问题的有意义的学习过程。[①]所谓"真实的问题情境",就是回归幼儿的实际生活,将自然环境和社会环境融为一体。深度学习的学习内容不是仅仅停留在表面的浅层知识,而是更倾向于在理解的基础上,进行知识的迁移与应用。[②]一方面,通过源于生活的问题情境提高幼儿发现问题、解决问题的能力;另一方面,促使幼儿将学习内容迁移到实际生活中解决实际问题。冒险的游戏精神使幼儿在勇敢尝试、不断建构的过程中实现自我革新。深度学习基于生活、迈向未知,培养的是幼儿面向未来的能力,而创设真实的问题情境是实现深度学习的必经之路。游戏课程"草的那些事"[③]正是基于真实的问题情境产生的,我们一起来看一看这个案例。

> 开学了,孩子们去种植园看了看上学期种的植物:蒜长蒜苗了,菠菜结籽了。哎呀,还有许多杂草!慧慧说:"我们要把草除掉!"洋洋说:"对,要除草!"小旭说:"怎么除草呢?"泽泽蹲下来看了看,然后说:"我已经准备拔草了。"
>
> 回到活动室,孩子们想出许多除草的方法。有的说用镰刀割,有的说用小铁锹挖,还有的说用手拔……这些方法可行吗?孩子们争论不休。快到放学时间了,教师请孩子们把问题带回家,跟爸爸妈妈一起讨论。教师汇总孩子们的想法后设计了一张调查表,请家长和孩子们一起讨论并勾选出适合种植园使用的除草方法。回到家,孩子们认真地跟爸爸妈妈讨论、分析除草的方法。小小跟妈妈观看了割草机工作的视频,葛丁跟妈妈探讨了熔岩是否能用来除草。
>
> 第二天,孩子们把调查表带过来了。到底哪些才是大家中意的劳动方法呢?经过孩子们统计,"用锄头锄草""用手拔草"和"小铁锹挖草"分别以14、15、11票胜出。孩子们把写有自己学号的小太阳贴在自己中意的劳动方法后面。有12名小朋友选择了用小铁锹,5名小朋友选择用锄头,10名小朋友选择用手拔。班里有四块小方田、三组人马,该怎么分配呢?誉誉首先想到了方法,用小铁锹的小朋友最多,让他们站到前面来,然后一边站一个,轮流分到两边,正好一边6个,分为两组。计划赶不上变化,原本孩子们是想把使用铁锹的小朋友分成两组的,结果却发现用手拔草的人数最多。于是临时调整为用手拔草的幼儿两组,使用铁锹除草的幼儿一组,而使用锄头除草的只有高陈老师一个人。哪块地用了什么方法除草,孩子们也做上了标记。同样的时间里,铁锹组和锄头组除草比较干净,手拔组虽然人多,却没有把草除干净。通过这次活动,孩子们发现使用适合的除草工具很重要。

[①] 王小英,刘思源.幼儿深度学习的基本特质与逻辑架构[J].学前教育研究,2020(1):3-10.

[②] 杨婷,杨晓萍.论区域活动中幼儿的深度学习——基于情境认知理论[J].重庆第二师范学院学报,2019(5):78-82.

[③] 【课程故事】草的那些事[EB/OL].(2022-08-18)[2023-06-01]. https://mp.weixin.qq.com/s/lmy5IiG5 D9L9V KwIJ_z-sQ.

（五）积极的反身思考

反身思考即主体以自身（自身的经验、行为或自身的身心结构等）为思考对象。[1]积极的反身思考意味着学习者批判性地学习新思想，在将新思想纳入原有认知结构，使认知冲突得以解决。反思的游戏精神使幼儿能够通过再认识自己的游戏经历而将其内化为自己的经验。教育者要有意识、有计划地让幼儿反思和评价自己的学习行为或尝试解释思考的过程，以此养成幼儿反身思考的思维习惯，实现"经历—知识"的内化。我们一起看一个"造池计划"[2]的游戏课程案例。

> 自然角里小鱼突发意外，激起了孩子们对小鱼的怜悯之心，引发了孩子们一系列的讨论与思考。教师则追随着孩子们的脚步，和他们共同开启了一场别开生面的"鱼池改造计划"！
>
> 把小鱼池造在哪里呢？刚开始寻找鱼池的位置时，大家的想法五花八门，计划图上几乎涉及幼儿园的每个角落。教师鼓励幼儿和环境互动，围绕整个幼儿园的空地进行勘察。孩子们分成立了不同的项目小组——"坑坑一号""坑坑二号""星光组""农场组"。紧接着这四个小组开始了行动。
>
> 通过倒水测试，孩子们发现涂鸦区的草地不适合造鱼池，花坛沿边处的"泥土洞"很难蓄水……最后，他们选择在小农场旁边的空地上，沿着围墙，为小鱼造一个新家。
>
> 面对选址过程中出现的不同意见，教师鼓励幼儿用自己的方式制定选址方案，记录思考与探究过程，再引导幼儿通过多次试验，筛选出不适宜的鱼池位置，帮助幼儿在反思的过程中建构新经验。

拓展阅读：
扫一扫，阅读《源于幼儿兴趣的户外自主游戏深度学习支持策略——基于"迷宫三重奏"的游戏案例》。

---

[1] 吴秀娟，张浩.基于反思的深度学习实验研究[J].远程教育杂志，2015（4）：67-74.
[2] 【课程故事】造池计划[EB/OL].（2022-07-18）[2023-06-01]. https://mp.weixin.qq.com/s/inCQd6Rd2o8UUT4qMCtnyg.

项目小结

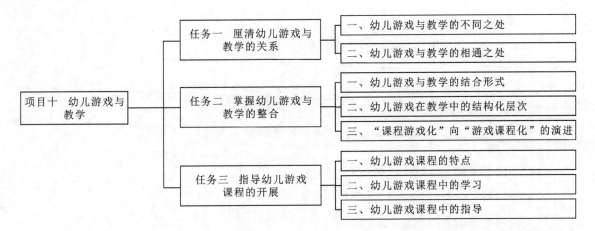

游戏与教学都是幼儿园中主要的活动形式。游戏是幼儿自由选择的获得愉快体验的活动，而教学则是有目的、有计划、有组织地培养人的活动。虽然它们有本质区别，但是二者相辅相成、相互补充，最终目标都是促进幼儿更好的发展。因此，我们可以从课程要素的角度分析游戏与教学的相通之处，从幼儿的游戏出发，及时把握幼儿学习的生长点，通过引导和建构新的游戏，促进幼儿的学习与发展。

在幼儿园教育实践中，我们要不断注入幼儿游戏与教学整合的思想。游戏与课程教学的结合形式有三种，即分离式、插入式和整合式。教育实践中，游戏往往是以不同的结构化程度存在于"纯游戏"和"非游戏"之间，这就构成了游戏在课程中不同的结构化层次。不同结构化层次的游戏呈现不同的游戏水平，而教师要做的就是适当地观察、干预和指导幼儿游戏的开展，促进幼儿游戏向富有成效的高水平游戏发展。当前，"课程游戏化"与"游戏课程化"这两个具有不同价值取向的命题都在幼儿园推进。"课程游戏化"的本体是课程，游戏是课程的工具；"游戏课程化"的本体是游戏，游戏是课程的生成源。相较而言，"游戏课程化"更适宜于幼儿园，因为它更能体现"游戏是幼儿园的基本活动"这一理念。

幼儿游戏课程是将游戏真正纳入课程的视野，实现游戏与课程的对话共生。幼儿游戏课程具有开放的游戏场地、多样的游戏材料、灵活的游戏时间、真实的游戏生活、主动的游戏反思等特点；游戏课程中折射出的快乐、自由、投入、冒险、反思等"游戏精神"架起了融通游戏与学习的桥梁；游戏课程的指导策略应以"游戏精神"为推动，以高度的情绪唤醒、自由的探究时空、连续的学习过程、真实的问题情境、积极的反身思考推动幼儿的深度学习。

思考与练习

1. 单项选择题

（1）游戏与幼儿园课程结合的方式不包括（　　）。

A.插入式

B.整合式

C.分离式

D.平行式

（2）以下不属于高结构化活动特点的是（　　）。

A.学习目标由教师预先确定

B.活动主要由教师发起

C.幼儿的学习动机主要来自内部需要

D.关注预期结果

（3）"这里（安吉）的孩子，玩真的竹子、木块、木板、砖头、超大油桶、滑道绳索、沙土、锅碗瓢盆、轮胎、废旧汽车……那种购买的精致大型玩具器材往往无人问津；这里的孩子，站在大油桶上用脚滚动着油桶向前、向后，在3米高的软梯上爬上爬下，拉住手环从高空索道上冲下来，用简单的大型积木搭建各种造型，他们穿着雨鞋玩真的沙、真的水……"这体现了安吉游戏（　　）的游戏精神。

A.快乐

B.投入

C.冒险

D.反思

2. 简答题

（1）简述幼儿游戏与教学的关系。

（2）简述以安吉游戏为代表的幼儿游戏课程的特点。

3. 材料分析题

户外骑行游戏场所应是一个动态的环境，需要定期和幼儿进行讨论与调整，于是，师幼针对户外游戏时间段的调整展开了讨论。

教师：小朋友们，从下周起户外游戏的时间从8点开始，正好是你们入园的时间，我们的骑行区靠近幼儿园的大门，我们在游戏中需要注意些什么？

果儿：如果小、中班的弟弟妹妹来幼儿园的时候站在马路中间，会很危险。

天天：他们来的时候尽量避开他们，或者停车等等他们。

皓宇：我们可以设置一个人行通道，专门让弟弟妹妹行走，车辆不可以通过。

……

问题一：如何设计人行专用路线通道？孩子们进入现场，实地考察，重新规划路线图，并就"什么材料适合搭人行通道"展开讨论。

问题二：通道到底设置多长、多宽合适？幼儿展开讨论。丁丁："通道要搭得长一点，宽一点，可以让5个小朋友一起通过。"安安："小班的弟弟妹妹们很小，通道可以窄一点。"于是，幼儿拿出教具包里的皮尺，3人一组，在幼儿园骑行区测量起来。

问题三："警戒线"如何制作？针对骑行区总是有行人不走人行通道，而是从路锥中穿过，大家提议可以拉一条长长的"警戒线"。下午区域游戏时，美工区的小朋友们开始分组制作"警戒线"。

就这样，游戏课程在一次又一次"发现问题"和"解决问题"的过程中展开了。

请你结合幼儿游戏课程的学习策略对本案例加以分析。

实践与实训

【实训一】

结合有关幼儿园见习经历，收集一个见习过程中观察到的幼儿游戏课程，并对该游戏课程的特点进行分析。

目的：掌握幼儿游戏课程的特点，并能将其运用于教育实践。

要求：根据幼儿园见习经历，从游戏场地、游戏材料、游戏时间、游戏生活、游戏反思等多个方面分析幼儿游戏课程，并举例说明。

形式：实地观察与分析。

【实训二】

设计一个游戏课程，并运用幼儿游戏课程的学习策略相关理论对其加以评析。

目的：领会幼儿游戏课程学习策略的相关理论，并能将科学的游戏课程理念灵活运用于教育实践。

要求：以小组为单位，从"游戏精神"视角，评价该游戏课程是否能以高度的情绪唤醒、自由的探究时空、连续的学习过程、真实的问题情境、积极的反身思考推动幼儿的深度学习。

形式：小组合作。

参考文献

[1]　牟映雪.幼儿园游戏[M].北京：教育科学出版社，2016.

[2]　姜晓燕.学前儿童游戏教程[M].3版.北京：教育科学出版社，2020.

[3]　苑海燕，梅继开，苏一波.幼儿园课程论[M].北京：首都师范大学出版社，2020.

[4]　刘焱.儿童游戏通论[M].北京：北京师范大学出版社，2004.

[5]　[英]尼尔·本内特，利兹·伍德，休·罗格斯.通过游戏来教——教师观念与课堂实践[M].刘焱，刘峰峰，译.北京：北京师范大学出版社，2010.

[6]　[美]朱莉·布拉德.0—8岁儿童学习环境创设[M].陈妃燕，彭楚芸，译.南京：南京师范大学出版社，2014.

[7]　邱学青.学前儿童游戏[M].南京：江苏教育出版社，2008.

[8]　张娜.幼儿游戏与指导[M].2版.武汉：武汉大学出版社，2022.

[9]　丁海东.幼儿园游戏组织与指导[M].3版.长沙：湖南大学出版社，2019.

[10]　刘晓红.学前儿童游戏[M].郑州：郑州大学出版社，2012.

[11]　朱晓颖.幼儿游戏与指导[M].北京：人民邮电出版社，2015.

[12]　邵爱红.幼儿园室内外建构游戏指导[M].北京：中国轻工业出版社，2016.

[13]　王哼.幼儿园建构游戏50例[M].福州：福建教育出版社，2021.

[14]　彭俊英，魏婷等.幼儿园游戏活动的组织与指导[M].北京：教育科学出版社，2014.

[15]　范明丽，朱学英.幼儿游戏与指导[M].北京：北京师范大学出版社，2017.

[16]　么娜.学前儿童游戏活动与指导[M].北京：北京师范大学出版社，2016.

[17]　单文顶，焦冬玲，袁爱玲.幼儿园游戏指导策略[M].福州：福建教育出版社，2017.

[18]　谢应琴，彭涛.学前儿童游戏活动设计与指导项目化教材[M].北京：化学工业出版社，2014.

[19]　于娜.学前儿童游戏指导[M].武汉：华中科技大学出版社，2015.

[20]　董丽.幼儿园音乐游戏设计与指导[M].上海：复旦大学出版社，2018.

[21]　陈一诺，陈赛.幼儿园音乐游戏设计与指导[M].重庆：西南大学出版社，2022.

[22]　周艳霞，郑妍，黄锐.学前儿童游戏与指导[M].长沙：湖南大学出版社，2021.

[23]　刘馨.学前儿童体育[M].北京：北京师范大学出版社，1997.

[24]　杨枫.学前儿童游戏[M].3版.北京：高等教育出版社，2018.

[25] 李丽，邓益云.幼儿游戏活动设计与案例：视频指导版[M].北京：人民邮电出版社，2018.

[26] 刘合田.利津—幼儿童户外游戏探索与创新[M].北京：科学出版社，2017.

[27] 莫云娟，任捷.幼儿园游戏活动指导[M].长沙：湖南师范大学出版社，2021.

[28] 陶宏.幼儿体育教学活动实践手册[M].上海：华东师范大学出版社，2017.

[29] 徐佳音.小班体育游戏《赶小鸭》提升幼儿手眼协调能力[J].中国学校体育，2022（7）：74.

[30] 华爱华.幼儿游戏理论[M].上海：上海教育出版社，2000.

[31] 吴志勤，敖翔.学前儿童游戏[M].长春：东北师范大学出版社，2017.

[32] 叶小红.幼儿园游戏与指导[M].南京：江苏凤凰教育出版社，2014.

[33] 邱学青.给幼儿教师的101条建议：游戏指导[M].南京：南京师范大学出版社，2000.

[34] 董旭花，韩冰川，刘霞，等.幼儿园自主游戏的观察与记录——从游戏故事中发现儿童[M].北京：中国轻工业出版社，2015.

[35] 刘焱.幼儿园游戏与指导[M].北京：高等教育出版社，2012.

[36] 程学琴.放手游戏 发现儿童[M].上海：华东师范大学出版社，2019.

[37] 朱家雄，赵俊婷.幼儿园课程概论[M].北京：北京出版社，2014.

[38] [美]盖伊·格朗兰德.发展适宜性游戏：引导幼儿向更高水平发展[M].严冷，译.北京：北京师范大学出版社，2014.

[39] 施良方.课程理论——课程的基础、原理与问题[M].北京：教育科学出版社，1996.

[40] [美]小威廉姆 E·多尔.后现代课程观[M].王红宇，译.北京：教育科学出版社，2000.

[41] 李森，陈晓端.课程与教学论[M].北京：北京师范大学出版社，2015.

[42] [美]詹姆斯·约翰森，詹姆斯·克里斯蒂，弗朗西斯·华德.游戏、儿童发展与早期教育[M].马柯，译.南京：南京师范大学出版社，2013.

[43] 焦敏.幼儿园课程论[M].北京：国家开放大学出版社，2017.

[44] 李敏.游戏与学习——以游戏提升学生的生活质量[M].北京：教育科学出版社，2010.

[45] 约翰·杜威.我们怎样思维·经验与教育[M].姜文闵，译.北京：人民教育出版社，2004.

[46] 盛奕."安吉游戏"户外环境的创设[J].幼儿教育（教育教学），2021：14-17.

[47] 李晓文，原晋霞.儿童视角下的幼儿园区域活动[J].学前教育研究，2019（2）：70-80.

[48] 贺蓉.关于幼儿园环境创设的"七连问"——一些幼儿教师需要提给自己的问题[J].学前教育（幼教版），2015（9）：3-7.

[49] 倪敏.再谈幼儿园良好游戏心理环境的创设[J].早期教育，2018（6）：7-9.

[50] 刘焱，朱丽梅，李霞.主体性表演游戏的探索研究[J].学前教育研究，2003（5）：22-24.

[51] 邵登玲.优化小班幼儿语言表演游戏的几点策略[J].新课程（教研），2011（11）：29-30.

[52] 朱珍珍.与铁桶做游戏[J].幼儿教育（教育教学），2016（7）：83.

[53] 陈蕾.浅析体育游戏中幼儿自主探究能力的培养策略——以幼儿园小班"赶小猪"游戏为例[J].教师教育论坛,2019(4):52-54.

[54] 矣发旺.大班体育游戏活动"我去钓鱼岛"[J].课程教材教学研究(幼教研究),2014(1):73-74.

[55] 黄雪亮.观察与记录幼儿游戏的案例呈现与分析反思——以中班"蛋糕主题"沙池游戏为例[J].教育观察,2022(6):44-45.

[56] 郭元祥,杨洋,张越.论游戏课程化的游戏观:游戏的课程本质、边界与层次[J].教育理论与实践,2020(4):60-64.

[57] 曹玉兰."课程游戏化"的园本理解与实施策略[J].学前教育研究,2016(12):61-63.

[58] 王春燕.以游戏精神实现教学与游戏的融合[J].教育理论与实践,2002(12):42-45.

[59] 王振宇.论游戏课程化[J].幼儿教育(教育科学),2018(4):3-8.

[60] 黄小莲."课程游戏化"还是"游戏课程化"——命题背后的价值取向[J].中国教育学刊,2019(12):57-61.

[61] 吴秀娟,张浩,倪厂清.基于反思的深度学习:内涵与过程[J].电化教育研究,2014(12):23-28.

[62] [德]汉斯-格奥尔格·加达默尔.真理与方法:哲学诠释学的基本特征(上卷)[M].洪汉鼎,译.上海:上海译文出版社,2004.

[63] 王小英,刘思源.幼儿深度学习的基本特质与逻辑架构[J].学前教育研究,2020(1):3-10

[64] 杨婷,杨晓萍.论区域活动中幼儿的深度学习——基于情境认知理论[J].重庆第二师范学院学报,2019(5):78-82.

[65] 盖秀灵.角色游戏中幼儿性别角色认同和教师介入的研究——基于性别双向化理论的视角[D].开封:河南大学,2012.

[66] 孙莺.基于儿童视角的幼儿园图书室阅读环境研究[D].南京:南京师范大学,2019.

[67] 赵冉.基于大班幼儿视角的户外游戏环境研究[D].济南:山东师范大学,2021.

版权声明

为了方便学校课堂教学，促进知识传播，便于读者更加直观透彻地理解相关理论，本书选用了一些论文、电影、电视、网络平台上公开发布的优质文字案例、图片和视频资源。为了尊重这些内容所有者的权利，特此声明，凡在本书中涉及的版权、著作权等权益，均属于原作品版权人、著作权人等。

在此向这些作品的版权所有者表示诚挚的谢意！由于客观原因，我们无法联系到您，如您能与我们取得联系，我们将在第一时间更正任何错误或疏漏。

与本书配套的二维码资源使用说明

本书部分课程及与纸质教材配套数字资源以二维码链接的形式呈现。利用手机微信扫码成功后提示微信登录，授权后进入注册页面，填写注册信息。按照提示输入手机号码，点击获取手机验证码，稍等片刻收到4位数的验证码短信，在提示位置输入验证码成功，再设置密码，选择相应专业，点击"立即注册"，注册成功。（若手机已经注册，则在"注册"页面底部选择"已有账号，立即登录"，进入"账号绑定"页面，直接输入手机号和密码登录。）接着提示输入学习码，需刮开教材封面防伪涂层，输入13位学习码（正版图书拥有的一次性使用学习码），输入正确后提示绑定成功，即可查看二维码数字资源。手机第一次登录查看资源成功以后，再次使用二维码资源时，在微信端扫码即可登录进入查看。